上海
杭州湾
中国
東シナ海
尖閣諸島
蜂須賀線
久米島
先島諸島
伊良部島
宮古島
多良間島
宮古群島
小浜島
西表島
石垣島
仲ノ神島
黒島
八重山群島
波照間島
湾

第5版 観光コースでない沖縄

戦跡／基地／経済／自然／先島

Another Okinawa

もっと深い旅をしよう

新崎盛暉・諸見里道浩・謝花直美・松元 剛・島袋良太
前泊博盛・亀山統一・仲宗根將二・大田静男

高文研

沖縄は、日本で唯一、全県が亜熱帯の地である。サンゴ礁のリーフに砕ける白い波は、私たちをはるかな原郷へとさそう。沖縄が国内最高の観光地であることを否定するものは、だれもいない。その海を、その風光を、もっともっとたくさんの人に賞味してほしいと思う。

だが半面、沖縄はもう一つの顔をもつ。それはたとえば、沖縄島中・南部のキビ畑のはずれに黒ぐろと口をあけている洞窟（がま）であり、国道58号線ぞいに切れ目なくつづく米軍基地のフェンスである。沖縄は先の戦争で、国内で唯一、地上戦の戦場となり、いままた在日米軍基地（専用施設）のおよそ七〇％が、この小さな島じまに集中する。

そうした沖縄のもう一つの顔を知ってもらおうと、私たちはこの本をつくった。地図の上で、できれば実地に、本書で案内するコースをたどってほしい。やがて、現代史の深い裂け目から聞こえてくる叫びが風のように耳をかすめ、一見平穏な現実の真下を縦横にはしっている不気味な亀裂が見えてくるだろう。

本書の筆者は九名、いずれも沖縄に住み、それぞれの課題に取り組んでいる。

*――もくじ

Ⅰ　日本にとって沖縄とは何か

■新崎　盛暉＋諸見里　道浩

Ⅱ　沖縄戦――沖縄に刻まれた戦争

■謝花　直美

Ⅳ 沖縄の産業と経済 ■前泊 博盛

VII 八重山の歴史と風土 ■大田 静男

装丁＝商業デザインセンター・増田 絵里

Ⅰ　日本にとって沖縄とは何か

――――新崎 盛暉＋諸見里 道浩

米軍北部訓練所へのヘリパッド建設工事が強行され、ゲート前で抗議の座り込みをする市民に退去を警告する機動隊員。その後市民らは、強引に引きずり出され退去させられた（2016年11月　撮影：山城博明）

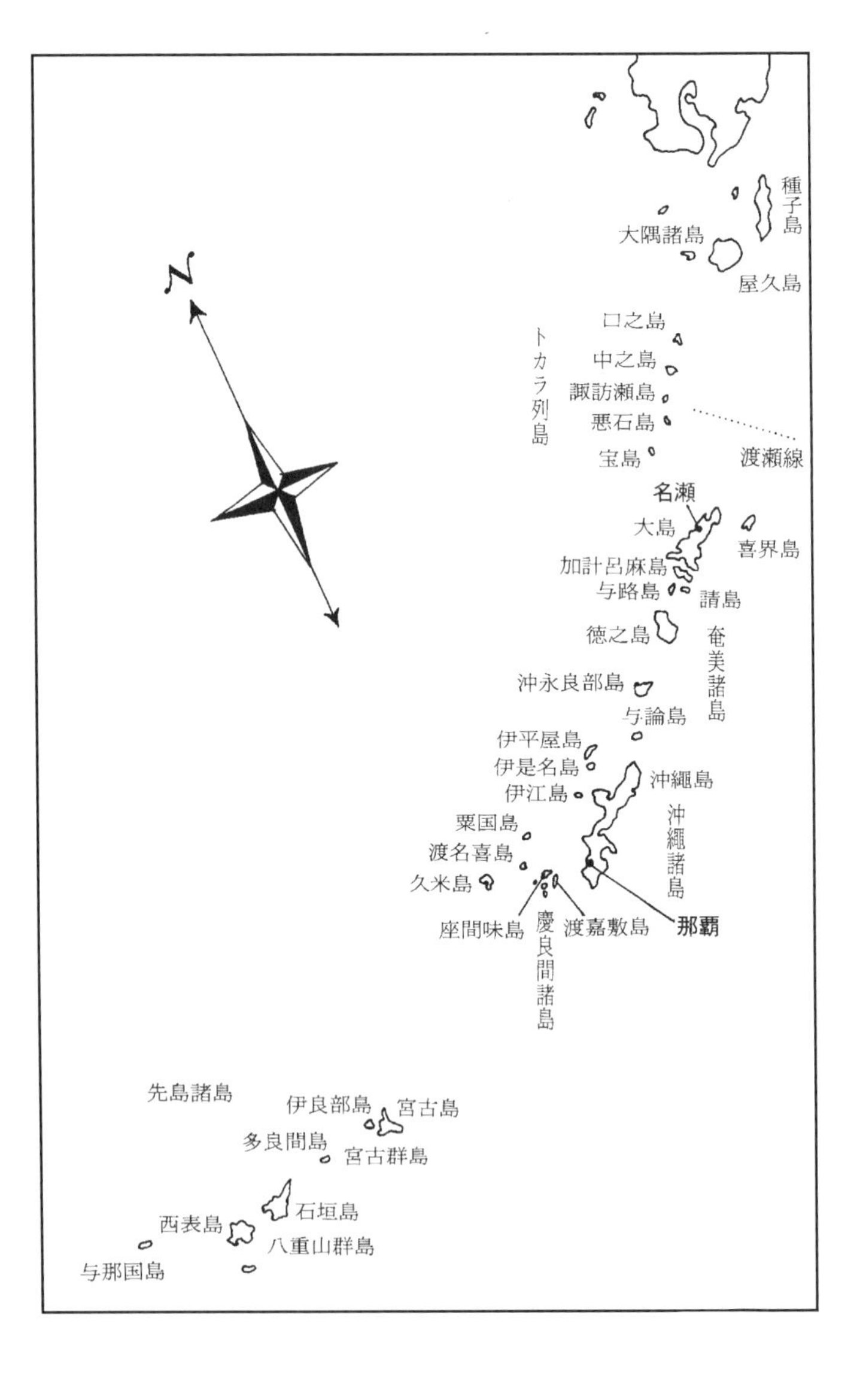
N
種子島
大隅諸島
屋久島
口之島
中之島
諏訪瀬島
悪石島
宝島
トカラ列島
渡瀬線
名瀬
大島
喜界島
加計呂麻島
与路島
請島
徳之島
奄美諸島
沖永良部島
与論島
伊平屋島
伊是名島
伊江島
沖縄島
沖縄諸島
粟国島
渡名喜島
久米島
座間味島
慶良間諸島
渡嘉敷島
那覇
先島諸島
伊良部島
宮古島
多良間島
宮古群島
石垣島
西表島
八重山群島
与那国島

沖縄は、行政的には、四七都道府県の一つである。人口は日本全体の約一%、面積は〇・六%に過ぎない。しかし、九州の南端から台湾にいたる約一〇〇〇キロの海域に、太平洋と東シナ海に挟まれて帯状に連なる島じまのうち、鹿児島県大島郡を含むほぼ北緯三〇度以南の地域には、一五世紀には琉球（りゅうきゅう）王国という独自の国家が形成されていた。

一六〇九年の薩摩藩の琉球侵略によって、琉球の一部だった奄美（あまみ）諸島は、薩摩の直轄植民地となる。しかし、それ以南の諸島は、薩摩藩を媒介として社会経済的には日本の幕藩体制に結び付けられながら、同時に、中国（当時の清）の冊封（さっぽう）を受ける独自の国家を維持する、あるいは維持させられることになった。冊封とは、中国周辺諸国の王が、中国皇帝の辞令を受けて即位する、というほどの意味である。徳川幕府や薩摩藩にとっても、琉球をこのような地位に置くほうが、中国との良好な関係を維持する上で有効だと考えていたのである。このような独自の歴史を持つこの地域は、近現代の歴史の上でも、常に、日本という国家や社会のありようを問い直す存在であり続けている。

＊「琉球処分」——日本に組み込まれた琉球

琉球は、明治維新という近代国家日本の形成過程で、日本の一県としての沖縄県に位置づけ直されることになった。沖縄県を設置するための一連の措置を「琉球処分」という。明治政府は、琉球処分の大義名分として、民族的統一と、近代化の二点を強調した。日本と琉球は、民族的に同じであり、民族国家形成の世界史的流れの中で同一国家を形成するのは当然であり、また、四民平等の近代化の恩典は、琉球人民にも及ぼされるべきである、というのである。しかしこの主張はあくまでタテマエに過ぎなかった。

中国（清）が琉球処分に異議を申し立てると、明治政府は、清国が、欧米列強に与えているような通商上の特権を日本にも認めるならば、宮古・八重山などの先島諸島を清国に割き与えてもいい、という分島・改約案を提案したりもした。民族統一という大義名分を掲げながら、経済的利益と引き換えに、先島諸島を売り渡そうとしたのである。また、旧琉球支配層（琉球士族）が、封建的身分に伴う自分たちの特権（たとえば家禄の支給）が奪われることを恐れ、琉球処分に反対し、沖縄県政にも非協力的な態度を示すと、明治政府は、旧琉球支配層を懐柔するために彼らの特権を保証し、近代化への改革を遅らせるという政策（旧慣温存政策）をとった。

たとえば、旧琉球士族は、一九〇九（明治四二）年まで、近代国家日本の中で、封建時代と同じように、それぞれの身分に応じた禄高を支給されていたのである。政府にとって、日本の版図（領土）の確定とその安定的維持こそが、最優先の課題だった。

その後日本は、日清戦争（一八九四―五年）によって台湾を奪い、日露戦争（一九〇四―五年）を経て、大韓帝国（朝鮮）を併合（一九一〇年）し、その矛先を中国東北部（旧満州）に向けていく。台湾領有によって、南の国境であった沖縄の政治的軍事的重要性は低下し、国政参加や、そのために必要な税制改革など、旧慣打破を求める農民層の運動などもあって、徐々に近代化が進み、一九二〇年代の初め（大正後期）には、先島諸島を含めて沖縄全域が完全に本土並みの制度下に置かれるようになった。

ちょうどそれは、第一次世界大戦後の戦後不況の時期に当たっていた。東北日本の農村地帯で娘の身売りや餓死が頻発(ひんぱつ)したこのころは、南の辺境沖縄の農村地域もソテツ地獄（ソテツを毒抜きして食料にする）と呼ばれるような疲弊状態にあり、貧しい農民たちが大阪周辺や京浜工業地帯に職を求めてあふれ出し、さらに遠くは、ハワイをはじめ太平洋地域や南米などに出稼ぎに出た。こうして沖縄は、日本有数の移民県になった。

島の外に出た彼らの多くは、慣れない土地で生きていくために、出身地域別に集団をなして生活しながら、下積みの仕事に従事していた。異郷で肩を寄せ合って生活し、蛇(へび)の皮を張った三線（サンシン）をかき鳴らして郷愁を癒そうとする人びとの姿は、沖縄の歴史や文化に無理解な人びとの目には、不可解な言葉で話し合う異民族集団にも見え、それが一種の民族的差別にも似た社会的差別を生むこともあった。薩摩の琉球侵略以来その直轄植民地となり、明治維新の段階で鹿児島県大島郡として位置づけ直された奄美の人びとにとっても、事情は同じだった。

＊沖縄戦——本土防衛の防波堤

沖縄が、歴史的に再びクローズアップされるのは、第二次大戦末期、日本の敗色が濃くなった段階であった。太平洋の島じまを飛び石伝いに日本に迫ってきたアメリカが、日本本土攻略の橋頭堡(きょうとうほ)として選んだのが沖縄であった。

沖縄島から見ると、東京とほぼ等距離のうちに、朝鮮半島の大部分、中国の東部、フィリピンのルソン島までがのぞまれる。

日本は、沖縄を本土防衛の防波堤とした。こうして沖縄は、県民の四人に一人が犠牲になった悲惨な地上戦を体験させられた地域となった。

沖縄戦は、できるだけ〝本土決戦〟の時間を稼ぎ、あわよくば「天皇制護持」を条件とする和平交渉への途を探ろうとする〝捨て石作戦〟として引き延ばされたため、多くの犠牲を生んだ。住民の中には、日本軍によって戦火を避けていたガマ（自然の洞窟）を追い出されたり、「集団自決（強制集団死）」に追い込まれたり、スパイ扱いされて殺された人びともいた。作家の司馬遼太郎は、自分の軍隊体験に照らして、「軍隊は軍隊それ自体を守るものであって、国民を守るものではない」と断言し、本土決戦が行われていたならば、沖縄と同じことが本土でも起こったであろうと述べている。この指摘は、軍隊の本質を鋭く突いているが、それでもなお、日本軍の住民に対する〝異端視〟を抜きにして、沖縄戦の実相に迫ることはできない。日本軍は、沖縄を「防諜（スパイ防止）上極メテ警戒ヲ要スル地域」と考え、沖縄の民衆は「皇民意識ノ徹底セザル」民であるとみなしていたからである。

沖縄県の統計によれば、沖縄戦では、本土から来た約六万六〇〇〇人の兵隊と、沖縄で徴集された補助兵力約三万人、それに民間人約九万四〇〇〇人が犠牲になった。さらに朝鮮半島から軍夫や、「従軍慰安婦」として強制連行されてきた約一万の人びとが犠牲になったといわれるが、その数はいまなお明らかになっていない。米軍も一万数千人の犠牲者を出した。このように沖縄戦では、軍人よりはるかに多くの民間人が犠牲となったが、結局、本土決戦は行われず、広島、長崎への原爆投下とソ連の参戦によって、日本はポツダム宣言を受諾し、連合国に降伏した。

＊占領下の沖縄―進む軍事要塞化

敗戦によって、日本は、米軍を主体とする連合国軍の占領下に置かれることとなった。しかし、天皇を頂点とする日本の政治行政組織は、戦前との連続性をもってそのまま維持され、占領軍は、日本政府を通してポツダム宣言が示した戦後改革（非軍事化と民主化）を行うこととなった。ただ沖縄だけは、日本から分離されたまま、米軍政府が戦火の中で瓦解した沖縄県に替わって住民を直接支配し、米軍政の下請け機関としての住民の政治行政機構も、米軍によって組織された。

占領統治や戦後日本の体制づくりにおける天皇制の利用価値に着目した連合国軍（最高司令官マッカーサー）は、天皇を「国民統合の象徴」と位置づける象徴天皇制の下に、日本の非武装化と民主化を目指した。日本の非武装化（新憲法における戦争放棄の明記）は、東アジア支配のパートナーとして親米的中国を想定していた戦後初期のアメリカの世界戦略に基づくもので、太平洋地域でアメリカ帝国主義と覇を争った日本帝国主義の牙を抜く狙いがあったが、同時に天皇制の存続に軍事的脅威を感じる国々（フィリピン、オーストラリア、ニュージーランドなど）の不安を除去しようとするものであった。また、日本の非武装化（平和憲法の制定）は、沖縄の分離軍事支配・米軍の戦略拠点化と分かちがたく結びついていた。連合国軍最高司令官マッカーサー元帥は、「沖縄を米空軍基地とすることは日本の安全を保障する」と公言してはばからなかった。

日本の非武装化は、アジア太平洋戦争の過酷な体験を踏まえて平和を願望する日本国民に歓迎されたが、その戦争体験は、悲惨な被害者体験に偏りがちであり、アジア民衆に対する加害者としての責任には、ほとんど目が向けられていなかった。ましてや、平和憲法の制定過程から沖縄「県民」が排除され、さらには、日本の非武装化と沖縄の軍事要塞化が一体不可分のものであることを認識する者は皆無に近かった。

しかし間もなく、同盟関係にあった米ソの対立が顕在化してくると、アメリカは、日本を「共産主義進出の防壁」とする方向に方針を転換し、日本にも再軍備を促すようになった。さらに、ソ連の原爆保有確認(一九四九年九月)、中華人民共和国の成立(一九四九年一〇月)、朝鮮戦争の勃発(一九五〇年六月)という情勢の進展を背景に、サンフランシスコ平和条約と日米安保条約が同じ日に(一九五一年九月八日)締結され、同じ日に(一九五二年四月二八日)発効した。

対日平和条約第三条によって沖縄(鹿児島県大島郡を含む北緯二九度線以南の島じま)は日本から半永久的に分離され、米軍政下に置かれ続けることになった。また、日米安保条約によって、米軍は日本全土に軍事基地を保有できることになり、日本を占領していた連合国軍の大部分を占めていた米軍は、安保条約に基づく軍隊として、日本に駐留し続けることになった。

ではなぜ、アメリカは日本全土に軍事基地を置くことができるようになったにもかかわらず、あえて沖縄を日本から分離したのか。それは、主権国家の国内法による制約や政治状況に左右されることなく、自由に基地を建設することができ、使用することができるからであった。日米安保体制は、米軍政下に置かれた沖縄によって外から支えられていた。沖縄が米軍政下に置かれなかったならば、現存するような基地の建設は不可能だった。だが、自由に基地が建設でき、使用できるということは、沖縄住民が、まったくの無権利状態に置かれることを意味していた。

＊対日講和と沖縄〝屈辱の日〟

〝鉄の暴風〟と呼ばれた戦禍をかろうじて生き延びた人びとは、戦場で米軍にとらえられ、収容所に入れられて米軍の支給する食料や衣料で最低限の生活を維持しながら、米軍の命ずる仕事に従事するというかたちで〝戦後〟を迎えた。収容所を出た後も、多くの民衆は、廃墟の中での絶望的貧困状態と、精神的よりどころを失った状態で、日々の生活に追われていた。すでにこのころから、教職員や一部知識人などを中心に根強い日本復帰願望が存在した。その根底には、日本との強い文化的一体感と、異民族支配への違和感があり、長い目で見れば、日本と共にあることによって、文化的・経済的発展も社会的安定も展望しうるという考えがあった。他方、戦前の社会主義者たちを中心に、占領米軍を日本軍閥支配から沖縄人民を解放した〝解放軍〟としてとらえ、これを後ろ盾として沖縄の独立を考えようとする傾向も見られた。

しかし、対日講和への動きが具体化し、帰属問題に対する民衆自身の意思表示が必要とされてくると、世論は、一挙に日本復帰へと集約されていった。もはや誰の目にも、占領米軍が〝解放軍〟でないことは明らかであった。沖縄の民衆は、平和憲法を持ち、民主国家に生まれ変わったはずの日本によりどころを求めたのである。だがすでにこの時期、日本では占領政策の転換と共に、〝逆コース〟と呼ばれる現象が顕在化しつつあった。

一九五一年、対日講和会議を前にして、奄美大島や沖縄では、日本復帰を求める署名運動が行われ、奄美では対象住民の九九・八％、沖縄では七二・一％、宮古では八八・五％、八重山では八一・九％が署名をしたといわれている。日米両政府は、このような民衆の意向を一顧だにすることなく、対日平和条約を締結した。こうして、対日平和条約の発効した一九五二年四月二八日は、沖縄にとっての〝屈辱の日〟となった。

＊島ぐるみ闘争――沖縄民衆の抵抗運動

対日平和条約の発効から約一年半後の一九五三年一二月二五日、米政府は、軍事基地をほとんど置いていなかった奄美諸島を、〝クリスマスプレゼント〟として日本に返還したが、明けて五四年年頭の一般教書でアイゼンハワー米大統領は、沖縄基地の無期限保有を宣言し、現地沖縄では、米軍用地の強制接収、言論活動や集会等への統制・弾圧など、軍事優先政策がなおいっそう徹底されることになった。こうした状況に対する住民の反発は、やがて「島ぐるみ闘争」となって爆発する。

一九五六年六月、米下院の沖縄調査団（プライス調査団）が、あまりにも低額の軍用地使用料（一坪の軍用地使用料が、コカ・コーラ一本分にも満たないといわれた）や、事実上の土地強制買い上げに等しい軍用地料一括払いなどに反対する住民側の要求をことごとく否定した上で、沖縄基地の重要

“銃剣とブルドーザー” による米軍の土地接収に抗議して琉球政府前に座り込んだ伊江島の女性（撮影：阿波根昌鴻、伊江島反戦資料館「ヌチドゥタカラの家」提供）

性を指摘し、沖縄の長期的かつ排他的支配の必要性を議会に勧告したことが島ぐるみ闘争の契機となった。この闘いによって沖縄問題は、ようやく世界的にもその存在を知られるようになり、戦後日本における重要な政治問題として、無視できないものとなった。

島ぐるみ闘争に直面した米政府は、むき出しの軍事優先政策を修正し、軍用地使用料を大幅に引き上げると同時に、沖縄の通貨を、それまでのB円と称する軍票からドルに切り替えて外資導入を図り、琉球経済援助法を制定して沖縄への財政援助を制度化するなど、その対沖縄政策には多少の柔軟さと、慎重さが見られるようになった。また、日本政府にも沖縄支配の補完的役割を担わせるようになった。日本政府にとっても、沖縄問題が政治的争点になるのは好ましくなかったので、沖縄の地位にふれることはできるだけ避けながら、財政的・行政的な面からの沖縄援助に乗り出すことになった。だがこうした政策修正の背後には、在日米軍再編をともなう安保条約改定の動きがあった。

米軍政下の沖縄で島ぐるみ闘争が爆発したころ、日本本土でも、米軍立川基地の拡張に反対する砂川闘争（当時の砂川町は、現在立川市と合併）などの反米反基地闘争が高まりを見せていた。こうした事態に対応して、日米両政府は、自衛隊の強化も前提にしながら、不平等条約としての性格が強い旧安保条約をできるだけ相互防衛条約に近づけ、海兵隊など地域住民とのトラブルを起こしやすい地上戦闘部隊を日本から撤退（日本ではない沖縄に移転）させ、沖縄では、軍用地料の大幅引き上げ、米軍政を補完する日本政府援助を取り込むなどして、住民の反発の矛先をそらそうとしたのである。この時期日本本土の米軍基地は約四分の一に減少し、沖縄の米軍基地は約二倍になった。「基地しわ寄せ」の第一段階である。

一九六〇年に成立した「日米相互協力及び安全保障条約（改定安保条約＝現行安保条約）」は、「日本国の施政の下にある領域」への攻撃に対する共同防衛を宣言するとともに、アメリカが、極東の平和と安全のために在日米軍基地を使用することを認めた。日本からの戦闘作戦行動や在日米軍の装備に関する重要な変更などは事前の協議の対象とされたが、日本ではない沖縄を経由した作戦行動等は自由であった。沖縄は、在日米軍の軍事活動を自由化するための抜け道として利用された。

しかし、米軍支配に対する沖縄民衆の抵抗運動は、寄せては返す波のように徐々に高まり、アメリカによる沖縄支配は困難さを増していった。それは、アメリカの南ベトナム内戦への全面介入（ベトナム戦争）によって決定的なものとなった。B52戦略爆撃機が嘉手納（かでな）基地からベトナム爆撃に飛び立つなど、ベトナム攻撃の軍事的拠点となった沖縄は、ベトナムから見れば「悪魔の島」だったという。このような状況の中で、沖縄の民衆運動は、世界的なベトナム反戦運動と連動しながら反基地闘争としての性格を強め、アメリカは、沖縄基地維持の責任を日本に分担させる方策を検討せざるを得なくなっていった。

一方、経済大国としての地位を回復し、政治大国化、さらには軍事大国化を目指していた日本にとっても、自国の領土と人民が同盟国の支配下に置かれ続けているということは、容認し難いものになっていた。日米両政府は、この課題を、「沖縄返還」によってカモフラージュされた日米軍事同盟の再編強化によって解決しようとした。

＊沖縄返還——新たな安保体制の強化

日米両政府の政策転換と沖縄返還交渉の急速な進展に対して、「平和憲法下への復帰」を求めてきた復帰運動は、自らの運動目標は「核も基地もない平和で豊かな沖縄県の実現である」として、「反戦復帰」のスローガンを打ち立てた。「反戦復帰」を求める沖縄の大衆運動は、一九六八年一一月の初めての主席選挙で革新主席を誕生させるなどの過程をへて、六九年二月四日には、沖縄からのB52戦略爆撃機の撤去を求める全島ゼネストへと登りつめていく。

しかし、結局このゼネストは、「米軍部に基地維持についての不安を与えると返還が遅れるかもしれない」という日本政府と、沖縄における政治ゼネストの本土労働運動への跳ね返りを懸念する本土革新勢力のためらいの中で挫折した。日米両政府は、「反戦」と「復帰」の間に楔(くさび)を打ち込むことに成功したのである。

こうして、一九六九年一一月の日米(佐藤・ニクソン)共同声明は、一九七二年中に沖縄を日本に返還することで合意した。同時にこの共同声明は、朝鮮半島や台湾海峡の安全が、日本の安全と一体のものであるとして、在日米軍のこれら地域への戦闘作戦行動を事実上容認した。ベトナム戦争の妨げにならないような返還の実現や、有事の際の核持ち込みの事実上の容認も約束された。さらに自衛隊が配備され、在沖米軍基地を自衛隊が防衛し、米軍は外部への攻撃に専念するという役割分担も成立した。

沖縄返還(日本復帰)によって沖縄の民衆は、直接的な米軍支配下からは抜け出したものの、七二年沖縄返還政策の本質は、沖縄の日本への統合を前提とする日米安保体制の強化にほかならなかった。いいかえれば、日米安保体制を外から支えていた沖縄の役割は、それを内から支える役割に位置づけ直されたのである。また、沖縄返還を契機にして、在日米軍の再編整理が行われ、在日米軍基地の七五%が沖縄に集中するという状況が生まれた。いわゆる「関東計画」による大幅な基地縮小の一方で、六〇年安保改定時に次ぐ、沖縄への「基地しわ寄せ」の第二段階であった。

七二年沖縄返還以降の沖縄現代史は、米軍支配と、これに抵抗する民衆の闘いによってダイナミックに展開してきた七二年以前とは異なり、支配・被支配の関係が曖昧（あいまい）になった。沖縄を日米同盟の軍事的拠点として維持強化するための対沖縄政策は、米軍用地強制使用のための特別法や沖縄振興策などの日本政府の「アメとムチ」の政策として存在したが、沖縄社会全体は、四七都道府県の一つとして日本の制度の中に組み込まれ、政党や労組、その他の諸組織、諸団体も、日本の諸組織の一部として再編成され、系列化された。それだけ沖縄民衆の闘いの基盤となるべき沖縄社会の共同性は弱められることになった。

とはいえ沖縄は、日本に、一〇〇分の一の部分として、飲み込まれてしまったわけではない。たとえば、米軍用地所有者の一部（いわゆる反戦地主＝契約拒否地主）は、一坪反戦地主運動に支えられながら、日本政府の米軍用地強制使用に頑強に抵抗し続けた（詳しくは新崎盛暉著『新版　沖縄・反戦地主』高文研参照）。かつて、「異民族支配」から「平和憲法下へ」の脱却を求めた際のシンボルとされた「日の丸」は、七二年沖縄返還政策がその全貌を現すとともに打ち捨てられ、復帰後の沖縄は、小中高校の卒業式や入学式における「日の丸」掲揚率が最低の県となった。復帰一五周年を期して設定された全国一巡最後の国民体育大会（沖縄国体＝海邦国体）をも利用して、文部省や県教育委員会は、必死の圧力をかけ、形式的な「日の丸」掲揚率は「本土並み」になったが、逆に国体会場における「日の丸」焼き捨てや、天皇の戦争責任論議を巻き起こすことにもなった。

八〇年代から九〇年代前半までの沖縄は、いわば自覚的少数派と、日本政府や保守県政とのせめぎあいの時代であった。

*「安保再定義」と沖縄民衆

このような状況に転機をもたらしたのは、東西冷戦対応型の日米安保体制を、アメリカの一極支配対応型に意味づけ直そうとする「安保再定義」と、一九九五年秋に巻き起こった沖縄の民衆運動であった。この運動の直接的なきっかけは、三人の米兵による小学生強姦事件という忌まわしい犯罪と、もう二度と同じような事件を繰り返させてはならないという被害者の少女とその家族の勇気ある告発であった。それは、目先の出来事や煩雑な日常に追われていた人びとに、あらためて人間の尊厳とは何か、一人の少女の安全も守れない安全保障とは何かを問いかけることになったが、その背景には、東西冷戦終焉（しゅうえん）を平和の到来ととらえて「平和の配当」を求める民衆と、地域紛争の多発を口実に日米同盟を米世界戦略により緊密に結びつけ、日本の軍事的経済的役割を拡大・強化しようとする「安保再定義」の激突があった。

この民衆運動は、県知事をも巻き込み、とりわけ、八万五〇〇〇人を結集した九五年一〇月二一日の県民大会は、日本の世論にも一定の影響を及ぼし、クリントン米大統領の訪日と「安保再定義」のための日米共同宣言は、約半年の延期を余儀なくされた。日米両政府は、日米地位協定の運用見直しと、基地の整理・縮小・統合を内容とする、いわゆるSACO（沖縄に関する特別行動委員会）合意によって沖縄の怒りを鎮静化させようと図った。SACO合意によって、沖縄の米軍基地面

宜野湾市の真ん中にあり、米本国では不適格飛行場となってしまう、“世界一危険”といわれている普天間海兵隊基地（提供：沖縄県知事公室）

積は二〇%減少する（全国比で七〇%になる）とされたが、その目玉は、市街地にあってもっとも危険とされた普天間基地の名護市辺野古沿岸域移設であった。しかし民衆の要求に対応するかのようなＳＡＣＯ合意に隠された米側の意図は、建設から半世紀も経つ老朽化した広大な基地を、日本のカネで、コンパクトな最新鋭基地に造りかえるというものであった。したがってそれは、当然沖縄民衆の受け入れるところとはならなかった。

　九七年一二月の名護市民投票によって、辺野古沖への新基地建設は、明確に拒否された。名護市民投票は、九〇年代中期の沖縄民衆運動が、自己決定権の獲得へ向かって新たな局面を切り拓いたことを示していた。しかしこの民衆の勝利は、総力を上げた政府の利益誘導・懐柔(かいじゅう)策によって育成された地元の基地容認・誘致派との激しいつばぜり合いの結果獲得されたものであり、地域社会にさまざまな亀裂や対立を残す満身創痍の勝利であった。

動揺していた知事は、新基地建設反対の立場をはっきりさせるが、政府は知事と経済界の間に楔を打ち込み、知事の首をすげ替え、知事や市町村長を関係閣僚との協議会の場に閉じ込め、さまざまな利害調整を行い、再び辺野古沖のリーフ上に、SACO合意の一五〇〇メートル滑走路を持つ撤去可能な海上基地に替えて、二〇〇〇メートルの滑走路を持つ軍民共用空港(軍事利用は使用期限一五年)を建設する計画を策定した。

民衆の手が届かない場で策定された新基地建設計画が、ボーリング調査実施というかたちで民衆の前に姿を現したのは、〇四年四月一九日のことであった。辺野古沖に撤去可能な海上基地を造り、五年から七年で普天間基地を撤去するというSACO合意の期限は、とっくに過ぎていた。新基地建設など不可能だろうという社会的雰囲気も広がり、世論調査の上でも、新基地建設反対の世論は増え続けていた。

これから約一年半、ボーリング調査を実施しようとする那覇防衛施設局(当時)と、これを阻止しようとする住民・市民の攻防が続けられたが、政府は、むき出しの物理的強制力の行使を控えていた。それは、物理的な強制力の行使が、阻止闘争を支持する分厚い世論の反発を招き、各種の選挙などに跳ね返ることを懸念したからでもあるが、実は、すでに「安保再定義」の次のステップともいうべき在日米軍再編協議が始まっていたからである。

＊在日米軍再編――自衛隊増強と新基地建設

沖縄の基地問題は二〇〇〇年代に新たな段階へ入った。日米安保再定義から在日米軍再編へと日米の軍事一体化は世界規模へと変質し、安倍政権における憲法九条の解釈変更で集団的自衛権が容認されるなど、日本は軍事化へ突き進んでいる。その舞台の一つが沖縄だった。

「基地しわ寄せ」の第三段階は在日米軍再編と連動している。沖縄の負担軽減を口実に米軍再編と自衛隊の増強が図られ、県民が強く反対してきた名護市の辺野古新基地建設は埋め立て工事が強硬に進められている。

〇一年九月一一日、米国で起きた同時多発テロは米国のみならず世界を新しい危機に直面させることになった。米・ブッシュ政権による「見える敵」(敵性国家)も、「見えざる敵」(敵性非国家組織)も、すべて力でねじ伏せようという「対テロ戦争」の始まりである。

同年にアフガニスタンのタリバン政権に報復攻撃、〇三年イラク戦争と、米国は巨大な軍事力を行使していった。「正義」という大義をかざしてのテロとの戦争はむしろテロの連鎖を世界に招いた。そして二〇年後の二一年にはタリバンが逆に武力で政権を奪い返し、米軍は撤退を余儀なくされるなど国際社会の混乱は現在も続いている。

米軍再編は〇三年からテロとの戦いのために構想され、小泉政権は米国の新しい世界戦略に追随する意向を表明した。米国は軍事拠点のネットワーク化、同盟国の軍隊の利用などによる米軍の配置や兵力構成の見直し、いわゆるトランスフォーメイションに着手することになる。その一環としての在日米軍再編は、単なる在日米軍の配置や兵力構成の再編ではなく、日米双方の軍事的役割分担の調整、情報共有や相互運用能力の統合強化にほかならなかった。

〇五年一〇月、日米両政府は在日米軍再編の中間報告（最終報告〇六年五月）に合意した。日本と米国の軍事一体化を進め、自衛隊は米軍との共同行動を強化する。その内容は、座間（ざま）、横田、厚木、岩国などの米軍基地のほか全国の自衛隊基地からグアムまでを巻き込むことになった。目的を「抑止力の維持と沖縄など在日米軍基地を抱える地元負担の軽減」にあると強調したが、「負担軽減」という言葉は、米側にとってはグアムの海兵隊施設やインフラ整備の経費を日本に要求するための、政府にとってはその要求受け入れを正当化するための口実として、最大限利用されているに過ぎない。

この日米の軍事一体化の流れは安倍政権でさらに加速し、一四年七月、閣議において憲法九条の解釈を変更し集団的自衛権の容認まで踏み込み、一五年九月、自衛隊法改正など安保法制を一挙に進め、戦後日本の軍事的制御の枠組みを次々と取り払っていった。

沖縄については第一に、SACO合意に基づく辺野古沖軍民共用空港建設の撤回と、機能を高めたV字型滑走路を持つ辺野古沿岸域への新基地計画の再提起である。完成目標は一四年。第二は、約八〇〇〇人の第三海兵隊の要員とその家族九〇〇〇人のグアム移転。グアムの施設及びインフラ

沖縄の米軍基地の変遷

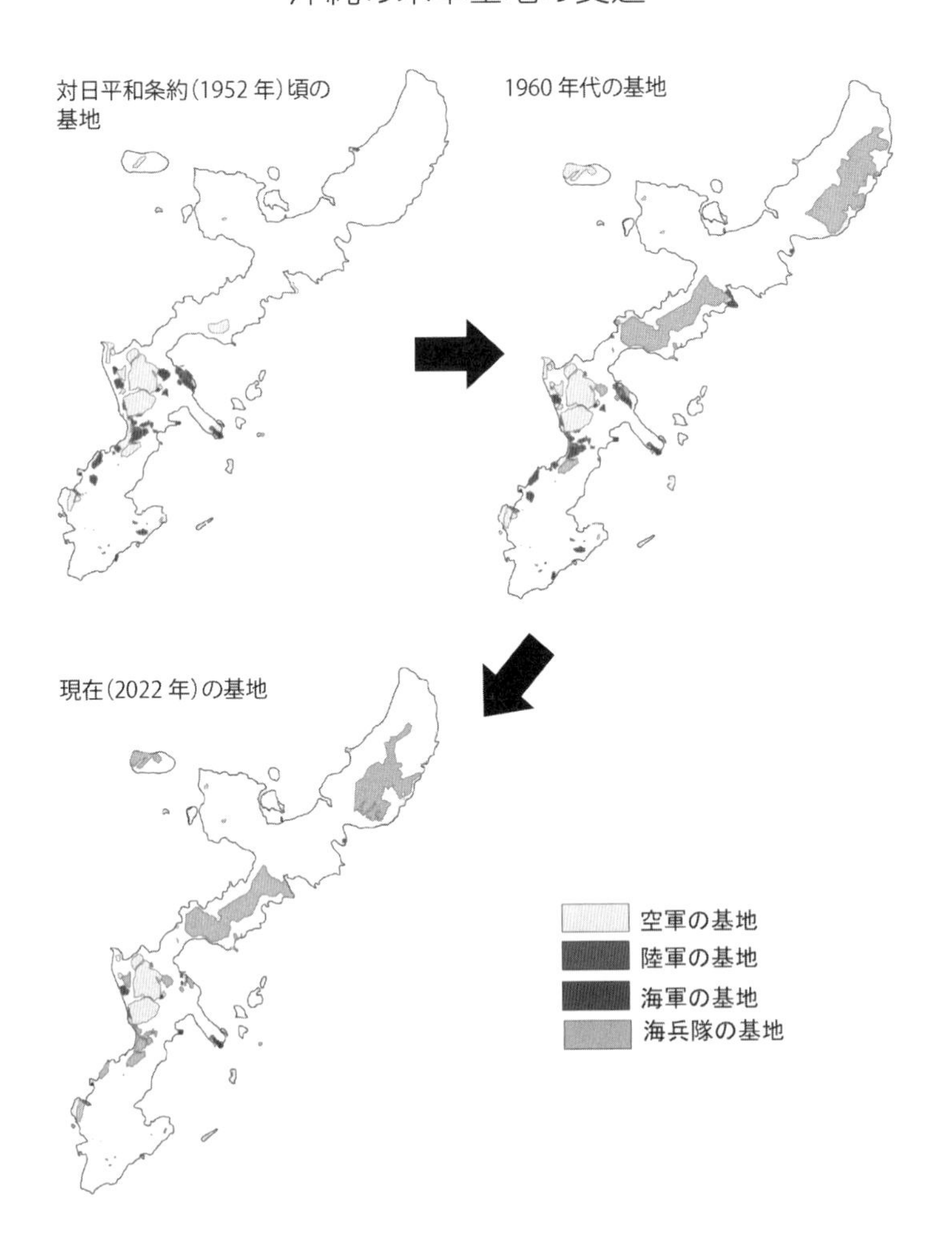

対日平和条約（1952 年）頃の基地
1960 年代の基地
現在（2022 年）の基地
空軍の基地
陸軍の基地
海軍の基地
海兵隊の基地

整備費の約六割を日本が負担する。第三は嘉手納以南の相当規模の土地の返還を検討する。第四は、陸上自衛隊がキャンプ・ハンセンを訓練に使用、航空自衛隊が嘉手納空軍基地で米軍との共同訓練を行う。そしてこれらは、パッケージをなしていることが強調されている。つまり、辺野古新基地の進展がなければ基地返還もないという、沖縄の反対を抑える巧妙な仕掛けがなされていた。

この過程で自衛隊の「南西シフト」は鮮明になっていく。〇四年一二月に閣議決定された新防衛大綱で「島嶼(とうしょ)部に対する侵略への対応が防衛力の新たな役割」が明記され、中国脅威論を背景に、八重山、宮古、沖縄本島、奄美への新たな配備、拡充が一挙に進んでいる。米軍との共同訓練の増加の中で沖縄の「軍事要塞化」は加速している。

宮古、石垣では新たな自衛隊配備に対して住民の反対運動が起きている。かつて沖縄戦で本土防衛の防波堤として「捨て石」にされた辺境の島じまが再び出撃の基地となり、攻撃の対象になることへの不安と反発が高まっている。

＊経済振興策―基地集中のための「アメとムチ」

在日米軍再編は沖縄の民意との隔たりをさらに広げた。九六年のSACO合意は反故にされ、軍民共用・一五年期限などの条件も否定された。政府と協調し条件付で建設を容認してきた稲嶺恵一知事、名護市の岸本建男(たてお)市長はこの「頭越し」の決定に反対を表明した。

辺野古新基地建設は大きく二つの理由で県民には受け入れ難いものだった。普天間基地返還は危険性の除去と負担軽減策であったが、その代替施設がなぜ県内移設でなければならないのか。新基地建設を認めることは戦後初めて「県民の合意」によって軍事施設が造られることを意味している。二つとも平和を一貫して求めてきた県民の思いにそむくものだった。

沖縄の反発を受け、政府において普天間移設先を国内の別の地域に求める動きもあった。〇九年九月、民主、社民、国民新の三党連立の鳩山政権が発足。鳩山首相は「最低でも県外」を表明したが、閣内から異論が出るなど国政、外交が混乱。一〇年五月、政府は再び、移設先を名護市辺野古とする日米合意を発表、その直後の六月、鳩山首相は退任を発表した。

沖縄への基地集中の要因は戦略的地理的条件ではなく、国内政治の選択でしかないことを鳩山退陣は示すことになった。政府は国内分散政策は取らず、その七〇%余を沖縄に集中させる政策を一貫してとってきた。国内で反対運動を起こさせない、政治的リスクの回避が沖縄集中の理由である。

その政策浸透の手法は、原子力発電所の誘致などと同じく経済振興策である。政府は沖縄関係予算を、県政の政府への協調の度合いに応じて増減してきた。反発を示す県政に対しては予算締め付けを露骨に行い、二七年間の米軍支配によるインフラなど経済基盤の遅れを取り戻すことを目的とした沖縄振興計画は、基地集中政策とリンクした「アメとムチ」に変質した。

さらに〇七年五月には、米軍再編に協力した自治体に出来高払いの交付金を国が直接支給する米軍再編促進特措法を制定した。「アメとムチ」をも越えて、地方自治の根幹を揺るがす法制度を、安全保障の名の下に実行している。

一三年の年末、仲井真弘多(ひろかず)知事は政府の沖縄関係予算の増額を評価し、辺野古海域の埋め立てを承認した。その際の「いい正月を迎えられる」という知事発言は、政府と地方（沖縄）のいびつな関係を象徴した。国の安全保障が、経済振興策という名のバラマキ政策で押し進められる。沖縄県に限らず、国策に反対する地方の意思に対し政治は常に利益誘導策を取ってきた。地域と協議し説得することではなく、力と金で政策を推し進める姿はこの国の政治の貧困を証明している。

＊「異議申し立て」――日本の戦後民主主義を問う

一九九五年秋の米兵による強姦(ごうかん)事件以降の民衆運動は、「沖縄の異議申し立て」と名付けられてきた。同年一〇月の県民大会は、少女の尊厳を守れなかった痛恨の思いが復帰後最大規模の八万人余の結集で示された。

その後も沖縄の民意はさまざまな形で表明されてきている。市民が直接投票で意思を表現する住民投票。全国で沖縄だけが全県規模の県民投票を二度にわたって行ってきた。テーマはいずれも基地問題だった。

九六年九月八日の県民投票は「米軍基地の整理・縮小と日米地位協定の見直し」の賛否が問われ、投票率五九・五％、賛成は八九％、全有権者の半数を超える約四八万人が「基地ノー」を表明した。

二度目の県民投票は二〇一九年二月二四日。名護市辺野古沖の新基地建設に伴う埋め立ての賛否

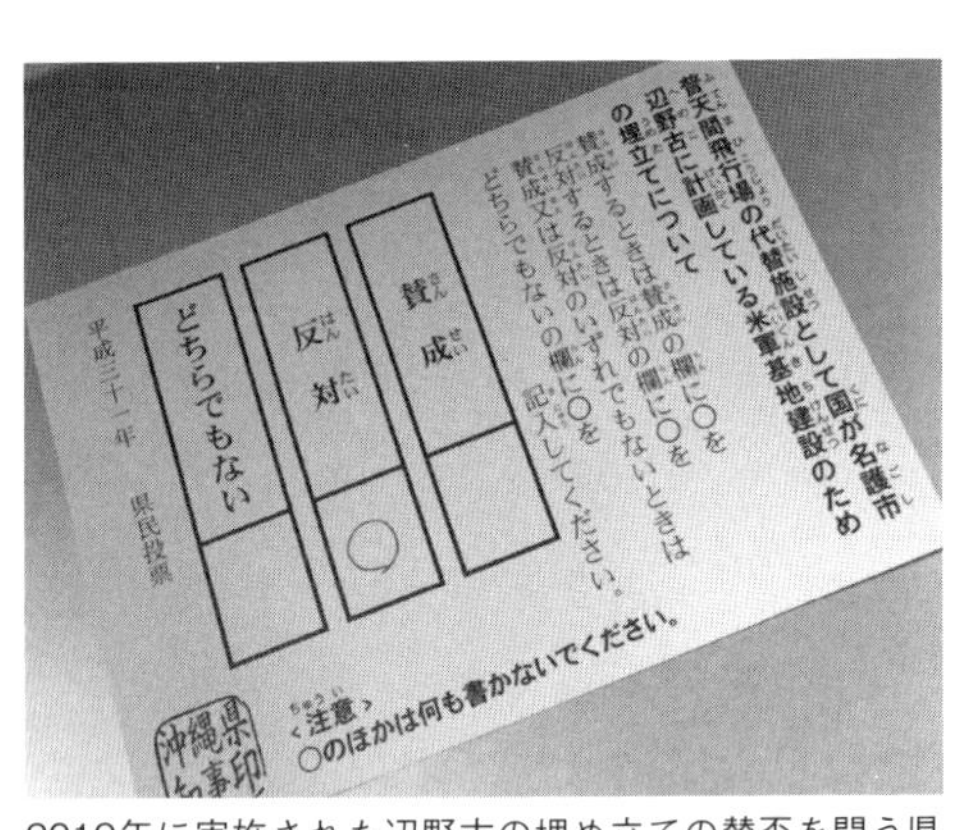

2019年に実施された辺野古の埋め立ての賛否を問う県民投票の投票用紙

を問うもので、投票率五二・四％、埋め立て「反対」が七一・七％、四三万人余が再び「基地ノー」を示した。最初の県民投票が労働団体主導だったのに対し、今回は若者を中心に県民投票の条例制定を求めた。保守系の五市長らが一時不参加の姿勢を示したが、若者たちはハンガーストライキで訴え、世論を動かし実現した。

この間の国政選挙では、全国的な自民大勝に対し県内は野党優勢となるなど、辺野古新基地の賛否を軸に反対の民意が強く出されてきた。その中にあって、県知事選では基地に反対する候補と経済振興優先で政府協調の候補が、振り子のようにほぼ二期ごとに交互に当選してきた。県民は基地問題と経済・暮らしの比重をはかりながら判断している。この二つの政治勢力に偏ることが許されない〝振り子の揺れ〟にこそ、沖縄の状況の複雑さと有権者の真剣な選択が反映されているといえよう。

住民（県民・名護市民）投票やメディアの世論調査においては、県民の意思はぶれなく率直に示されてきた。「基地の整理縮小」「日米地位協定の改定」「辺野古新基地建設反対」という三点が基本的な要求として選択されてきた。基地問題の根本的な解決を求める民意に揺るぎはなく、民衆が戦後の歩みの中で培ってきた平和への理念が現れている。

安倍政権と厳しく対決した翁長雄志知事（二〇一四年一一月～一八年八月死去）は、その民意を体現した一人だった。保守系で日米安保体制を認めつつも戦後の日本の民主主義のあり方に言及、沖縄人のアイデンティティーを根本に据えて辺野古新基地建設に反対した。

政府に対し、「自由、人権、平等を守る民主主義国家にあるまじき現実が沖縄で繰り広げられている」「日米同盟はもっと品格のある、誇りを持てるものであってほしい」と主張した。沖縄を「領土」としかみない政府を痛烈に批判し、翁長県政は最終的に仲井真知事の辺野古埋め立て承認の撤回に踏み切った。国は、すでに県は承認したとして埋め立てを続行している。

翁長知事を中心に「オール沖縄」という新しい政治勢力が誕生した。保革を超え一部経済界も加わって、県内の国政選挙で圧勝するなど沖縄党的なスタイルは、従来にない広範囲な県民の支持を集めた。「オール沖縄」は、政府の差別的な政策に異を唱え、平和を求める〝沖縄の心〟を結集した。

そのさなかに翁長知事が急逝、大きな柱を失った。

後継の玉城デニー知事は二二年九月に再選を果たしたが、政府は交付金の削減など締め付けを強め、県内政治は流動化してきている。

辺野古新基地建設の埋め立て作業は一八年一二月に開始され、二一年一一月末現在の埋め立て面積は全体の約八・六％。北側の大浦湾で新たに軟弱地盤が見つかり、改良工事に約七万本もの杭打ちが必要な難工事といわれている。二二年一一月現在、県は大浦湾地区について沖縄防衛局の埋め

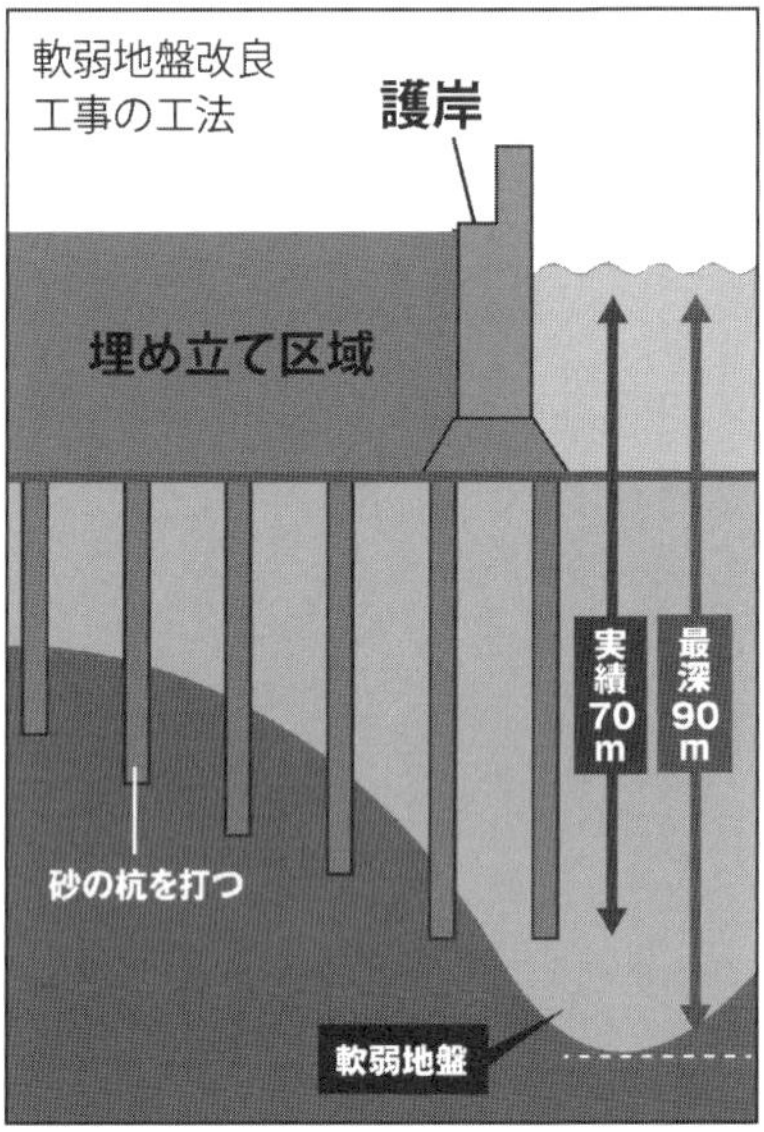

大浦湾の軟弱地盤に対して防衛省が計画している工法

立て変更申請を承認していない。これに対し国土交通大臣が県の不承認を取り消す裁決をするなど、防衛省の申請を同じ政府機関が後押しする形で県に承認を迫っている。二四年二月、最高裁は県の訴えを退け、国が県に代わって申請を承認する「代執行」を認めた。国は大浦湾工事に着手したが、完成までに一二年はかかるとされている。当初三五〇〇億円とした建設予算は、二〇二〇年四月の沖縄防衛局申請では改良工事などで九三〇〇億円に膨らんでいる。県の試算では二兆五五〇〇億円にのぼる。

一四年完成目標は大幅に遅れ、見通しは立っていない。だが米軍は代替基地ができるまで市街地の真ん中にある普天間基地を使用し続ける。県は普天間基地の早期返還こそ危険性の除去につながると主張するが、在日米軍再編において比重は辺野古新基地建設へと移った。日米両政府のいう「唯一の解決策」は、辺野古で座り込みを続ける市民の民意を否定し、普天間基地周辺の住民を危険な日常に置き去りにして進められている。

「沖縄の異議申し立て」は、負担軽減策の最大の矛盾である辺野古新基地建設をめぐって主張されていく。

*歴史の修正——教科書検定に映る今の日本

全国の課題と直結するできごとの一つに、文部科学省の高校歴史教科書の検定問題がある。沖縄戦の実相が国の方針で書き換えられることへの、県民の憤りと抗議が何度も繰り返されてきた。歴史修正の動きと沖縄戦の教科書書き換えは連動しており、ここでも「日本の今」が見えてくる。

沖縄戦にあらわれた事実は、本土防衛の「捨て石」という国の戦略とともに、軍隊は自国の住民を守らないという戦争の実態だった。日本守備軍は地元住民をスパイとみなし殺害し、避難壕からの追い出し、「集団自決（強制集団死）」へと住民を追い詰めた。この国家にとって〝不都合な真実〟を教科書から削除する、生徒たちに教えない、というのが国の検定の狙いだった。

一九八二年の文部省の教科書検定は、沖縄戦での日本兵の住民虐殺の記述削除だった。削除撤回を求める県議会の意見書の採択、県民大会などの抗議、日本兵による住民殺害の新たな証言など、県民の憤りは沸騰した。この検定は中国への侵略を進出と書き換えるなど、アジア各国から抗議を受けたことで知られる。八三年、家永三郎氏の書いた『新日本史』検定では「集団自決」が焦点となっていく。

二〇〇七年九月の「教科書検定意見撤回要求県民大会」は、「集団自決」における日本軍の直接

「『集団自決』に軍命はなかった」との原告の主張を棄却した大阪地裁の判決日。この判決が大阪高裁、最高裁でも維持された（2008年3月28日。撮影：西浜楢和）

関与・強制を修正・削除する文科省検定に対する抗議と撤回要求だった。大会参加者は一一万人余にのぼり、それまでの基地抗議大会をも超え沖縄戦の体験継承が強く意識されていることを示した。作家の大江健三郎氏らが訴えられた裁判もまた「集団自決」をめぐるもので、一一年四月、最高裁は訴えた元戦隊長らの上告を棄却、一審、二審の日本軍の関与を認める判決が確定している。

　教科書検定が過去の日本軍にまつわる負のイメージを払拭することを目的としたものとすれば、いわゆる「従軍慰安婦」問題の否定・隠蔽（いんぺい）の試みと繋がってもいよう。沖縄戦は平和を考えていく原点となっており、事実に基づく体験の継承は、この国で進む歴史修正主義に対する反論となっている。

＊復帰五〇年、沖縄からの問いかけ

二〇二二年、沖縄は「日本復帰」から五〇年を迎えた。この年はコロナウイルス感染症のオミクロン株の蔓延ではじまった。全国でも広がりを見せた第六波のオミクロン株だが、沖縄は急激な感染拡大を示した。

要因は明らかだった。すでに爆発的な感染が起きていた米国から、在沖基地へ検査も受けず直接入国してきた米兵たちだった。基地内感染が民間へと広がり、政府の水際対策の網にかかることはなかった。同じ米海兵隊の岩国基地がある山口県、その隣県の広島県でも急速な感染拡大が起きた。沖縄の拡散スピードが一段と速かった理由に、岩国基地一カ所に比べての沖縄の基地と兵士の絶対数の違いがあげられている。基地周辺の国民へウイルス拡散の危険性をもたらしたのは、日米安保条約と地位協定という日本の法の上に君臨する日米間の取り決めだった。

同年五月一五日、政府と県による復帰五〇年記念式典が東京と那覇市で開かれた。政府の演出するお祝いムードとは裏腹に、沖縄県民は節目を静かに迎えた。地元新聞社の編集局長が「憂鬱」と形容したその日、玉城デニー知事は式典で「沖縄を平和の島とする」という五〇年前の目標が達成されていない、と基地問題の解決を訴えた。岸田文雄首相は「沖縄の基地負担軽減に全力で取り組む」と強調したが、「日米同盟の抑止力を維持しながら」という前提に変わりはなく、基地集中という政策の継続を表明した。

一九七二年の日本復帰から半世紀、沖縄の主張と国の政策が交わることはなかった。

*

「沖縄施政権返還」を正式決定した日米首脳会談（六九年一一月二一日）を受けた新聞（沖縄タイ

ムス社説）は当時、復帰後の沖縄について「新たな差別と疎外が待ち構えている」と書いた。社説が〝予測〟したように、沖縄は依然として「基地の島」の現実の中にいる。

芥川賞作家の大城立裕（たつひろ）氏（一九二五～二〇二〇年）は、晩年の九二歳で書いた小説『辺野古遠望』（二〇一七年）で胸の内を語っている。

「生きているうちに沖縄の問題は片付くだろう。いくらか期待もあったが、このごろはほとんど絶望している」。明治の琉球処分と現代の政府高官の「辺野古移設しかない」発言を重ね、「国内軍事植民地をつくるための琉球処分の伝統」と「沖縄を処分して構わない異民族としか見ていない」政治の姿を書き残した。

それでも老作家は希望を託して綴っている。

庭に、父が六〇年前に植えた三本の福木（ふくぎ）が黒々と逞（たくま）しく立っている。この生命力がこれからも家族を守っていくだろう。──島に根を張って生きる者たちへ、次代を託して小説は終わっている。

沖縄は、この国の針路を示すシグナルを発し続けている。「異議申し立て」は炭鉱のカナリアほどには、その声は響かないのかもしれない。日本にとって沖縄とは何か──。沖縄から見える日本の姿とは──。その答えは、沖縄の声に耳を澄ますことで聞こえてこよう。

Ⅱ　沖縄戦

—沖縄に刻まれた戦争

———謝花 直美

1995年6月23日に除幕され、沖縄戦戦没者を国籍や軍人、民間人の区別なく刻銘した平和の礎（いしじ）。その中心の平和の火とセンターライン。海を背にして右側が沖縄県民、左側に日本軍兵士・軍属、朝鮮半島、米国、英国出身者が刻銘されている

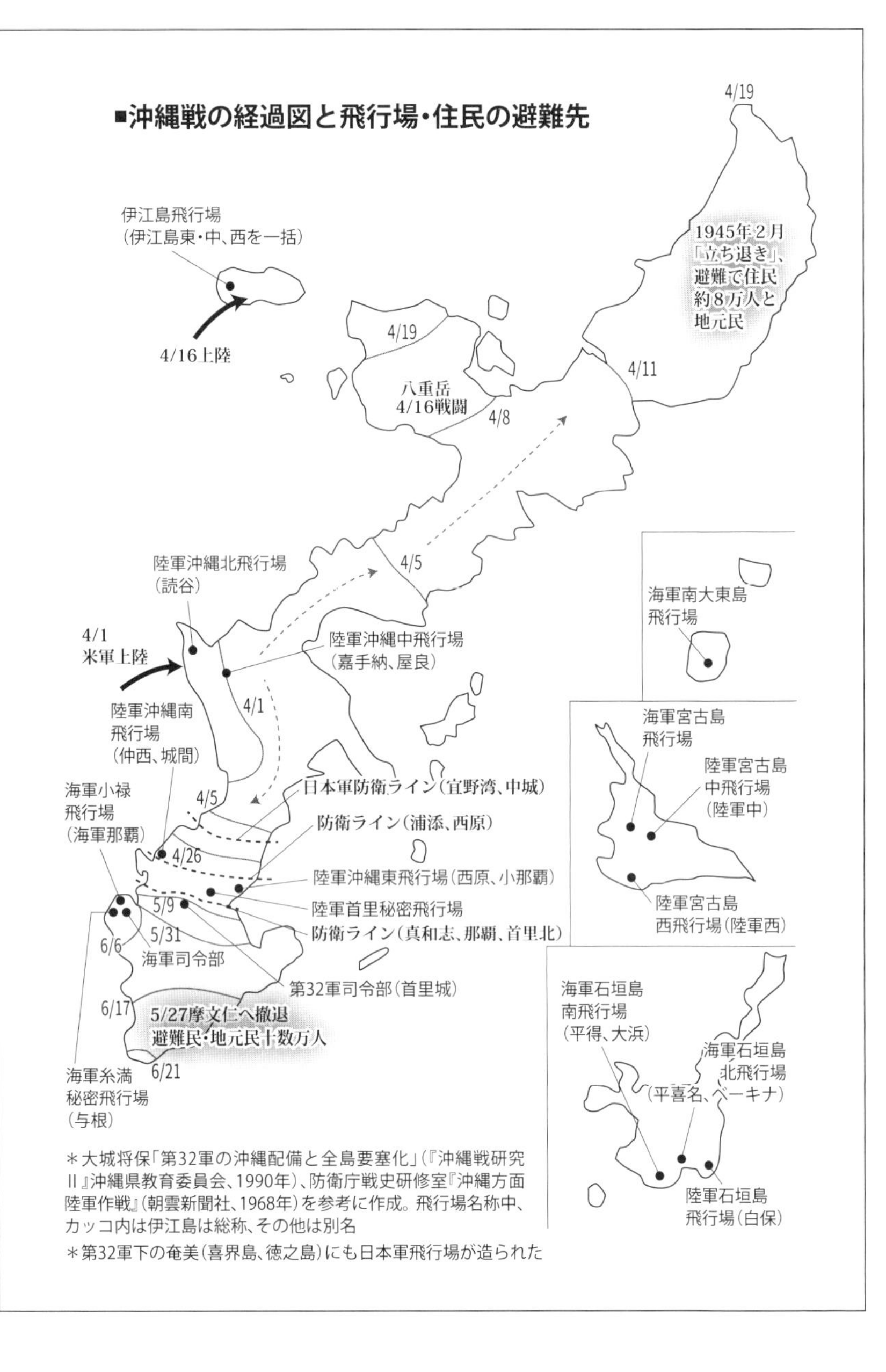

＊大城将保「第32軍の沖縄配備と全島要塞化」（『沖縄戦研究Ⅱ』沖縄県教育委員会、1990年）、防衛庁戦史研修室『沖縄方面陸軍作戦』（朝雲新聞社、1968年）を参考に作成。飛行場名称中、カッコ内は伊江島は総称、その他は別名

＊第32軍下の奄美（喜界島、徳之島）にも日本軍飛行場が造られた

1　飛行場と陣地壕づくりへの動員

＊繰り返された軍徴用

本部(もとぶ)半島から沖合五キロの伊江(いえ)島。島のシンボル城山(ぐすくやま)（伊江島タッチュー）がそそり立つ以外は平たんな島だ。島の特徴を活かして、沖縄戦前は「馬耕」と呼ばれた馬にスキを引かせる規模の大きい農業で知られていた。今もサトウキビや落花生、葉タバコの生産が盛んで、農業を主体とする家族も多い。だが島の西部三分の一は米軍の伊江島補助飛行場であり、米軍のパラシュート降下訓練が実施され、飛行場外の住宅地域に着地点を誤るなど危険な訓練が続く。

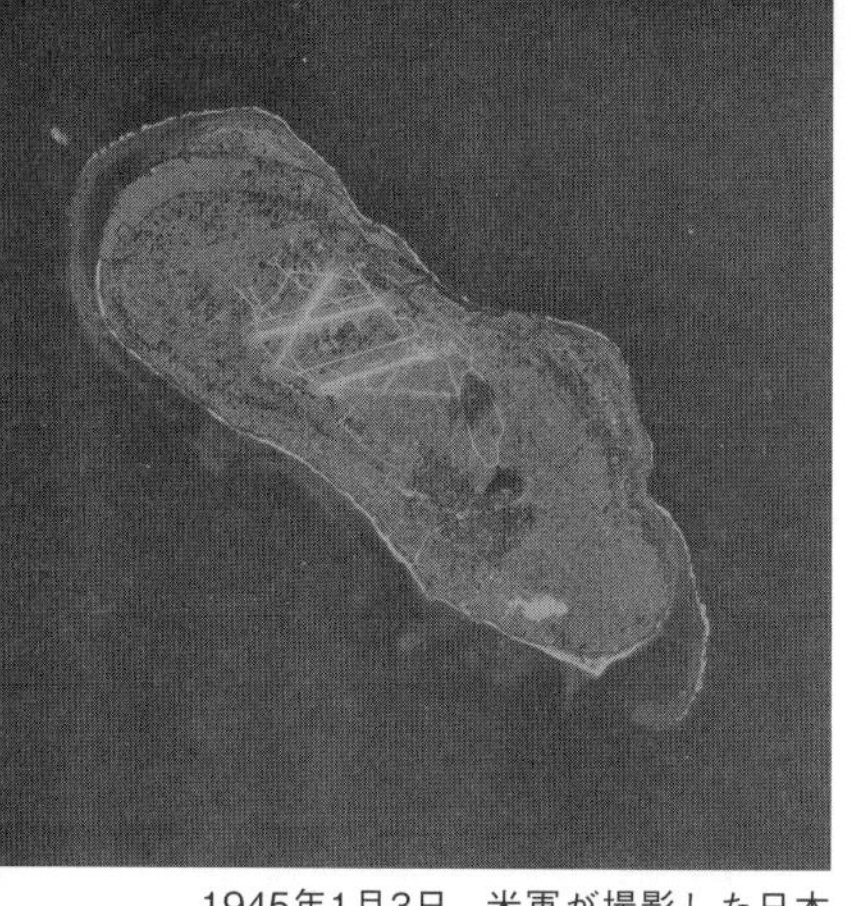

1945年1月3日、米軍が撮影した日本軍伊江島飛行場。飛行場の位置がよく分かる（国土地理院の航空写真）

飛行場は元々、沖縄戦の前に日本軍伊江島飛行場として造られた。日本軍は当初、迫りくる米軍を航空戦で迎え撃つ作戦だった。そのため沖縄に一五もの飛行場を、沖縄の住民を根こそぎ動員して突貫工事にかかった。伊江島飛行場はその一つで、一九四三年四月に伊江村民二〇六人の土地二二万二六二坪を強制的に買い上げて造成した。滑走路一八〇〇メートル、幅三〇〇メートルを三つ備え「東洋一の飛行場」と呼ばれる巨大な飛行場だった。住民を労働力として強制的に動員する「徴用」によって、地元住民だけでなく、沖縄島北部の国頭郡からも多くの人々が労働者として駆り出された。沖縄戦の地上戦が始まる前に、人々は各地の飛行場建設、陣地壕構築に連日動員されていたのである。

宜野座村の当時二八歳の女性の場合、初めての徴用で嘉手納村に建造中の日本軍中飛行場（現米軍嘉手納飛行場）に一五日間動員された。宜野座村に帰ると、さらに伊江島に一五日間送られた。「炊事の仕事をしました。私は玄米をついて白米にする作業を手豆がつぶれるまでやりました」。宜野座村から交代の動員が来て戻れたが、さらに三度目の徴用も伊江島で、一九四四年一〇月一〇日の沖縄が初めて経験した大空襲「十・十空襲」に遭遇した。命からがら帰村したが、さらに数週間後三度目となる伊江島徴用が回ってきた。いつ空爆が来るかも分からぬ状態で、宿舎もなく石造りの大きな亀甲墓に寝泊まりした。戦車を隠す壕を掘った。「ダイナマイトで穴を掘った後の土を、もっこで担いで外に運びだすのが私たちの仕事でした。作業は朝の八時から午後の四時までと、午後の四時から夜の八時までの二交代制でさせられ、工事は急ピッチですすめられていました」。女性はこのあと、年が明けるとさらに読谷飛行場へも動員された（阿波連初子証言『宜野座村誌』）。

徴用は強制的だった。金武村の二八歳の女性は二歳の子どもがいたので徴用を断ると、「金武村役場からの三度の徴用を拒否したということで、私の家へいきなり憲兵が来て銃をつきつけ」られた（池原トミ証言『宜野座村誌』）。伊江島飛行場の現場へ、さらに本部の現場へと三カ月もの間働かされたのは子育てで徴用を断ったことが原因だったとみられる。伊江島飛行場では、兵隊が馬車引きの男性を馬に引きずらせて虐待して死亡させる事件も起きている。

徴用の動員は、戦時の労働力確保のため各所に設置された動員署を通じて、市町村に割り当てられた。市町村では一六歳から六〇歳の人々を割り当てた。伊江島飛行場は一九四四年五月から八月にかけて三カ月間の動員記録が残る。一日に約三〇〇〇人、延べ三万七八四〇人が、一日三交代でほぼ手作業で滑走路をつくった。

同時期、徳之島、喜界島を含めると、沖縄諸島全体では一七カ所の飛行場が大規模な住民徴用によって建設中だった。例えば浦添村民なら読谷、浦添、西原飛行場と村近郊の工事現場へ繰り返し動員された。また石垣島など離島の場合は島だけでは労働力が足りず、沖縄島からも動員された。こうした中で、石垣飛行場での徴用を終えた人々が乗船した船が「十・十空襲」で久米島沖で撃沈され、約六〇〇人が死んでいる。

伊江島の日本軍飛行場は、現在、米軍の伊江島補助飛行場に転用され、金網で囲われて入ることはできない。同飛行場と民間空港伊江空港との間に、使われなくなった米軍飛行場の滑走路が僅かに残る。

「十・十空襲」の甚大な被害によって、日本軍は地上戦のために、より堅牢な陣地壕が必要となって徴用を強化した。飛行場では掩体壕や戦車の秘匿壕、各地でも陣地壕作りが始まる。地上戦開始前に、人々は何度も徴用され、島の隅々に穴を掘って陣地壕とし、自らの集落や畑を潰すように命じられた飛行場をつくっていたのである。陣地壕などの戦争遺跡を見る時に、そこに夥しい数の人々の労働が強制的に投入されていたことを想像することが大切だ。

＊首里城地下の第32軍司令部壕

伊江島から約五七キロの地点にある沖縄島南部の那覇市首里（しゅり）。丘陵はかつての琉球王国の王都であり、中心部に首里城があった。沖縄戦中に焼失し、戦後再建されたが、二〇一九年の火災で再び焼失した。二〇二六年に再建予定だ。

米軍が撮影した第32軍司令部壕内部
（那覇市歴史博物館所蔵）

沖縄戦時、城の地下には第32軍の司令部壕が掘られていた。現在、地表から見えるのは龍潭（りゅうたん）近くの掩蔽（えんぺい）壕とされるコンクリートの建造物、コンクリートで蓋をされた壕の通気口、沖縄県立芸術大学金城キャンパス近くの第五坑道の入り口である。坑道入り口は施錠されて入れないが、大田昌秀知事の時代、保存公開を目指し、一九九三年に調査をしている。しかし崩落が激しいため公開を断念した経緯がある。

司令部壕は、第32軍幹部がここから五月末に沖縄島最南部の喜屋武（きゃん）半島へ撤退するまで作戦指揮を執った場所だ。首里で降伏せず、「本土決戦」のための「捨て石」として戦闘を長引かせるために下された決断によって南部が激戦地となり、多くの避難民や地元民が死亡する原因となった。沖縄戦を考える上でも重要な場所である。首里城の焼失によって沖縄戦の「負の遺産」としての第32

軍司令部壕が再び着目される今、市民による保存公開運動が高まっている。

当初、司令部壕は、南風原（はえばる）村の津嘉山（つかざん）に造られていた。しかし、その地点からは展望がきかないこと、洞窟の強度に問題があったために、改めて首里城地下に造られることになった。「一トン爆弾や戦艦の主砲弾に直撃されても大丈夫」なものとされ、構築には野戦築城（ちくじょう）隊、沖縄師範や首里市民が動員された（八原博通『沖縄決戦』）。しかし、工事は難航し、工事をした中学生は、「兵隊がつるはしで掘り進むと、私たち学生がシャベルで土をすくってトロッコに積み込み、洞くつの外に捨てたんです。坑道内は天井などから流れ落ちた水で足首がつかるほどだった。足はふやけるし、ずぶぬれになるし、おまけに坑道内は蒸し暑く、兵隊もふんどし姿で作業していた」という（渡久山朝章証言『首里城地下の沖縄戦　32軍司令部壕』5、『琉球新報』一九九二年六月二一日）。

一九四四年一〇月から一九四五年の二月にかけ約五カ月間の突貫工事で掘られた司令部壕は、石灰岩を掘りぬいた沖縄で最大の陣地壕だった。坑道は園比屋武御嶽石門（そのひゃんうたきいしもん）・城西（じょうせい）小学校前の第一坑口から首里城の西側城壁の真下を南北に延び、現在の県立芸術大学金城キャンパス近くの崖途中の第五坑口まで続いていた。坑道の長さは三七四・五メートルあった。琉球石灰岩の下の層一五メートルから四〇メートルの泥岩層を掘って構築され、坑道の全長は約一・〇五キロあるという（牛島貞満『首里城地下　第32軍司令部壕』）。

壕建造に動員されたはずの首里市民の証言などがなく、住民がいかに動員されたのかなど司令部壕の建造過程は分かっていないことが多い。しかし、伊江島飛行場が一日に約三〇〇〇人を徴用し、同一人物が何回も繰り返し徴用されて造られたことから、第32司令部壕も同様だったと考えてよいだろう。

しかし同時期には沖縄からの県外疎開（戦地からの避難）も進められていた。一九四四年七月には閣議決定により、「老幼婦女子」一〇万人を九州と台湾への一般疎開、学童疎開をすすめることが決まった。沖縄島内の食糧確保を目的に人口を県外に退去させることも目的だった。徴用対象の者は何度も繰り返し徴用され、労働力にならないものは食糧確保の面からも島の外へ退去させたのだった。

＊避難壕とガマ

沖縄平和学習では南部の鍾乳洞（しょうにゅうどう）（沖縄の言葉で「ガマ」）に入って、戦争を追体験することができる。そこでは攻撃におびえガマの暗闇の中で苦しんだ住民の体験を通して、一九四五年五月下旬以降の沖縄島南部の地上戦を学ぶことができる。沖縄戦の継承が南部の地上戦を中心としてきたこともあり、平和学習もガマでの「暗闇体験」が中心になることが多いだろう。

しかし、前述したように、地上戦の直前まで住民は徴用によって動員され、飛行場や陣地壕を造っていた。各地に残る陣地壕はそのように造られたものである。日本軍壕の中には南風原の陸軍病院壕のように戦争遺跡として町文化財に指定されたものもある。こうした戦争遺跡で沖縄戦を学ぶ時には、その壕で何があったのかだけでなく、どのような人々がそれを造ったか、その時の生活ぶり

農家の庭先に口をあけた避難壕が見える（米軍撮影／沖縄県公文書館所蔵）

も合わせて学ぶことで、地上戦の前に沖縄で進んでいた全島要塞化の様子が分かるはずだ。

石灰岩を繰りぬくなど現在も残る堅牢な壕の多くは、陣地壕が多いことも考えてほしい。住民も避難のために自宅や集落近くに退避壕を造っていた。最初はそうした壕に入っていたが、生活の場が戦場になっていった時に、南部に追い詰められて入ったのがガマだったのである。

那覇市で家庭壕の証言が残っている。人々が徴用に向けて町会の旗を先頭に、太鼓をたたいて作業場へ列をなして向かうような時期、すでに戦時一色に染まっていた。徴用の合間に防空演習が繰り返され、各家庭は床下に退避壕、町内会では集落近くに避難壕を掘った。「十・十空襲」の時、那覇市久米の女性は、自宅庭に造りかけだった家庭壕に入っていた。機関銃や大砲の音、爆弾のさく裂音が聞こえた。「（家族）三人分の狭い壕にはコロコロと小石が落ちて来る。砂煙は上がる。壕の内壁は亀裂が出来て段々と大きく裂けて来る。あやうい、思わず親子三人布団を被って、震えている。壕がゆれる」という有様だった（崎山芳証言『市民の戦時体験記第1集』）。

この空爆で那覇市は九割が炎上消滅した。その後の地上戦に加え、戦後の開発で、家庭壕や集落ごとの壕はほとんど残っていない。また残っていたとしても、家族や地域との壕の関わりの証言がなければ、そこから沖縄戦を伝えることは難しい。

残された少ない民間壕として、南城市の旧玉城村の前川民間防空壕群がある。生活のための水が得やすいヒージャー（湧水）の近くに、石灰岩崖約一キロにわたり、六〇余りの壕が掘られた。隣り合う壕は内部で連結している。日本軍は南部海岸の港川からの米軍上陸を想定し、村民を動員して防衛陣地を構築した。成人男子は小禄や西原の飛行場、陣地壕掘りに徴用されており、村に残る国民学校（小学校）五年生以上の子どもたちや婦人会や女子青年が、他の動員がない休みに作業を行ったという。

一九四四年に国民学校を卒業し当時一五歳だった中村康雄は村の青年学校（国民学校卒業後の産業教育、軍事訓練のための学校）本科に在籍していた。だが学んだのは一カ月半だけで、以降各地の工事現場に徴用された。五月に海軍小禄飛行場、六月に西原飛行場、七月に村内に日本軍が駐屯すると、軍のための食糧供出、陣地構築、集落内の壕もつくらなければならなかった。「字内の陣地構築は小学校五年生以上と動員令がない休日に総動員で行う。その上農業や家畜の世話もやるといった過酷な生活」だった。七月に南風原村津嘉山で食糧壕工事に動員され、さらに北谷村の屋良飛行場、豊見城村金良の壕掘りもあった。

その後、九月には読谷飛行場の格納庫造りに動員されたが、食糧や衛生状態が劣悪だった。九月下旬には、再び南風原村で陸軍病院の東で壕掘りをした。その後動員は来なかったが、一九四五年三月、一五歳～一七歳で組織された義勇隊に入れられ、球部隊へ配属された（中村康雄証言『玉城村史』）。切れ目ない徴用、合間をぬった集落の仕事、そして戦闘へという過酷な事態が一五歳の少

ガジャンビラ公園から見下ろす那覇軍港。手前の岸壁には戦前、住吉、垣花、山下町、3つの町があった

年に課されていたのだ。

当時、第32軍と沖縄県の方針で、持久戦のための民間用食糧生産にも重点が置かれた。「十・十空襲」で民間用食糧が焼かれ米三カ月分しか残らず、輸送船による海路補給も見込めなかった。繰り返される徴用と陣地構築により、農家は夜間に月明りを頼りに畑仕事をするようになっていた。「沖縄中の人が疲れはてていた」という状態に追い込まれていた。

なお前川集落では一九四五年三月二三日に南西の米艦隊から艦砲射撃が始まり、二六日には集落が焼夷弾で攻撃された。この三月二三日から、沖縄を包囲した米軍艦隊の本格的な攻撃が始まった。前川集落では二四〇世帯が炎上し、家屋を失った住民約六〇〇人が前川民間防空壕群に避難している。このあと五月末に先に述べた首里方面から撤退する32軍に加えて避難民が県道を南へ進み、近くのサキタリガマなどにも大勢の避難民が押し寄せた。そのため前川民間防空壕から出て、南部へ避難す

宮古島の張水港からの集団疎開風景
（那覇市歴史博物館所蔵）

る人も出始めた。そうした中、残った壕の四カ所で「集団自決（強制集団死）」が起き、一九人が死亡している。

＊海を渡った県外疎開

那覇市西海岸にある那覇軍港。丘陵地ガジャンビラ公園は一〇建てビルの高さがあり、眼下に那覇軍港を見渡すことができるが、港は現在は米軍専用施設となり沖縄の人々は入ることができない。沖縄戦前には一帯は住吉町、垣花（かきのはな）町、隣接して山下町があり、三町まとめて垣花と呼ばれた。那覇漁民や那覇港で働く人々、対岸の市街地で働く人々など約一万五〇〇〇人が住んでいた。

那覇港からは本土徴用や疎開によって多くの人々が旅立った。一九三九年には、労働力不足を補うため強制的に労働者を動員する「国民徴用令」が公布され、沖縄からは一九四三年まで約四〇〇〇人が送出された。一九四四年には女性の動員を図る「女子挺身隊（ていしんたい）令」が施行され、沖縄からも第一次から第三次までの「挺身隊」が県外軍需産業へ送られた。そうした中、動員者二〇〇人を乗せた船が米潜水艦に撃沈され死亡する悲劇も起きた。敗戦後一九四五年一一月時点で、徴用により沖縄に戻れなかった人々約二万人が本土にいた（仲吉良光証言『那覇市史』）。

沖縄からの住民疎開は、一九四四年七月の九州と台湾へ一〇万人疎開が始まりだ。「国民徴用令」

ボーフィン号の攻撃を受けて煙を上げる対馬丸（那覇市歴史博物館所蔵）

の対象となる一六歳から四〇歳未満を除いた世代が対象となっていた。戦火を避けるためという理由であったが、労働力にならない人々を島から退去させ、食糧を温存するという目的もあった。

疎開は、一般疎開と学童疎開の二本立てで一九四四年八月に始まるが、たちまち悲劇が起こる。八月一九日、那覇港を出港した対馬丸には分かっているだけで一七八八人が乗船しており、うち学童疎開と一般疎開は一六六一人だった。二二日、トカラ列島の悪石島沖合で、米潜水艦ボーフィン号の攻撃を受けて沈没、判明しているだけで一四八四人が死亡し、うち学童疎開は八一四人、一般疎開は六二五人だった。救出されたのはわずかに二八〇人だった。

国頭村の安波国民学校三年だった平良啓子は惨劇を生き延び、証言を続けている。船倉に乗船したが、暑苦しく甲板に出て家族で睡眠をとっていた時に、突然の爆発音で目が覚めた。家族は見つからず、沈没しつつある船の甲板で必死に逃れる方法を探した。「五〇メートル先で、ひとびとのざわめきが聞こえた。星あかりで浪がきらきら光る中を、ひとびとの声とともに、バタバタと波音もまざって聞こえてくる。私も、声のする方へ近づいていきたくなり、向きをかえて見ると、大きな荷物や死体のむれでぬけ出せそうにもない（中略）うつぶせになってういている人や、あおむけになってういている人、乱れた長い頭髪に顔を覆われている人。その人が髪の下から私をにらんでいるように見えた。私は、屍体に、〝すみません〟と心でわびながらも、

対馬丸の船倉をイメージした対馬丸記念館の展示室と学童の遺影

小桜の塔

まず、その場を抜け出さなければという気持ちでいっぱいだった」。彼女はその後五日間も筏（いかだ）で漂流し救助された（平良啓子『海鳴りのレクイエム「対馬丸そうなん」の友と生きる』）。

那覇市若狭（わかさ）には学童疎開の子どもたちの遺影や遺品を展示して悲劇を継承する対馬丸記念館がある。近くの公園には、慰霊塔「小桜の塔」がある。

米軍艦船の攻撃で疎開船を含む多くの船舶が撃沈された。「戦時遭難船舶」は二六隻、県出身者三四二七人を含む四五七九人が死亡した。しかし被害の全容は今も分からない。

一九四四年一〇月一〇日に、沖縄県を初めて襲った「十・十空襲」で那覇市街地九割が炎上した。空爆で日本軍飛行場や港湾などが破壊された。沖縄県民の死者は久米島沖戦死者を含め八五五人、負傷者三五八人が出ており、日本軍死者二一八人、負傷者二四三人を上回る。那覇市街は最も被害が大きく、沖縄県庁、那覇市役所など主だった行政機関・家屋一万一〇〇〇軒が焼け、瓦礫と化した。那覇市民は沖縄島北部や近隣町村へ避難したが、頼る者がない人々はガマに住み始めている。

「十・十空襲」による甚大な被害は、人々を疎開へせきたて、この時から翌年三月までに九州へ約六万五〇〇〇人、台湾へは約一万人が疎開している。この人々は、二年以上異郷で辛酸をなめ、台湾では空爆や飢餓、マラリアで死ぬ者も出た。

1944年10月10日の「十・十空襲」。米軍の空爆で炎上する那覇市の埠頭地区（沖縄県公文書館所蔵）

2　米軍上陸と憲法九条の碑

＊日本軍の持久戦と米軍の上陸

沖縄島中部の読谷村渡具知。海に面するこの集落は沖縄が経験した二度の戦闘の上陸地点となった。一度目は一六〇九年三月二五日琉球国を侵略した薩摩軍、二度目は一九四五年四月一日、米軍の上陸である。

沖縄島を米艦船が包囲した三月二三日から、激しい空爆が島を襲った。二五日には雷鳴のような轟音をたてて艦砲射撃が島に打ち込まれた。この時、二月に始まった沖縄島中南部から北部への一〇万人「立退き」（従来疎開と呼ばれてきたが本稿では当時の言い方の「立退き」を使用）は約三万五〇〇〇人しかすすんでいなかった。米軍の攻撃が始まってから、人々は持てるだけの家財道具を持って徒歩で避難を始めた。

渡具知からの上陸を、米軍の従軍記者アーニー・パイルは「我々はまるでピクニックのようにチューインガムをかみながら上陸した」と記している。米軍がここから上陸したのは、日本軍の北飛行場（読谷）、中飛行場（嘉手納）を奪取するためだった。米軍は後方部隊も含めて五五万人、日本軍は二月の沖縄の人々の防衛召集も含めて約一〇万人だった。

米軍上陸の際には日本軍はほとんど反撃をしていない。圧倒的な兵力の差に、日本軍は硫黄島同様に米軍を内陸に引き込み、陣地壕から攻撃する方針を立てていた。参戦参謀の八原博通は「敵が嘉手納に上陸する場合は、南上原東西の堅固な陣地壕を拠り、これを迎え撃つ、すなわち戦略持久する方針」と述べている。

読谷村にいた日本軍は、飛行場を維持するための飛行場大隊と独立歩兵第12大隊で、四月三日には崩壊している。

＊読谷村の「集団自決（強制集団死）」

米軍上陸時、防空壕やガマに隠れていた読谷村民の中には「集団自決（強制集団死）」に追い込ま

米軍上陸時に住民が「集団自決」に追い込まれたチビチリガマの入り口と鎮魂の像（右）

れた人たちがあった。

読谷村波平（なみひら）集落の「チビチリガマ」は集落から、五〇〇メートルほど離れた所にある。周囲は林に囲まれ、深さ一〇メートルほどのV字型のガマに約一四〇人が避難していた。四月一日には早くも米軍がガマを包囲した。ガマから竹槍を手に攻撃に出た避難民が、米軍の手榴弾（しゅりゅうだん）や機関銃で重傷をおった。二日、ガマでは緊張が高まり、死を覚悟し始めたという。南洋帰りの人が布団などに火をつけようとしたが、「集団自決」に反対する人、賛成する人が言い争って、そのままになった。三日には米軍がガマに入り「コロサナイ、デナサイ」と呼び掛けた後に、出ていった。緊張は高まり、中国戦線帰りで日本軍が中国人にやったことを周囲に話していた男性が、ふとんや毛布に石油をかけて燃やした。他でも刃物で子どもを刺したり、首を絞めたり、持っていた毒薬を注射する人もいた。

「やがて『包丁マーンカイアガー！　鎌マーンカイアガー！（包丁は何処にあるのか、鎌は何処にあるのか）』という声が聞こえてきました。どこかのお父さんが自分の家族を殺すと言っているのです」「火が燃えている所から奥にいる人は『死ぬ』それしか考えられない。『もう死んだほうがまし、アメリカーにやられたら、強かんされるか、耳、鼻、みんな切られてしまうから、自分で『自決』したほう方がいい』とね、これ以外にこのときは何も考えられなかったよ」（『読谷村史』）。

燃え上がる炎と煙によってガマに残った人々は死んでいった。「チビチリガマ」では一四〇人のうち、八三人が死亡している。死者の約六割が一八歳以下の子どもであった。ガマの「集団自決」の全容が明らかになったのは戦後三八年たってからだった。家族がお互いにに手をかけあうという悲劇を言葉にするには長い時間がかかった。遺族会結成後には慰霊祭が行われるようになった。

読谷村では、楚辺（そべ）集落の人々が飲料水につかっていた楚辺クラガー（暗川）で入水している。波平集落のシムクガマでは、ハワイ移民帰りで英語が分かる人物が「アメリカ人は住民を殺さない」と説明し、「集団自決」を回避している。

「集団自決」は日本軍がいた地域でしか起きていない。軍人同様に捕虜になってはいけない、米軍に残虐に殺されると信じこまされた結果による軍の命令や強制、誘導によって、「集団自決」に追い込まれたのである。

『読谷村史』によると同村内では、四月一日に九五人、二日に一二六人、三日に四六人が亡くなった。うち一三二人が「集団自決」によるものだった。村内で亡くなった死者は米軍上陸後の三日間に集中している。

北谷村砂辺では米軍上陸と同時に住民収容が始まり、一日三〇〇〇人が収容された。これらの人々の戦闘は一日で終わった。その他の地域では数カ月もガマに隠れていたり、八月まで山に隠れていたりなどの事例がある。沖縄戦が終わった日は、体験者それぞれによって違うと言われる理由だ。

米軍上陸地点に建つ「米軍上陸の地碑」

＊読谷の九条の碑

米軍上陸地点となった渡具知ビーチを見下ろす公園に、「米軍上陸の地碑」が立つ。渡具知に住む大湾近常らが建てたものだ。集落内に立つ「慰霊之碑」には沖縄戦で亡くなった人々の名前が刻銘されている。そこには、大湾の父と母、きょうだいの名前が並ぶ。

沖縄戦の時六歳だった大湾は家族全員を失い戦争孤児になった。家族は父と母がそれぞれ子どもたちを連れて、二手に分かれて逃れた。そうすれば誰かが生き残るだろうと考えたという。しかし、父親に連れられていた大湾は山中の避難小屋で父と兄を次々と失っている。衰弱していた大湾は米軍に助けられた後、収容地区で奇跡的に母親と妹と再会を果たした。しかし二人を病で失っている。曾祖母に引き取ら

読谷村役場に立つ「憲法9条の碑」

れ、米軍基地の土地接収に苦しめられながら戦後を生きた。家族を奪った沖縄戦の記憶、米軍基地に土地を取られた渡具知の人々の記憶を忘れないために、平和への願いを込めて『渡具知誌』の始まりに憲法九条を掲げ、「米軍上陸の地碑」を建てた。

読谷村には「憲法九条の碑」がある。日本軍北飛行場となり、戦後は米軍の読谷補助飛行場とされた場所を、長期にわたり村長を務めた山内徳信を先頭に粘り強い交渉で返還させた。現在は一帯には読谷村役場が設置され、さらに農業生産法人による農業が再興されている。当時の村長山内らのこうした取り組みは、憲法九条のもとに読谷村を取り戻そうという思いを込めたものだった。その証が役場入り口に立つ「憲法九条の碑」である。

3　中部の激戦

*宜野湾・嘉数高地の激戦と住民

普天間街道と呼ばれる宜野湾市を通る国道三三〇号。沖縄戦前、街道両脇は巨大な松並木三〇〇〇本が約六キロにわたり美しい風景をつくっていた。我如古にあった平松は「我如古平松や枝もちの美らさ、我如古みやらびの身持ちの美らさ」（我如古の平松の枝ぶりの美しさ、我如古の女性たちの姿の美しさ）と琉歌にも歌われていた。大人三人でも幹をだき抱えられなかったほどの巨木は、三〇〇坪ほどの広さに枝を張る樹齢三〇〇年の名木だった。

普天間街道が突き当たる普天間権現（ごんげん）（普天間宮）、その一帯は中頭（なかがみ）郡の中心部だった。中頭地方事務所、中頭地方教育会館、普天間国民学校（現在の小学校）、医院、旅館、商店などが並んでいた。しかし、一九四四年夏から各集落に日本軍が駐屯を始めると、美しい松並木も切り倒され陣地壕の坑木とされたり、戦争開始直前には一メートルほどを残し切り倒され、米軍戦車の進行を防ぐための障害物に使用された。首里を防衛するための第一防衛線として、宜野湾村と中城（なかぐすく）村に住民を動員して陣地壕を構築したためだ。

高射砲陣地が作られた佐真下（さました）集落では、「高射砲の邪魔になるから民家はただちに壊しなさい。さもなければ軍が火をつける。これは国のためだ、聞け」と軍に命令された。地上戦が始まる前に、日本軍によって民家を全て焼き払われた（『宜野湾市史』）。

読谷村渡具知の浜から上陸した米軍はただちに南進を始め、わずか二日で宜野湾村に到達した。生活の場に陣地壕が作られ、戦場となった宜野湾村の戦争体験は、集落ごとに大きく異なる。二月に宜野湾村の「立退き」先と指定された北部の今帰仁（なきじん）村へ移動した者は少なかった。また地元の壕に留まっていた者は早い時期に米軍の「捕虜」となっている。戦線の南下とともに南部へ避難した村民からは多くの死者が出た。

宜野湾村南の嘉数（かかず）集落は浦添村との境目にある。戦前人口八二〇人のこの集落に、日本軍独歩兵

13大隊一二〇〇人が駐屯した。住民を徴用し、第七〇高地と呼んだウィーグスク（嘉数高地）一帯に陣地壕を構築した。木々に覆われた丘に、陣地壕やトーチカが次々とつくられた。現在、嘉数公園となったウィーグスク斜面には、厚いコンクリートで造られたトーチカが残る。壁面には多くの弾痕が残り、激しい戦闘を伝える。

嘉数では四月六日から艦砲射撃が激しくなり、各家庭の防空壕に隠れていた人々は、区長の割当てで、共同壕のチジフジャーガマに約四〇〇人、ティラガマに約一〇〇人、マーヒーガマに約三〇人、アンガーに約一〇〇人と分散して避難することになった。米軍は大謝名（おおじゃな）から我如古一帯の日本軍陣地を攻撃し、七日から一〇日にかけ集落が焼き払われた。四月半ばに嘉数高地は米軍にいったん制圧されるが、日本軍が兵を集結させ取り返した。戦闘が激しくなると、日本軍は「住民は軍の足出まといになるから避難せよ」と指示し、共同壕を出て砲弾の嵐の中を南部へ退避しなければならなくなった。

はじめ居住地のクシバルのガマにいた女性は、日本軍に「敵米軍は普天間まで寄せてきているから南へ行け」と命令され、荷物を頭に乗せガマを出た。大勢がいたティラガマに入ったが、そこでも日本軍に「敵はそこまで来ているから出ろ、出ろ」と追い立てられた。逃れることを諦めた高齢者や小さな子のいる世帯は集落内のガマに残ったが、ガス弾を打ち込まれ多くが死亡した。子ども五人を連れガマに留まった女性は「全部で三〇人ぐらい入っていたと思う。毒ガスが投入されたとき、五人の子どもを抱えていたが、静かに眠るように死んでいった」。末の子一人だけが助かった。

嘉数高台に現在も残るトーチカ跡

このガマでは助かったのは一一人だった。

嘉数からは、北部の国頭郡へ移動したのは一六人、南部へは六〇〇人が避難した。沖縄戦で同集落三七四人が死亡している。また「一家全滅」が五四戸あった。日本軍が駐屯し多くの陣地壕が作られ、戦闘途中で退避を指示され南部へ避難したことが、後に死者を増大させた。

志真志集落は住民六五〇人のうち、国頭郡の久志村・今帰仁村に約五〇人、残りの約六〇〇人が南部へ避難した。約三〇〇人が死亡し、「一家全滅」した家も一四、一五戸あったという。南部へ避難したのは、同集落の地質が粘土質であり、避難できるガマがなかったからだ。

野嵩集落でもターバルガマなどのガマに避難していた人が、米軍上陸後、警官が来て「危険だから出ていけ」と言われ、強制的に壕から追い出された結果、南部へ避難している。嘉数の戦闘は四月二四、二五日まで続いた。(『宜野湾市史』)。

嘉数では、独立歩兵第13大隊など駐屯していた日本軍が四月七日から二五日にかけて米軍と激しい戦闘を交えた。日本軍は嘉数高地を中核陣地として、網の目状にトーチカを張り巡らせていた。しかし、米軍は戦艦一八隻からの艦砲射撃、戦闘機六五〇機、砲弾一七六万発を撃ち込んだ。日本軍はトーチカの中から激しく応戦し、爆雷を抱いた兵士と地元から召集された防衛隊員が米軍の戦車に突撃した。

現在、当時の集落やガマは、ほとんどが普天間飛行場の中になっている。故郷を米軍基地にとられた人々は、自身の沖縄戦体験を語る場も失っているのだ。

宜野湾と同じく中城村へも、米軍は四月二日に到達した。中城城跡内にあった中城村役場は破壊され、米軍は村内を南下している。現在、琉球大学のある同村南上原の丘は、日本軍の一五五高地と呼ばれ、村内では最も激しい戦いがあった。周辺では村内でも最も多い五〇〇人を超える死者が出ている。中城村では急造したトーチカ、監視哨が今も完全な形で残る、人々が祈るウガンモーに作られた「百六十一・八高地」が、二〇一四年に村の初めての戦争遺跡として村文化財に指定されている。

戦争遺跡は沖縄県内でも、南風原陸軍病院壕が一九九五年に町文化財として指定されたことをきっかけに増えてきた。しかし、二〇二一年時点で、県内四一市町村の一三二三カ所のうち文化財となったのは一四市町村二六カ所、一・九%にすぎないという(二〇二〇年六月三〇日「琉球新報」)。

指定の少なさに加えて、留意しなければならないのは、戦争遺跡とされるものには日本軍陣地壕が多い点だ。それだけ堅牢に作られた結果、現在まで残るということもある。しかし、日本軍関係の陣地壕は、住民の多大な労働を集中させて作られている。一方で、住民が各家庭や集落近くの土をくりぬいた家庭壕や退避壕は、戦後は開発によってなくなっている。作戦記録が残る日本軍の動向は分かりやすいが、一方の住民の記録は証言が残らなければ、記録されにくい。こうした記録の偏在性を意識しながら、戦争遺跡と向き合い、住民の動員証言などを合わせて理解することが重要だ。

＊第二防衛線となった浦添グスク

浦添市仲間の住宅密集地にある浦添城跡公園は一四〇メートルの高さの丘になっており、緑溢れる公園だ。公園の西方には那覇市から浦添市につながる海岸がパノラマのように見渡せる。一五世紀に琉球王国を統一した第一尚氏(しょうし)の英祖とその子孫が居城を構えた場所だ。朝鮮との交易の影響がうかがわれる鬼瓦が見つかるなど、発掘調査による成果を生かしたグスク（城）の再建が待たれる。現在は壮麗な石垣が一部再建されている。王墓「浦添ようどれ」へと下る坂から北方を見渡すと、住宅密集地の向こうに小高く盛り上がった嘉数公園があることが分かる。城北側に向かう斜面には崩れかけているが、嘉数から進軍してきた米軍を攻撃するための陣地壕が数カ所確認できる。

一九四四年八月頃、浦添村に日本軍が駐屯し始めた。浦添市には仲西飛行場（現米軍牧港補給地区）が建設されたため、住民は同飛行場や屋良(やら)飛行場への徴用、さらに軍の陣地壕構築、自宅の避難壕作りに追われた。労働力不足は深刻で、仲西飛行場の徴用人数を送るために区長は板挟みになった。しかし、隊長が「『女でもいいから引っ張ってこい！』と、私（区長）の胸元をつかまえて『貴様は命令というのはわかるのか』」と押し問答になったという。また別の区は、軍から「モッコを明日までにいくつ、食糧をどれだけ出せ」と無理難題を吹っ掛けられたという。

空爆が始まり、地域から南部へ避難する人々が増え始めた時には、日本軍は勢理客の一九歳の女性を動員した。「『あんたがた二人は、絶対に島尻へさがれないよ』というので、その理由を尋ねたら『自分の郷土は、自分の国として兵隊と一緒に守るべきではないか。特にあんたは女子青年団長として、責任がある。あんたが逃げたら残りの団員にすむか』と言われ、軍の方に残ることになり、二五歳の姉と一緒に、水崎隊に加えられたのです」。こうして彼女たちは強制的に女子義勇隊に加えられ、戦闘中の弾薬運び、陣地拡張の土運び、壕偽装、水汲みなどに使役された。

また城間では、住民が避難していた壕に日本兵がやって来た。「『あんたたちみたいな若い人は、この壕に入ってはいけない！　早く弾薬運びも何でもやりなさい』と引っ張り出された」という。付近からは一四、一五人の女性たちが兵隊に連れ出され、戦後生き残ったのは四人しかいなかった。戦闘が始まる前の飛行場建設などの徴用は、「国民徴用令」に基づくものだが、各集落にいた日本軍は独自に、住民や避難民を無理やり動員していったのである。

グスクがある浦添市前田の戦前人口は九三四人だったが、沖縄戦で五四九人が亡くなった。五八・八％が亡くなっており、浦添村内の集落で最も高い。また、「一家全滅」の家も多かった。女性や子どもだけが残された結果、避難ができず戦闘が始まるぎりぎりまで、集落にとどまっていたためだ。米軍は上陸してから二週間ほどで、前田集落まで迫った。この時、前田を逃れようとした女性と家族は、谷あいのかつて琉球王府の茶畑があった茶山集落を抜けて南下しようとした。しかし砲弾が激しく、近くの墓の中に避難した。攻撃は激しく、数日間一歩も出られなかった。わずかな隙に父親が水たまりから水を汲みだそうとして外へ出た。しかし、「戻ってくる途中敵に見つかり小銃で撃たれてしまいました。口や鼻からも血がダラーダラーして倒れ、水も全部こぼれたんです。私は父が倒れるのを見ました」。女性と家族はそれから数十日も墓に隠れた後に、米軍に発見され保護された。

沖縄戦戦没者総数
（沖縄県援護課資料より）

沖縄戦の戦没者総数 200,656人
沖縄県出身戦没者 合計122,228人
一般住民戦没者 約94,000人
県出身の軍人・軍属 28,228人
米軍戦没者 12,520人
県外出身日本兵戦没者 65,908人

　南部へ避難した浦添村民は、豊見城（とみぐすく）村と東風平（こちんだ）村方面の二つの経路を通って最南端の喜屋武（きゃん）、摩文仁（まぶに）へと移動している。第32軍司令部の南部撤退後の村民の死者は一七三六人（五四・三％）にも上る（以上『浦添市史』）。

　日本軍が第二防衛線に設定した浦添、西原、石嶺、安里北は人々が住む集落を陣地に変えた。首里城から国王が中部に行く際に通った普天間街道の一部が「当山の石畳」として残る。ここから首里城まではわずか三キロだ。沖縄戦ではこのわずか三キロをはさんだ一帯で激しい戦闘が続けられた。宜野湾と中城の第一防衛線で敗退した日本軍は、四月二六日から五月七日にかけて米軍と激戦を繰り広げている。第62師団は小高い丘に陣地を構えた。米軍は戦車や火炎砲装甲車、ナパーム弾で攻撃した。首里への突破を防ぎ、戦況を優勢にするため、五月四日、日本軍は総攻撃にでた。しかし失敗に終わり、日本軍はここで五〇〇〇人もの死者を出した。前田の陣地壕で闘った独立歩兵第12大隊はわずか一〇〇人、同第14大隊は三分の一を残すだけになっていた。

浦添グスクの戦闘を描いた米映画「ハクソーリッジ（Hacksaw Ridge）」公開によって、この戦闘が知られるようになった。タイトルの英語の意味は「のこぎりの歯のような崖（がけ）」。沖縄戦中に米軍が撮影した写真では絶壁をロープで登る米兵の写真で知られている。

＊村民の半数が死亡した西原村

浦添市東方に隣接する西原町。季節になればサトウキビ畑の銀の穂が風にそよいでいたかつての農村地帯は、いまは住宅地域に変貌した。美しい白浜が広がった東海岸の伊保（いぼ）の浜には、琉球国王の第二尚氏が、「浜之御殿（はまぬうどぅん）」と呼ばれた別荘を構え、秋になると王家の人々が訪れたという。夏の夜には芳香を漂わせるさわふじが咲く内間御殿は、第二尚家の始祖・尚円王が地頭代時代に西原間切を収めた時の邸宅跡に建てられた。その一帯が日本軍東飛行場とされた。そのため、第二尚氏のゆかりのさまざまな史跡は内間御殿以外はほとんど残っていない。西原町は、首里に隣接していたため、沖縄戦の激戦地となった。

　西原村で、集落人口のうち六二・八%にあたる五五六人が亡くなった翁長集落。石部隊第11大隊本部があった西原国民学校に近く、各家庭に将兵が間借りして住み、公民館は弾薬庫になっていた。翁長から南部に避難した女性は、東風平町志多伯の戦車壕に家族が避難していた時に、一人だけ軍に動員されていた。戻ってみると戦車壕が攻撃され家族七人が生き埋めになった。「ひとつしかない出入り口が埋まっていた。涙も出ないほどびっくりし、素手で必死に土を掘ったが、掘っても掘っても、上から土が崩れてきた。それでも諦めきれず、生きているだろうと思って、家族一人一人の名前を呼んだ。しかし、何の返事もなかった」。

　西原村の運玉森は、現在の琉球大学がある上原から幸地を抜けて首里方面へ通じる途上にあった。白兵戦が行われ攻守が日々激しく変化した場所だ。そのため、西原村では村人口一万八八一人中、五一〇六人が亡くなった。四六・九パーセントにあたる。戸数二一五六戸の内、「一家全滅」した世帯は四七六家族にも及ぶ。全戸数の約一割に当たる世帯から四八一人の戦争孤児が出ている。翁長、幸地、我謝、桃原など、そこから南部へ避難した人々に戦没者が多い(『西原町史』)。

　西原町はこうした激戦を伝えるために、沖縄戦を伝える場所がある。一九四五年四月まで、西原町役場が現地に残って執務を行っていた「役所壕」に、隣接して「西原の碑」が建つ。町中央部にある小波津集落には小波津陣地壕と民家の壁に弾痕跡がある。東海岸にあった日本軍東飛行場跡は、占領が始まると米軍は与那原飛行場として再整備している。地主への土地返還は、一九五九年と沖縄戦が終わってから一四年もたっていたため、仲伊保、伊保之浜の集落は戦後に消滅している。現在は西原町役場や商業施設が建っている。

＊慶良間チージ（シュガーローフ）の死闘

那覇市に一九五七年に合併した旧真和志市（沖縄戦当時は村）は都市に隣接する農村だった。一九一四年に開通した沖縄県営鉄道の安里駅、国場駅、真玉橋駅、与儀駅、古波蔵駅、さらに南部へと続く一日橋もあり、交通の要所だった。沖縄県女子師範学校や第一高等女学校、沖縄県農事試験場などが設置されていた。また、村北部は農村地帯としてサトウキビを生産し、乳牛を飼育して牛乳を搾り村内や那覇市の人々に販売している。県都那覇市に隣接する農村地帯だった。

現在は「那覇新都心」として、大型商業施設が立ち並ぶ一帯は、かつての真和志村北部にあたる。米軍ハウジングエリアに接収された土地が開放された後、再開発に時間がかかり、那覇市の最も新しい町としてスタートしたのは二〇〇〇年だ。国道三三〇号を北向けに走り、新都心のおもろまちに入ると、左手に小高い丘がある。那覇市に水を供給する安里貯水池がある場所は、真和志の人々が沖縄の言葉で「慶良間チージ」と呼んでいた。夕暮れ時に上ると西方海上に落ちていく夕陽に慶良間諸島が墨色に浮かびあがる。慶良間チージは、慶良間が見える丘という意味だ。

一九四四年、真和志村銘苅には第9師団（武部隊）が駐屯していたが、同部隊が台湾移動後は第62師団（石部隊）が配備された。米軍上陸後の四月二八日には、銘苅の集落が空爆で焼かれた。住民は壕へ移動、さらに戦線が迫った五月五日には立ち退き命令が出たとみられ、南部へ移動している。
「石部隊が居なくなってから五月五日に立ち退きする時、敵は屋冨祖までできていたよ。戦車から火花がでるのを、うちなんかみたよ。その夜、ちょうど、うちなんかのとうちゃんは、部隊から離れてきていたけれど、どうせこの戦はね、死ぬか生きるかの一つだから、もし戦が勝った場合はわしがお前たちと逃げたら大変だから、お前たちは逃げられるだけにげるんだよ、と言って別れたよ」
（普久原ウシ証言『沖縄県史第九巻　沖縄戦記録』）。

日本兵や住民が潜む崖に火炎放射する米軍の戦車
（沖縄県公文書館所蔵）

県外疎開、北部「立退き」に応じず、戦線が迫る最後の時まで、家族はこの地にとどまっていた。立ち退き命令後に、家族の背を押したのは夫の「逃げられるだけ逃げるんだよ」という言葉だった。

真和志村の戦前人口約一万六九〇〇人のうち、沖縄戦での死者は約四九〇〇人だった。

日本軍の第二防衛線を突破した米軍は、五月二〇日には真和志と那覇、首里北方に到達していた。慶良間チージを日本軍は「第五二高地」、米軍は「シュガーローフ（Sugar Loaf）」と呼んだ。慶良間チージでは、五月一二日から一八日にかけて戦闘が行われた。日本軍は、第62師団と独立混成第15連隊を配備し、米軍は第六海兵師団と一一輌の戦車を投入した。三日間の間に、双方の軍が慶良間チージの制圧と奪還を繰り返したため両軍から多くの死者が出た。この戦闘で負傷し、沖縄陸軍病院識名分院に運ばれた玉川正久は、「機関銃や軽機関銃など貧弱な装備しかなかった。一発撃つとすぐに反撃を受けた。五月中旬の斬り込み命令で約五〇〇人の兵士が半分に減った」という（「語らな　うちなー」『沖縄タイムス』一九九二年六月四日）。

一方、米軍も二六六二人の死傷者と一二八九人の戦争神経症患者を出している。ベトナム戦争で帰還兵のＰＴＳＤ（心的外傷後ストレス障害）が確認されるようになったが、沖縄戦では戦争神経症の名で記録されていたのである（戦争神経症は日本軍全体でも確認されている）。

真和志村の戦争に関する住民の記録は多くない。米軍用地開放後も一帯は二〇〇〇年代に再開発が始まるまで戻ることはできず、人々が離散したためだ。那覇市で最も新しい町の新しさこそが沖縄戦と占領後の苦難の道のりを映しているのである。

4　第32軍司令部の南部撤退

＊住民の被害を激増させた南部撤退

二〇一九年一〇月三一日未明、那覇市首里にあった首里城正殿が炎に包まれた。一五世紀につくられた正殿の焼失は五回目になるが、四回目の沖縄戦では、米軍の空爆によって五月に炎上した。首里城周辺には円覚寺、末吉宮、士族たちの屋敷が建ち並んでいた。しかし、古都首里市が徹底的

沖縄陸軍病院南風原壕の第24号壕の入り口。このようなところに横穴を掘り抜いて野戦病院を設置した

に破壊されたのは、首里城地下に日本陸軍第32軍司令部壕があったためだ。司令部壕は一九四四年一〇月から一九四五年二月の短期間で築造された。一九四四年の「十・十空襲」によって那覇市が焼野原になったため、日本軍は近郊の町村へ移動した。那覇市の開南中学などにあった沖縄陸軍病院は南風原村のナゲーラ壕や黄金森(くがにむい)の陣地壕に移転した。同村津嘉山には第32軍司令部壕が造られていたが、首里城下に司令部壕の建築が始まっている。

四月末地上戦が始まると、浦添村に隣接した首里市大名(おおな)町は、残っていた人々が立ち退き命令を受けた。ある女性は、真和志村識名(しきな)の壕に避難するが、「（赤ん坊が）泣くばかりでどうしようと思っている時でしたが、こっちはもうこんなに一杯人が入っていてどうにもならないから後から来た人は出ていってほしい』と云われ」、壕を出ざるをえなかった。墓を開けて隠れたが、そこも日本兵に取り上げられた（粟国ヨシ証言『沖縄県史10　沖縄戦記録2』）。

首里に爆弾が落ち始めると兵隊が各家を回り島尻避難を命じた。安国寺のガマに七、八十人で避難した女性は、首里城の司令部に激しい攻撃が続き「ボカーンと爆撃音がなると、壕はガタガタと地震のように揺れた。入り口に近い人からどんどん別へ逃れていった。寺がふっとんだ艦砲射撃では、入り口付近の四人が亡くなり、奥まで爆風や砂煙が飛んできた」という。父親が病身で動けずガマに残り、最後の一二、三人になるまで残っていた。

「ある日、壕にいるのを日本兵に見つかった。すぐ出て行け、ここは全滅する、行かないと殺すぞと。私たちは荷物も持てず、着の身着のまま飛び出した」（宮城幸子証言「語り始めること」『沖縄タイムス』二〇〇五年六月一〇日）。

第32軍司令部壕では、五月二一日に参謀会議を開いた。首里決戦か、知念（ちねん）半島か、喜屋武半島への撤退の三案を検討した。その結果、八重瀬岳、与座岳を拠点として、喜屋武半島が断崖になっており、洞窟が多く兵員の収容が可能であるとして、喜屋武への撤退を決めた。第32軍司令部は五月二七日、地下壕を後にする。この時日本軍は兵力一〇万人のうち、すでに将兵六万四〇〇〇人を失っていた。

沖縄戦をさらに長引かせた日本軍の南部撤退は、南部・島尻地方で避難民や地元民一〇数万人を戦火の中に巻き込んだ。土地に不慣れな避難民は砲弾が飛び交う中を必死に隠れるガマを探した。運よく見つけても、撤退してきた日本軍が出ろと言えば、出て行くしかなかった。32軍の首里撤退時、県立一中の鉄血勤皇隊の少年はガマの片づけを命じられた。ガマの内部は、生活道具や衣類が散乱していた。戦後になってガマから人々が追い出されたことを知り、悔恨（かいこん）の念を抱き続けたという。

浦添市や読谷村、糸満市などの市町村史は、沖縄戦で住民が亡くなった日や場所、死因などの戦災調査を記録している。その中で南部に避難した住民の被害を明らかにした糸満市の調査では、糸満市域での戦没者六五五一人の約八割が一般住民だった。戦没時期は、糸満市域を含む沖縄県全域で示されており、四月が三三三人、五月が一八〇三人、六月が五三八五人。糸満市域が戦場になるにつれ、急増している。生活する場がそのまま戦場になったことが死者を増大させたのだ。

＊「死の十字路」を通って南部へ

南風原村は、現在那覇から車でわずか二〇分、かつての農村は住宅地や商業ビルが立ち並ぶ地域に変貌した。しかし、沖縄戦では南部への交通要所だったため、五月末の第32軍の撤退時に首里から南部へ向かう避難民も殺到し、多くがここで死んだ。村内の交通要所は「死の十字路」「死の橋」と呼ばれた。

「戦死した兵隊さんが足もとにくろぐろと横たわっているのを尻目にあれも死体だったねこれも

死体だねと、お互い無言のまま顔だけでうなづきあいました。両手、両足をもぎとられて、お尻だけでいざっていた兵隊さんも見ましたが、何か与えて勇気づけたいと思っても自分の食べ物もない状態でそのまま通りすぎました」（粟国ヨシ証言『沖縄県史9』）。

南部へ逃れる兵隊や人々の列に米軍が容赦なく砲撃を加えた結果、おびただしい遺体が散乱していた。遺体は体内のガスのためにどす黒く膨れ上がっていた。避難民は、こうした遺体をよけることもできずに、そこを踏みこえて歩かなければならなかった。

南部では、首里への攻撃が始まった五月ごろから、住居を出て集落近くに掘った壕に移動したが、昼間には畑仕事をすることもできた。しかし、日本軍が撤退してなだれこんで来たことで、日常生活の場がそのまま戦場となった。各地域で共同壕や集落の壕として住民たちが避難していたガマに、撤退してきた日本軍が来ることで、日本軍によるガマの取り上げが起きた。砲撃と空爆、それに艦砲射撃も加わった「鉄の暴風」と表現された米軍の攻撃で、人々は身を隠す場所がなければ、生き延びることができない状況に追い込まれる。

こうした状況下での、ガマを中心に戦場の人々の姿を追ってみよう。

＊アブチラガマ（糸数壕）

南城市玉城（たまぐすく）の糸数（いとかず）にあるアブチラガマ（糸数壕）は南部の戦場の変化を映しだすガマだ。最初は陣地壕、病院壕、そして最後は軍民雑居の壕となった。急傾斜の降り口を用心深く進むと、中には巨大な空間が広がっており、全長は約七〇メートルある。一九四五年二月から、独立混成第44旅団歩兵第15連隊が陣地壕として使用した。ガマ内部の巨大な空間には、木造で複数の兵舎が建てられていた。旅団長兵舎には発電機を使って明かりが灯っていた。地上戦が始まった四月中旬には部隊は浦添・首里戦線へ移動した。

潜んでいたガマから助け出された女性（沖縄県公文書館所蔵）

その後、約一カ月間は沖縄陸軍病院の糸数分院となった。南風原村にあった沖縄陸軍病院本部壕から軍医や看護婦、衛生兵、ひめゆり学徒らが移ってきた。宜野湾や浦添の戦闘で負傷した兵が防衛隊員によって運ばれた。当初、ガマの中の環境も食糧にも余裕があったが、後から運ばれた負傷兵には寝台もあてがわれず、ガマの岩肌の上に寝かされた。医師や看護婦、医薬品全てが不足していた。そのため、兵力として回復が見込めない者は、「処分」されていった。戦闘で頭をけがして暴れまわる「脳症患者」と呼ばれた人々がそうである。

看護の補助として配属されたひめゆり学徒の一人は次のような様子を見た。「脳症患者が奥の方へ連れられて行くのが見えるのです。私たちはそこへ行くなと言われていたので、そこには入ったことはないのです。そこへ連れていかれた脳症患者は戻ってこないので『脳症患者はどうしているですか?』と尋ねると、『大丈夫だ』と甲斐班長たちは答えていました。暴れていた脳症患者はそれっきり姿をみませんでした」(島袋淑子証言、石原昌家著『沖縄の旅・アブチラガマと轟の壕』)。

第32軍の南部撤退に伴い、糸数分院は六月三日に歩ける患者を連れ、さらに南へと向かった。食糧を監視する数人の日本兵と重傷患者一五〇人が残された。この時、重傷患者が青酸カリで殺害された。病院の壕となったガマでは、兵士として役立たない人々の命が次々と選別され、殺されたのである。

分院の人々が去ったガマには避難してきた住民約二〇〇人もいた。しかし、兵隊と一緒であったため、米軍が投降を呼び掛けても応じられなかった。結局、米軍は六月六日以降にガマに黄燐弾を撃ち込み、さらにガソリン流して火をつけ、住民は殺された。

七月になっても、攻撃を生き延びた日本兵と住民はガマに潜んでいた。すでに米軍に保護された住民がアブチラガマの食糧をとりに行き、日本兵の銃撃によって殺害された。ガマ内部は日本兵に支配されていた。「おばあさんは、この黒砂糖は三人の命だからというのですが、兵隊は黒砂糖を取り上げたのです。上の孫は、これは自分の物だと言って兵隊にとびかかったのです。兵隊はこの子を一発撃って即死させたのです(中略)おばーは目の前で孫を撃ち殺されて泣くこともできない、泣いたら自分も撃ち殺されるから、まわりはみんなシーンと静まり返っていたのです」(山里和枝証言、石原前掲書)。

軍官民が混在した轟の壕

住民は、日本軍に投降すれば斬ると言い渡されていた。また、米軍は捕虜を残虐に殺害すると兵士や在郷軍人に聞かされていたことを信じ込んでいた。そのため、なかなかガマから出られなかった。しかし、命の危険を冒して地元の人々が出て来るように呼び掛け続けた。八月二二日になって住民一〇〇人が投降している。暗闇のガマで、数カ月も殺される恐怖に支配された住民を、解き放ったのは生き延びた住民の声だった。しかし、住民を支配した日本兵はガマ内に残り、投降したのは九月に入ってからだった。

＊轟の壕

糸満市伊敷の轟（とどろき）の壕（トルルシガマ、カーブヤーガマ）は、沖縄の創生神話に登場する女の神「アマミキヨ」が久高（くだか）島からここに移ってきたといわれるガマだ。四つの拝所がある。巨大なすり鉢状の入り口がぽっかりと口を空け、大勢の避難民が入っていたガマである。降り口から身をかがめるようにして進むと、鍾乳石が垂れ下がった天井に、ガマの名の由来となったこうもり（沖縄の言葉で「カーブヤー」）が素早く飛び交うのが見える。

全長一〇〇メートルの壕には、沖縄戦開始前には真壁村伊敷と名城の住民約五〇〇～六〇〇人が避難していた。沖縄県知事島田叡（あきら）、警察部長荒井退造もここに避難しており、「県庁最後の壕」としても知られる。

地上ではまだ激戦が続いていたが、このガマでは日本軍はすでに多くの人員を失い、敗残兵化していた。六月も半ばになると、日本軍は人々をガマの中の川が流れる方へと追いやり、入り口に近い場所を占領して監視した。日本兵はガマを支配し、住民の食糧を奪い、乱暴を働き、幼児を撃ち殺した。米軍がガマ上部から手榴弾（しゅりゅうだん）やガソリンを用いた「馬乗り攻撃」をかけると、壕内で次々と死者が出た食糧も底をついたことから餓死者も出ている。

九九歳になるまで戦争の語り部として生きた安里要江（としえ）は、中城村から中南部の戦場を彷徨（ほうこう）し、轟の壕にたどり着いている。避難する際に一一人の家族を失い、轟の壕では生後九カ月の娘を失った。

「どの母親も、子どもが泣かないように、泣かないようと、びくびくしていました。あの恐怖といったら言葉になりません。子どもが泣くと（日本軍が）銃剣をつきつけてくるのです。実際に友軍兵が子どもを殺した話を聞きました。私は必死になって、子どもが泣かないように泣かないように、抱きしめていました。皮肉なことに私たちの子どもはだんだん静かになっていきました。（中略）和子が死んだのは、あとで考えると六月の一六日ごろだったと思います。（中略）くやしかったのは最期の別れにわが子の死顔を一目でも見ようと思っても、明かりが一つもないので見届けることが出来ません。和子の顔や輪郭や骨と皮だけの体をなでまわしながら、この感触をいつまでも覚えておこうと、指先を目の代わりにして、いつまでもいつまでもなで続けていました」（安里要江・大城将保著『沖縄戦・ある母の記録』）。

軍と民が雑居したガマでは、軍によって弱い者の命が排除された。赤ん坊の泣き声が外に漏れると、米軍に居場所を察知されるというので、日本兵が子どもを殺害したり、母親に殺害を命じることもあった。また壕に入っていた避難民が、子連れの家族を入れなかったり、邪魔にするため出ていく人々もいた。子どもを連れた母親たちは砲弾の下を逃げ惑い、ガマに入ることもできず何重にも苦しめられた。

米軍によって轟の壕から救出される避難民（沖縄県公文書館蔵）

安里の証言は、子どもたちを連れて戦場を彷徨した母親たち全ての叫びでもある。安里は車椅子を使うようになっても語り部を続けていた。失った自身の子どもだけでなく、沖縄戦を体験した母親たち、亡くなった子どもたちの声を伝え続けたのである。

＊閉じられたガマ

八重瀬町新城のガラビ・ヌヌマチガマは全長五〇〇メートルで、東側をガラビガマ、西側はヌヌマチガマと呼ぶ。地上戦の前は、第24師団第一野戦病院があったが、そこに患者を収容できなくなったため四月中旬に新城（あらぐすく）分院となった。患者は一〇〇〇人を超えたという。しかし、六月三日には分院は閉鎖され、その時に動けない重傷患者は、青酸カリを飲まされて自決を強要されたという。

ガラビガマは一九八〇年代から長年のあいだ平和学習に利用されてきたが崩落の危険があり、現在は入場禁止になっている。

現在、入ることを禁止したガマが増えている。避難していた地元の人々が全員助かった糸満市の潮平権現壕（しおひらごんげん）などもそうだ。また都市開発などで、ガマや戦時に掘られた避難壕が、当時の様子が十分に分からないままに埋め戻され、消えている。平和学習で沖縄を訪れる人々が増える中で、今後いかにガマで学ぶかが問われてきたといえる。

気を付けたいのは、ガマは戦時に避難した人々にとっては、家族の死や苦しみと悲しみが刻まれた場所だということだ。いまも遺骨の破片が残る場所も多く、遺族の悲しみは癒えない。読谷村のチビチリガマもガマは外から見ることができるが、内部には入ることができない。

現在、平和学習で入ることができるガマは、地域の人々の理解と平和ガイドの人たちの尽力があってこそ、公開が可能なのだ。ガマはこれまで見たように沖縄戦以前も以降も拝所であったり、集落において様々な意味をもった場所である。それが沖縄戦で避難に使われ、潮平権現壕のように地域を見守る存在として位置づけられた事例もある。集落とガマの関係、歴史も意識しながら、ガマの沖縄戦とガマから見える現在を考えたい。

多くの避難民はガマにすら入ることができなく、砲弾を少しでも避けようとして、民家にすし詰めになり、石垣の陰に身を潜めていた。海岸の刺(とげ)だらけのアダン群生の中にも隠れていた。珊瑚の岩のごつごつしたくぼみに伏せるしかなかった。そして砲弾に殺されていったのだ。

「その時は広っぱにですね、子供も女たちもごった返している、それは避難民なんですね。阿檀(あだん)葉もいっぱい茂っているし、茅の原野も、それから畑なんかも、避難民は、どうせ命は覚悟の上でしょうから、そこに、四、五〇人、一〇〇人も座っているんですが、照明弾が上がって、そこに直撃を受けた場合は、あっという間に、四、五〇人は転んでいるのです（死んでいる）」（仲門忠一証言『沖縄県史9』）。

「喜屋武岬は、もう南の果てだから、そこから逃げるとしたら、崖を降りるしかないから、そこが本当に最後のところですよ。海岸のすぐ上の、崖の岩の下の壕に、兵隊も避難民も、少人数固まって隠れていました。私たちはそこの一つの壕に、一週間ぐらい入っていました。そのころ、水汲みに行く時も、一番怖かったのは、友軍の兵隊でしたよ。子どもが泣くと、兵隊が出てきて、子どもを殺しやしないかと、大変怖かったですよ。兵隊に殺された話も聞いていましたから。また友軍の兵隊は、食べ物がなくなると、銃剣を持って出て来て、避難民に食べ物を要求して、出さないと、あんたたち戦争の邪魔だから、殺してしまえ、という命令がでているぞ、と言っておどしたりしていました」(長嶺オト証言『沖縄県史9　沖縄戦記録1』)。

5　やんばる戦

＊地元の人々

沖縄島の北部「やんばる」には緑したたる国頭(くにがみ)山地が広がる。ヤンバルクイナが発見されるなど稀少な生物が生息する多様性の宝庫として、奄美(あまみ)大島、徳之島、西表(いりおもて)島の四地域とともに二〇二一年「世界自然遺産」に選定された。豊かな緑が残る「やんばるの森」。しかし、沖縄戦時には南部とは違う沖縄戦があった。

ここは日本軍伊江(いえ)島飛行場への労働力の供出源であり、中南部の人々の北部「立退き」受け入れ先であり、そして米軍との地上戦の戦場となった。戦闘が終わり米軍の収容地区になると、日本兵による虐殺事件、また米軍の性暴力や殺人が引き起こされた場となる。

第32軍は、住民が六カ月分の食糧を確保でき持久戦を生き抜けば、いったん米軍は引くと考えていた(浦崎純『消えた沖縄県』)。それで北部への移動と食糧生産を沖縄県に指示した。北部「立退き」とはそのような目的で行われた。

県外疎開が一段落した一九四五年二月、沖縄島中南部から一〇万人を移動させる計画がたてられた。やんばるの町村は受け入れる市町村が決められ、地元民が動員されて山間に避難小屋を作った。

移動してきた人々は、配給と現地での食糧生産で食いつなぐ予定だった。避難小屋で組を作り、共同炊事、飼育するヤギの乳で栄養補給をすることなどが定められた。前年の「十・十空襲」で配給米が消失し、食糧生産に重点がおかれていた。

大宜味村は、那覇市民を受け入れている。入村式を行い、土地を貸し与えて農耕をさせ、共同作業でソテツを伐採して戦時食作りなどしている。同村押川には真和志村民二六三〇人が移動した。押川は山間にあり、農家の離れ、籾蔵、家畜小屋に数家族で共同生活をした。真和志村民の荷物を運んだ船が塩屋港で撃沈されたため、押川で村民はほとんど身一つで生活を始めていた。「立退き」先では物資が手に入らず、配給も途絶えがちで、農業や軍の手伝いなどをした。

しかし、地上戦が始まると、配給網はすぐ途切れた。地元民は集落近くに隠れ、夜間は集落へ戻ることができた。しかし、中南部の人々はすぐに飢餓地獄に陥った。夜間に畑の掘り残し芋を探した。救荒作物のソテツの毒処理の方法を間違えて死亡する人もいた。パパイヤやヘゴの新芽、桑の葉、カエル、ヘビなどあらゆる物を食べて飢えをしのいだ。山中には行き倒れの死体、餓死した母親の乳房を吸う赤子の姿があった。飢えに耐えられず井戸に身を投げて自死した家族もいた。山中には木々の根本に土まんじゅうが並んだ。約二万人が死んだと言われる。

本部半島八重岳は日本軍国頭支隊三八〇〇人がいたが、米軍の攻撃により四日間で制圧された。日本軍は羽地村と久志村に広がる多野岳に後退したが、司令部との連絡はこの時途絶えた。二三日に多野岳が攻撃され、国頭方面へ移動。隊長は一〇月まで東村慶佐次の山中に立てこもった。山中

少年護郷隊之碑（名護市）

第二護郷隊之碑（恩納村）

に日本軍が立てこもったことで、同地域では人々が長らく山を降りられなくなった。

＊護郷隊の少年たち

名護市の名護小学校の正門近くには、「少年護郷隊之碑」の碑がある。恩納村には「第二護郷隊之碑」の碑が建てられている。「護郷隊」の名前で沖縄戦当時、一五歳から一八歳までの少年たちを選抜して秘密戦に動員した。秘密戦の要員養成機関である陸軍中野学校出身の士官が、少年たちに厳しい訓練を実施し、実戦に動員した。第32軍が米軍の北部進行をかく乱するために、第三遊撃隊、第四遊撃隊を沖縄に配置したのである。ゲリラを示す「遊撃」の名を隠して、郷土を守るという言葉を使ったのが「護郷隊」であった。

第一次召集は一九四四年一〇月に国頭村から金武村周辺の約九〇〇人、第二次召集は第9師団が台湾に転出した人員不足の影響もあり同年一二月に本部・今帰仁の約一五〇人、第三次召集は一九四五年二月、第9師団の穴埋めを護郷隊から出したことに対する追加で集められた。また恩納岳へ移動した第二護郷隊の追加募集もなされた。三月の追加も含めると、北部全体から約一〇〇〇人を招集した。

少年たちを兵士に仕立てる訓練は厳しかった。「軍歌を声枯れるまで歌わされた。声が小さいと『全体責任』ということで、並んで匍匐（ほふく）前進をさせられた。そしたら膝のあたりから腕のところまで血だらけになって……。当時は、道は石ころだらけだったから」「殴られるのは毎日。一人で戦車一台を爆破させるという訓練だった。銃を持って羽地の村や山で闘う訓練もやったけど、主に爆発させる遊撃隊の訓練。木の箱に黄色爆薬何本か入れてそれに火をつけて……」。実戦に向けた訓練だった。

地上戦が始まると斥候（せっこう）や、爆雷で戦車攻撃、橋の破壊など戦闘に駆り出された。米軍の中継地点となった集落を焼き払う作戦も実行した。「出撃、前へ進め」の合図で火をつけた隊員の一人は、その村の出身だった。「今、私が悔しいのは自分の家を自分らで焼いて……。焼かなければ苦労しなかったのに。しかし、命令だから従わんといけない。昔は九〇％がカヤ葺きでしょう、火の海になって歩けなかったよ。消そうとしても、次の人がどんどん火をつける。どうにもならなかった」（名護市史編さん委員会編『名護市史本編3　名護やんばるの沖縄戦』）。

死と隣合わせの恐怖から心を病んだ少年は軍医に殺害された。負傷し役立たないと、置き去りにされた少年もいる。分かっているだけで一六二人が沖縄戦で死亡した。生き延びたものの、高齢になるまで心に傷を抱えたままの人もいる。

＊日本軍の「スパイ」視

遊撃戦が戦われる一方、米軍に収容される住民も増えた。戦闘と占領が重なる地域で、日本兵が住民を虐殺する事件が起きた。

一九四五年五月、大宜味村の渡野喜屋の収容地区では、中南部の三五人が日本軍に虐殺された。民家三軒に約九〇人が収容されていたが、米兵は一日一回見回りに来るだけだった。避難民が米軍から食糧をもらったことを理由に、日本軍がリーダー格の男性ら七人をしばり殺害した。

また女性や子どもをロープで数珠繋ぎにして浜辺に連れていった。「曹長みたいな人が号令をかけるんですよ。一、二、三ッと」「私のねんねこの上から弾がとおって、ねんねこは避けて頭のてっぺんのところの髪がやけてしまっているんです。後ろの方では一言も声をださずに、皆んないっぺんにこと切れているんですよ（中略）皆んな仰向いて死んでいるんですよ」（仲村渠美代証言『沖縄県史10　沖縄戦2』）。

今帰仁村では海軍部隊によって住民が次々と殺害された。四月、国民学校校長を務めた著名な教育者が、山中で「スパイ」視され、艦砲射撃の攻撃が激しさをます中、日本軍に斬殺された。「殺してしまえ、こいつ一人のためにみんながやられるから早くこいつを殺せ」。兵隊が怒声を浴びせていたという。近くにいた地元民は、校長が兄やいとこの名前を呼び続けている声を聞いている。

五月、村内の区長や警防団長ら地域の指導者が次々と殺された。山に潜む日本兵は、夜、集落に下りて来て、「米軍に通じる奴は、国賊だ。生かしてはおけぬ」と言い放った。五月一二日は山か

沖縄戦での住民殺害と「集団自決」

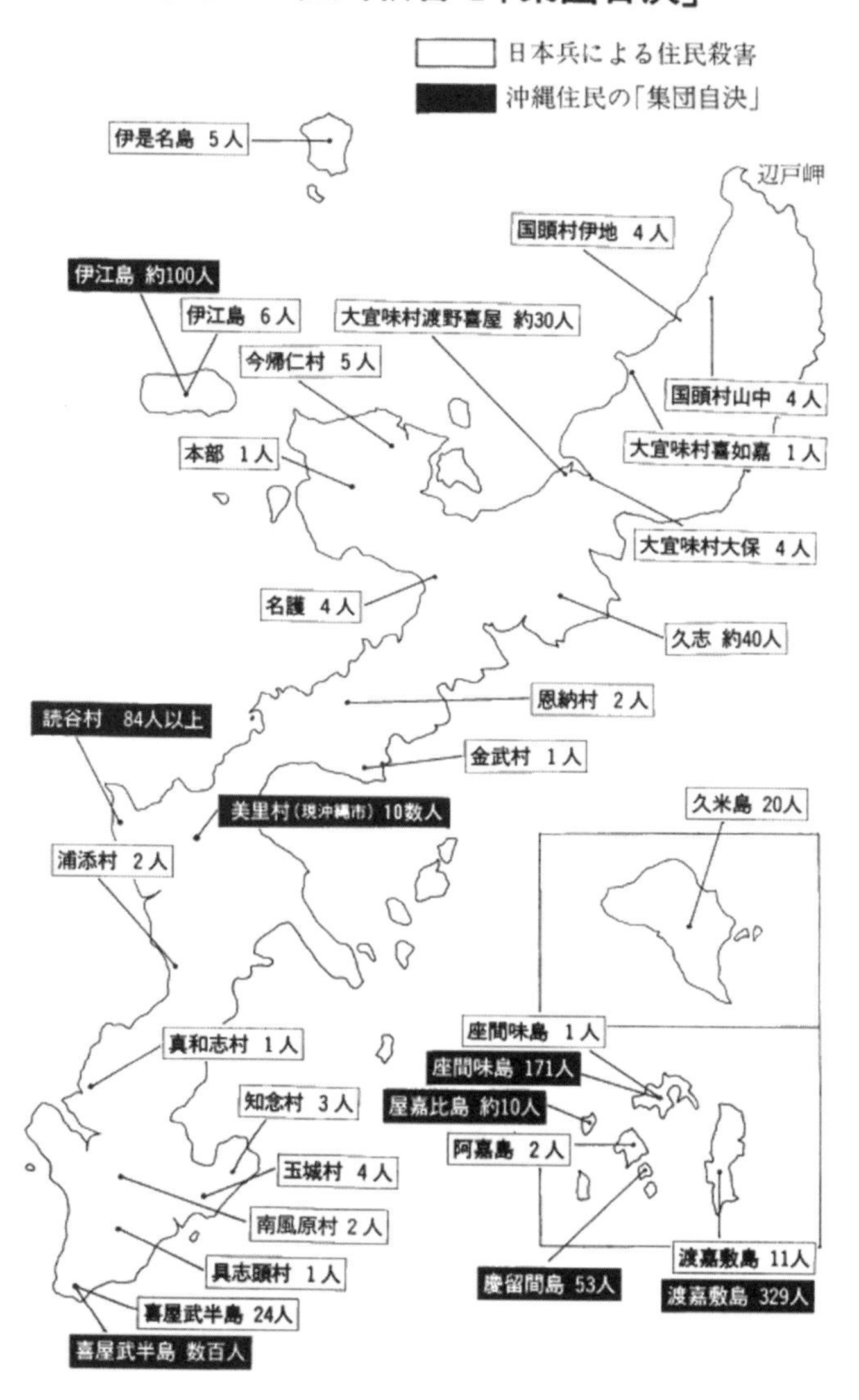

日本兵による住民殺害
沖縄住民の「集団自決」
伊是名島 5人
辺戸岬
国頭村伊地 4人
伊江島 約100人
伊江島 6人
大宜味村渡野喜屋 約30人
今帰仁村 5人
国頭村山中 4人
本部 1人
大宜味村喜如嘉 1人
大宜味村大保 4人
名護 4人
久志 約40人
恩納村 2人
読谷村 84人以上
金武村 1人
美里村(現沖縄市) 10数人
久米島 20人
浦添村 2人
座間味島 1人
真和志村 1人
座間味島 171人
屋嘉比島 約10人
知念村 3人
阿嘉島 2人
玉城村 4人
南風原村 2人
具志頭村 1人
渡嘉敷島 11人
慶留間島 53人
渡嘉敷島 329人
喜屋武半島 24人
喜屋武半島 数百人

ら下りて、警防団長を家から連れ出し、畑で日本刀で斬首した。一帯ではすでに戦闘が終わっていたが、山から下りて来る兵隊たちは、殺害する者のリストを作成していた。米軍の命令で開かれた区長会議の参加者名が記されたとされる。占領開始によって米軍と住民の接触が必然的に始まっていたが、日本軍はそれを「スパイ」と見なしたのである（沖縄県史10　沖縄戦2』）。

長らく口を閉ざしてきた人々が証言を始め、国頭村では新たな虐殺事件が明らかになった。五月、国頭村桃原（とうばる）にいた那覇市民に、日本兵が手榴弾を投げ込み、妻が殺害された。当時、米軍は既に山中の避難小屋から住民に降りるように説得をしていた。一家は投降した一団にいた。日本兵が「スパイ」として付けねらった男性と間違えたとも言われる。

七月、名護町の田井等（たいら）収容地区にいた宜名真（ぎなま）と辺戸（へど）の住民四人が、日本兵に襲われ殺された。「収容所に入った者はスパイだ」という理由をつけて、遺体を見せしめのため放置していった。また、半地では日本兵が四、五人の読谷村民を縛り、滅多切りにして殺害した（『国頭村制施行百周年記念村史　くんじゃん』）。

＊米軍による惨殺

米軍も住民を殺害している。本部町の大堂（うふどう）で掃討作戦中の米軍が、岩穴内から四人の四〇代の男性を連行し、射殺した。

本部町辺名地（へなじ）では、「シビリアン」と呼ばれていた米人が銃を持ちあるき、沖縄の男性を捕まえては殺害し、女性を強姦していた。ある時に、若い女性を逃した男性を正座させ撃ち殺した。崎本部のある集落では、「村に残っていた人々のところへ突然米兵が乱入し、男女とも車座に座らせてその中から女性を一人ずつ引っこ抜いて乱暴をした」という。

収容地区に収容された後、自村からの食料運搬の途中で、山で女性たちが待ち伏せされ米兵に襲われるということが続いた。羽地で食料を探していた女性たちは「米兵が、まるで犬のように背を低くして接近し、突然襲いかかってくることもあった」という。谷茶では女性四人が歩いていると米兵が近づいてきて、女性を山に引きずりこもうとした。「私は大きなザルを頭に乗せていたが、米兵たちが乱暴しようとしたので、私の母や一緒に来た人たち全部で私にすがりついてきた」。母親がさらに大声で泣きわめきながら米兵にすがりついた時に、米兵の手が離れたため、皆で逃げ出したという（以上『沖縄県史10　沖縄戦編2』）。

戦時には、戦闘だけではなく、個々の兵士によって、沖縄の人々の命が奪われ、女性は性暴力の被害にあったのである。

6　慶良間諸島の「集団自決（強制集団死）」

＊軍官民共生共死の一体化

沖縄戦では各地で「集団自決（強制集団死）」が起きた。「集団自決」がなぜ起きたのかを知るた

産業組合の壕の碑（座間味島）

めには、アジア・太平洋戦争の最終盤の沖縄戦の位置付けを知る必要がある。大本営（だいほんえい）は沖縄、小笠原、南千島、台湾、上海を結ぶラインを本土防衛のため前線と定めた。これを米軍が越えた場合は、現地軍は兵力や武器の限りに戦い続け米軍の軍備を消耗させるという方針を立てていた。

一九四四年三月に創設された第32軍は、軍と行政、住民が一体となって闘う「軍官民共生共死の一体化」を作戦基本とした。

住民は戦時期、「米軍の捕虜になれば、女は強姦されて殺されて、男は股裂きにされ、戦車でひき殺される」と「鬼畜（きちく）米英」の恐怖を徹底的に植え付けられていた。そのように教え込まれた住民が、軍命、強制、誘導によって追い詰められていった「集団自決」は、「軍官民共生共死の一体化」の極限の形だったといえる。

「集団自決」は日本軍と住民が混在した場所で起きている。一九四五年三月二六～二八日、慶良間諸島で、四月三日にはチビチリガマなど読谷村で、四月には越来村（ごえくそん）美里（みさと）村で、四月中旬には伊江村のアハシャガマなど複数のガマで、また恩納村安富祖（あふそ）、玉城（たまぐすく）村前川民間防空壕で起きている。

＊座間味島・慶留間島・渡嘉敷島

那覇市の西方にある慶良間諸島は、高速船で最も近い渡嘉敷島まで約四〇分、春には船の近くまで回遊してくるザトウクジラの姿を見るホエールウオッチングの島として、夏にはダイビングの客で賑わう。座間味島の民宿や商店が並ぶ通りを抜け、坂道に入ると途中に「産業組合の壕の碑」が建つ。碑文には沖縄戦当時の村三役の名と役場職員の家族五九人（現在判明しているのは六七人）が「集団自決（強制集団死）」で亡くなったと記す。

一九四五年三月末、慶良間諸島の島じまへの米軍上陸が始まった。米軍による猛攻撃の中、日本軍の軍命によって住民は「集団自決」に追い詰められ、慶良間諸島全体で約六〇〇人が亡くなった。当時、慶良間諸島は日本軍の海上特攻艇の秘密基地だった。座間味村と渡嘉敷村の人口は一〇〇〇人余り、その人数とほぼ匹敵する海上挺進戦隊と基地大隊が駐屯した。秘密保持のため住民は島外へ自由に出られなくなった。

住民が集合させられた忠魂碑（座間味島）

米軍は三月二六日に座間味島、慶留間島と阿嘉島、二七日に渡嘉敷島に上陸した。座間味では、米軍上陸前日の二五日夜、軍命で住民が忠魂碑の前に集められた。天皇に忠誠を誓う儀式の場への集合を村民は「玉砕」（「集団自決」）と受け止めた。その後米軍の攻撃が目前に迫ったことから、住民は各自の壕で二六日に「集団自決」に追い込まれた。座間味ダムの途中にある慰霊碑「躑躅（つつじ）の塔」近くの壕は学校職員らが入った壕で、米軍を見た住民が飛び込んでから、緊張が高まった。国民学校校長が壕内の人々を集め、「天皇陛下バンザイ」と三唱した。激しい音とともに壕が揺れ、天井から土が落ちた。一九歳の女性教師と郵便局で働く女性の間で手榴弾（しゅりゅうだん）が破裂し、重傷を負い苦しんでいた。

一発の手榴弾で死ねると思った人々は大混乱になった。当時一〇歳の宮里哲夫は壕内の様子を次のように語った。「校長先生は、目をつぶっていた。奥さんの首に剃刀を当てるのだが、どこを切っているのか分からない。奥さんは『お父さんまだですよ、まだですよ』と校長先生に呼び掛け続けた。そのうち意識を失ったようだった。私の母親が『校長先生は最期にやってください。皆生きています』と頼んだのだが、校長は自分の首を剃刀で切った。母親や周りの人にその血がかかり、母親は真っ赤に染まっていた。管理をまかされて壕まで大事に抱えてきた保険書類も真っ赤にそまった。校長先生の背広もワイシャツもネクタイも血で染まっていた」（謝花直美『証言　沖縄「集団自決」――慶良間諸島で何が起きたか』）。

阿佐集落の大和馬（やまとうま）にあった整備中隊の武器庫と食糧庫の二つの壕では、銃剣で腹を刺したり、首を吊るなどして三一人が亡くなった。座間味島の「集団自決」は手榴弾、殺鼠（さっそ）剤の服毒によるもので、一七七人が亡くなった（宮城晴美『新版　母の遺したもの』）。

慶留間島では、二月に阿嘉島の戦隊長が住民を集めて、米軍が上陸したら自決するように訓示した。島の北側にあるサーバルの壕に避難していた人々は互いに首を絞めて「集団自決」した。山中を彷徨っていた中村武次郎らは、その姿に驚き追い詰められていく。「母親が上の壕付近で拾った一本の長い縄を持っていた。縄を切る道具もないので、姉を中心にして、母親と私が一列になって一本の縄を巻きつけた。両端の二人で縄を引いた。私も自分で締めたんだが、息ができなくて……ほかの人たちが騒いでいるのも全部聞こえた。縄を占めて、自分たちは死ぬ考えだったけど、母親も、私も死にきれなかった」。

二一歳の姉だけが亡くなってしまった。住民たちはウンザガーラやサーバルなどで次々と「集団自決」した。当時の島の人口一〇〇人のうち、約半数の五三人が亡くなった（謝花前掲書）。

渡嘉敷島では各避難所に散らばっていた住民が二七日に軍命で、日本軍陣地の谷あいに集められた。二八日、そこに米軍が激しい攻撃を加えている。日本軍陣地ら防衛隊員が村長に伝令を伝えた。村長は「天皇陛下バンザイ」三唱を呼び掛け、それが合図となって「集団自決」が始まった。家族や親族でまとまって日本軍から配られた手榴弾を爆発させた。一帯は阿鼻叫喚（あびきょうかん）の地獄となった。手足がちぎれた者、血まみれになった者が、苦しみにうめいていた。爆発で死ねなかった人々はナタや鎌、石や木の枝を使った。当時三〇代の北村登美は「あっちこっちでバーン、バーンと始まった。もうどういっていいか分からない。突然、爆風が自分たちの所にも来て、隣にいた娘の恒子が亡くなった。則子は足が皮一枚でつながっているような大けがだった」という。渡嘉敷の「集団自決」では三二九人が亡くなった。

「集団自決跡地」の碑（渡嘉敷島）

吉川嘉勝の家族の輪では手榴弾が不発だった。母親が立ち去ろうとする別の家族を見て、皆に向かって、「いちかりーるうぇーかは、いちちゅしやさ（生きられる間は生きよう）」と立ち上がり、皆でその場を後にしたという（謝花前掲書）。

現在、渡嘉敷村の国立沖縄青年の家の敷地側には「集団自決跡地」の碑が建つ。その後ろ斜面を降りた谷あいで、村民は「集団自決」をした。青年の家からは現在、日本軍戦隊の本部壕までは遊歩道がつけられて見学ができる。谷あいには兵隊が攻撃のために身を潜めた浅い「たこ壺」壕が、あちこちに残る。

7　学徒隊の戦争

*鉄血勤皇隊の学徒兵

沖縄師範女子部と県立第一高等女学校のひめゆり学徒の体験は、沖縄戦に動員された学生の中でも語り部やひめゆり平和祈念資料館の活動を通して知られている。同館は、二〇二一年から若い世

捕虜収容所で朝鮮の成人男子と比較される2人の鉄血勤皇隊員（沖縄県公文書館所蔵）

代が当時の学生たちの姿を等身大で学ぶことができるようにリニューアルした。また県立第一中学校の歴史は戦後首里高校に継承され、同校からすぐ近くの養秀同窓会館に当時の生徒たちが残した「遺書」などを展示する一中学徒隊資料展示室を開設している。

学徒隊として一〇代の少年少女が動員されたのは、一九四四年一二月に第32軍と沖縄県が打ち合わせをして、動員を決めたからだ。男子学徒は師範全学年、中学と実業学校は三年生年以上が兵士とともに戦闘を行う「鉄血勤皇隊」として、二年生は通信隊として軍に配属された。女子学徒は師範女子部本科と予科二・三年、県立一高等女三・四年、それ以外の学校では四年生を中心に速成の看護教育を受け、看護要員として動員された。

当時、沖縄県外では、学生たちは学徒動員によって労働力が不足していた軍需工場などへ派遣されていた。しかし、戦場に動員する法令はなかった。男子は一五歳から六〇歳まで、女子は一七歳から四〇歳まで、国民を根こそぎ戦場に動員することを目的とした「義勇兵役法」は敗戦直前の一九四五年六月に成立している。沖縄ではそれを先取りするようにして、少年少女の動員が行われたのである。最近の研究では、各学校が軍に対して、一四歳から一六歳の名簿を提出したことも分かっている。沖縄県庁、教育当局が協力して子どもたちを戦場へと送ったのである。

男子学徒は各部隊に配属され、伝令、さらに爆雷をかかえての斬り込み攻撃まで、兵隊と同じ任務についた。師範健児隊の少年は六月八日の大詔奉戴日(たいしょうほうたいび)(米英との開戦日、毎月八日)に肉薄攻撃を命じられた。「タコ壺にひそんで敵戦車の近づくのを待ち、至近の距離に来たとき飛び出して爆薬をつけた我身もろとも敵戦車に体当たりするのである」「敵のM4戦車がひた押しに寄せて来た。戦車の後ろには自動小銃を持った四、五人の歩兵がついてくる。これらの射撃手はあっちこっちのタコ壺に潜んでいる日本兵を射殺したり、地雷を発見して爆破したりするのである」「向かい側の丘陵をくまなく焼き払いつつ、戦車砲を打ち込んできた」(山城昌研証言『沖縄健児隊』大田昌秀・外間守善著)。

沖縄師範の学生だった元沖縄県知事で沖縄戦研究者の大田昌秀は、第32軍司令部の直轄部隊で、広報宣伝班「千早(ちはや)隊」に配属された。斬り込み隊になった同級生はほとんど死亡し、師範の同級生一二〇人のうち八四人が戦死した。「六月末に、摩文仁海岸をさまよっていた時、敗残兵たちが、食糧を持っている同じ敗残兵を襲って食糧を奪うのを見た。それをまた壕の中にいた別の兵が手榴弾を投げて奪った。人間不信になった。戦争とは何だと考え始めた」という(大田前掲)。

＊女子学徒がみたもの

女子学徒は、看護要員として各地の壕に設置された沖縄陸軍病院に配属された。沖縄師範学校女子部と第一高等女学校の二二二人は、一九四五年三月二三日、南風原(はえばる)に動員された。壕掘り作業や食事を運搬する「飯上げ」、手術時に患者の体を抑え、包帯を取り換えた。少女たちの多くは戦場から後方にある病院で働くのだと思っていたのだが、実際には野戦病院化した状況での看護だった。

師範本科二年の渡久山ハルは「生きた人間にもウジが沸くんです。膿（うみ）がジクジクになった包帯の中で、ムクムク動いて、ギシギシ肉を食べる音まで聞こえるのです。ピンセットでつまみ出しても、包帯の中に引っ込んでしまったりです」。前線から送られてくる負傷者は治療も十分できない状況で対応せざるをえなかった。

五月末の南部撤退後、六月一九日に学徒隊は解散、女子学徒は戦火の中に投げ出され、多くが命を落とした。「ひめゆりの塔」が建つ伊原の第三外科壕は病院関係者、ひめゆり学徒が入っており、ガス弾の攻撃で八〇人余が命を落とした。うち教師と学徒は四二人だった。

「ひめゆりの塔」と第三外科壕

「突然バアーン、バアーンと音がして、真っ白い煙がモウモクと立って、一寸先も見えなくなってしまったんです。『ガスだー、ガスだー』という叫び声があっちでもこっちでも上がりました。全然見えない、誰がそばにいるのか、分からないんです。首がギュッギュッと絞められていくんです。息も出来なくなり、苦しい苦しいと言って、

2021年4月に展示をリニューアルした、ひめゆり平和祈念資料館の第２展示室「ひめゆりの戦場」（ひめゆり平和祈念資料館提供）

ゴツゴツした所に顔を突っ込んで…、少しでも顔を上げたらもう息ができませんでした。『苦しいよー、苦しいよー』『お母さん助けて。お父さん助けて』とあっちこっちで叫んでいるんです」（宮良ルリ証言『公式ガイドブック　ひめゆり平和祈念資料館』）。

ひめゆり学徒は一二三人の死者を出している。また県立第二高女（白梅）、県立第三高女（なごらん）、県立首里高女（瑞泉）、私立積徳（積徳）、私立昭和（梯梧）などが、看護要員として配置されている。

動員された元学徒たちはこの原稿を書いている二〇二二年ですでに九〇歳代だ。長らく語り部を勤めていた人々も活動を終えており、経験の継承が課題となっている。その一環として、二〇一七年に二一校の全学徒のための「全学徒隊の碑」が糸満市の平和祈念公園に建

全学徒隊の碑（糸満市・平和祈念公園）

立された。生徒一九二三人教師九三人が動員され、うち生徒九八〇人教師三七人が戦死したとされる（『沖縄県史　各論編第6巻　沖縄戦』）。また碑は二一校一九八四人の戦没者を追悼している。

日本が軍国主義に呑み込まれていた時代、若者たちは学校教育と報道によって洗脳された。白梅学徒隊の県立第二高女の生徒の遺書が残されている。

「私は『皇国は不滅である』との信念に燃え、生き延びてまいりました。（中略）いよいよそれが私たちに報いられたです。何と私たちは幸福でせう。大君に歸一し奉るに當たって、私たちは最もいい機會を與へられました。しっかりやる心算で居ります」（『平和への道しるべ　白梅学徒看護隊の記録』）。

女子生徒が書き残した「国のため」という言

白梅学徒隊の最期の地に建つ白梅之塔

葉は、たとえ自ら書いた遺書であっても、なぜ少女がこうした文章を書いたのかを考える必要があるだろう。学生たちは教育を通して軍国主義を刷り込まれていた。また、そうだとしても沖縄県が第32軍の要請を受け入れなければ、少年少女は動員はされなかった。学徒の体験を学ぶ時に、戦場の悲惨な体験とともに教育を通して自由を奪われ、従わざる終えなくなった状況、少年少女たちの未来を奪うような社会がいかにつくられていったのかを学ぶ必要がある。

8　見えない戦争と問いかける戦跡

＊ハンセン病患者の強制収容

地上戦開始前から日本軍は戦闘の邪魔になる病者を排除していった。ハンセン病患者がそうだった。一九四四年九月、沖縄県下一斉に、大規模な患者収容があった。「朝の五時に軍のトラックが来てね、寝ているのを起こされて『戦争が勝つまでは愛楽園（あいらくえん）にいてください』なリーチ（と言って）」

（大城証言、『沖縄県ハンセン病証言集　沖縄愛楽園編』）。

それまで家の離れや、山中の小屋などに隠れて暮らしていた患者は、役場職員や警察によって沖縄島では愛楽園、宮古島では南静園に強制収容された。愛楽園では定員が四五〇人にもかかわらずその倍の九一三人が収容された。人手不足のため入所者が医療補助、重症患者の介護、食事の世話、食料増産のための農作業を行った。

空襲に備え、園内に園長の指導で約五〇カ所の防空壕が掘られた。壕掘りは体力のある青年たちが担当した。女性たちは掘り出した土の運搬をしたが、大変きつい作業だった。けがから病状を悪化させた患者も多かった。一括して「早田壕」と呼ばれた壕の一つには、ツルハシの後がなまなましく残る。坑道には何カ所もくぼみがあり、「十・十空襲」後は園舎が破壊され、皆で身を寄せ合い壕に隠れた。

早田壕は夜を徹して手作業で掘られた。そのためけがをしたり、患部を悪化させた入所者もいた

「怖くて、全然昼は壕の外から出ないんですよ。座っていたら雫みたいなのがちょんちょん落ちて

きよったさ。だから湿気もあるし、同じ寮の姉さん、この人は手足なんかみんなはれてね、大変だったんですよ。腎臓（病）になって壕出てから亡くなった」（大城恵子証言『沖縄県ハンセン病証言集沖縄愛楽園編』）。

一九四五年四月、愛楽園がある屋我地（やがち）島に上陸した米軍は、施設が療養所だと知り攻撃をやめた。攻撃で死亡したのは一人だが、栄養失調やマラリアで入所者は次々と命を落とした。同年一二月までに二八九人が、強制収容によって劣悪な環境に追いやられ、命を落としていったのだった。

＊朝鮮半島からの犠牲者たち

久米島の旧具志川村では、朝鮮人男性の家族が殺害されている。釜山出身の具仲会（クチュンフェ）（日本名、谷川昇）と再婚した沖縄島北部出身の妻ウタと子ども五人の家族だった。金属を回収する鋳掛屋（いかけや）をしていたが暮らしぶりは貧しかった。近所の畑から野菜をとることを黙認されており、村民には「野菜とってきたー」と笑顔を見せる男性だった。ところが、米軍上陸後に、米軍のゴミ捨て場から食糧を拾ったことで、山中に潜んでいた日本軍に「スパイ」視され全員が殺害された。当時、植民地だった朝鮮の出身であること、貧しさなどさまざまな要因によって地域社会から排除された人々が、日本軍が支配する集落で「スパイ」視された。その家族を悼む「痛恨之碑」が旧具志川村に建てられている。

摩文仁の平和祈念公園の一角に「韓国人慰霊塔」が建っている。碑文は「この沖縄の地にも徴兵、

「虐殺」の文字が刻まれた韓国人慰霊塔

徴用として動員された一萬余名があらゆる艱難辛苦を強いられたあげく、あるいは戦死、あるいは虐殺されるなど惜しくも犠牲になった」と刻まれる。碑は「韓国人」とあるように、在日本大韓民国民団が建てたものだ。

公園内にある「平和の礎（いしじ）」には、朝鮮半島の出身者には四六四人（二〇二二年時点）しか刻銘されていない。朝鮮人軍夫、日本軍「慰安婦」とされた女性たちの沖縄戦は、十分に明らかになっていない。

沖縄戦時、県内には一三〇カ所以上の慰安所があった。戦闘開始前に、大東島の飛行場建設現場につくられたのをはじめに、各地の飛行場建設現場で民家を接収して慰安所が作られている。「日本兵たちが繰り返し語る戦争に負けた場合に強姦され惨殺されるという話を慰安所に強制連行された朝鮮人女性の姿を通して刷り込まれていった」（洪玧伸『沖縄戦場の記憶と「慰安所」』）。戦闘が始まると日本軍とともに移動している。第32軍司令部壕の留守名簿には「特殊軍属」として女性の名前が残っており、日本軍「慰安婦」が司令部壕にいたことが分かっている。アブチラガマ（糸数壕）で、朝鮮人の女性たちを見たという証言がある。

渡嘉敷島にいた、戦後も沖縄で生きたペ・ポンギもその一人である。米軍占領初期には各地の「サカナヤー」と呼ばれた料亭を転々としていた。ペの存在が分かったのは一九七二年の沖縄「復帰」の時、国籍がなく、在留資格が問われたためだった。日本軍「慰安婦」とされた苦しみに心身を患いながらも、沖縄の人々、朝鮮総連沖縄県本部の女性の支援に支えられて一九九一年に亡くなるまで沖縄で暮らした。日本軍「慰安婦」にされたことを初めて証言した女性である。

朝鮮人軍夫は強制連行によって約一〇〇〇人が連れてこられた。人夫として軍の飛行場建設や弾薬運搬、壕掘りなどをさせられた。戦闘が始まると攻撃へも駆り出された。慶良間諸島の阿嘉島では七人の軍夫が浜辺で一度に銃殺されている。沈在彦（シンジェオン）は、その軍夫七人の墓穴を掘らされ、その様子を見ている。「『われわれは腹が減っていた。それなのに君たちは食糧をくれなかったではないか。われわれは働くのはいい。どんなに働かされても我慢しよう。仕事なのだから。しかし、働けるだけの食糧もくれずにただこき使ったのだ。我々は心から君たちを恨む。腹が減っていたのだ』。年長の千有亀がき然といったのです。刑死を前にしていい放つ、その壮絶な言葉に兵隊たちは一瞬ひるんだ様子でしたが（中略）。罪もない同僚たちがこのように殺されるのを見守っただけでなく、墓まで掘られた私たちの屈辱。帰り道は行く時より悲しく、怒りが渦巻いていたけれど耐えなければなりません、生き残るために」（海野福寿・権丙卓『恨　朝鮮人軍夫の沖縄戦』）。最終的には一二人が虐殺された。

沖縄県内各地には、住民とともに軍夫や日本軍「慰安婦」を祀る慰霊塔がある。前述した碑に加え、渡嘉敷村の慰霊碑「白玉之塔」、宜野湾市の「青丘之塔」がある。市民団体がつくった「アリラン慰霊のモニュメント」（渡嘉敷村）、個人が建立した「留魂之碑」（石垣市）、韓国慶尚北道に立つ「恨之碑」に応えて読谷村に建立された「アジア太平洋戦争・沖縄戦被徴発朝鮮半島出身者恨の碑」、宮古島市には「アリランの碑」が建てられた（金美恵「沖縄戦で犠牲となった朝鮮人の慰霊碑（塔）・追悼碑に関する研究ノート」）。

＊声なき声を聴く

沖縄戦からすでに長い年月が経つ。もはやかつてのように語り部の体験を直接聞くことは難しい。しかし、ガマや戦争遺跡から、それらを通して沖縄戦を学ぶことは出来る。だが、そのさい重要なのは、ガマも戦争遺跡も、人々の経験を通しての事実や検証がなければ、ただの遺構にすぎないということだ。体験者の証言、その証言を継承する平和ガイドなど戦争を伝えようという意志とともに、遺構ははじめて歴史的事実を語るガマや戦争遺跡となる。そうした営みを通して、ガマも戦争遺跡も現在と沖縄戦をつなぐ係留点となる。

沖縄県の慰霊碑といわれる魂魄之塔

重要なのは、実は人々の体験なのだ。そして、そうした人々が沖縄の社会には生きている、生きていたという感覚をもって沖縄を歩くことが大切である。

糸満市の平和祈念公園の海側に横たわる摩文仁の丘には、全国各県の慰霊塔が立ち並ぶ。その他の地に建てられた慰霊碑を合わせると、全都道府県の碑が沖縄にはある。ただ一つ、沖縄の慰霊碑といえるのは、米須にある素朴な「魂魄之塔」である。米軍占領下から間もなく、旧真和志村民（真和志市は一九五七年に那覇市と合併）によって一九四六年二月に旧摩文仁村に建立された。旧真和志村の人々は、村を米軍が占領していたため他所の村で戦後の一歩を歩み出した。その時、あたり一帯にそのまま風雨にさらされていた遺骨を納めたガマが「魂魄之塔」になった。ガマ入り口をセメントで封じて、その上に小さな慰霊碑を建て、そこに「魂魄」と刻んだのである。集められた遺骨は三万五〇〇〇体という。沖縄では六月二三日の「慰霊の日」に、碑の周囲に線香とともに花や果物、お菓子、水が供えられる。南部のどこかで亡くなり遺骨も戻らなかった人々が家族を悼むため、早朝から訪れる。

平和祈念公園には、「平和の礎」がある。毎年六月二三日には、海に向かって設けられた噴水の中心に灯る「平和の火」を通して、朝日がまっすぐに差し込む。碑には、沖縄戦などの戦没者名が刻銘されている。沖縄の住民、日本軍、軍夫として死亡した韓国・朝鮮と台湾の人々、それに米軍と英軍の兵士の名前だ。その数は二〇二二年現在で二四万一六八六人に及ぶ。寄せる波をイメージして建てられた、幾重にも折りたたまれた石の壁から、亡くなった人々の平和を願う声が聞こえてこないだろうか。

沖縄戦の戦没者が刻銘されている平和の礎。久米島のエリアには日本軍にスパイ視されて殺害された日本名・谷川昇さんの家族7名が刻銘されている

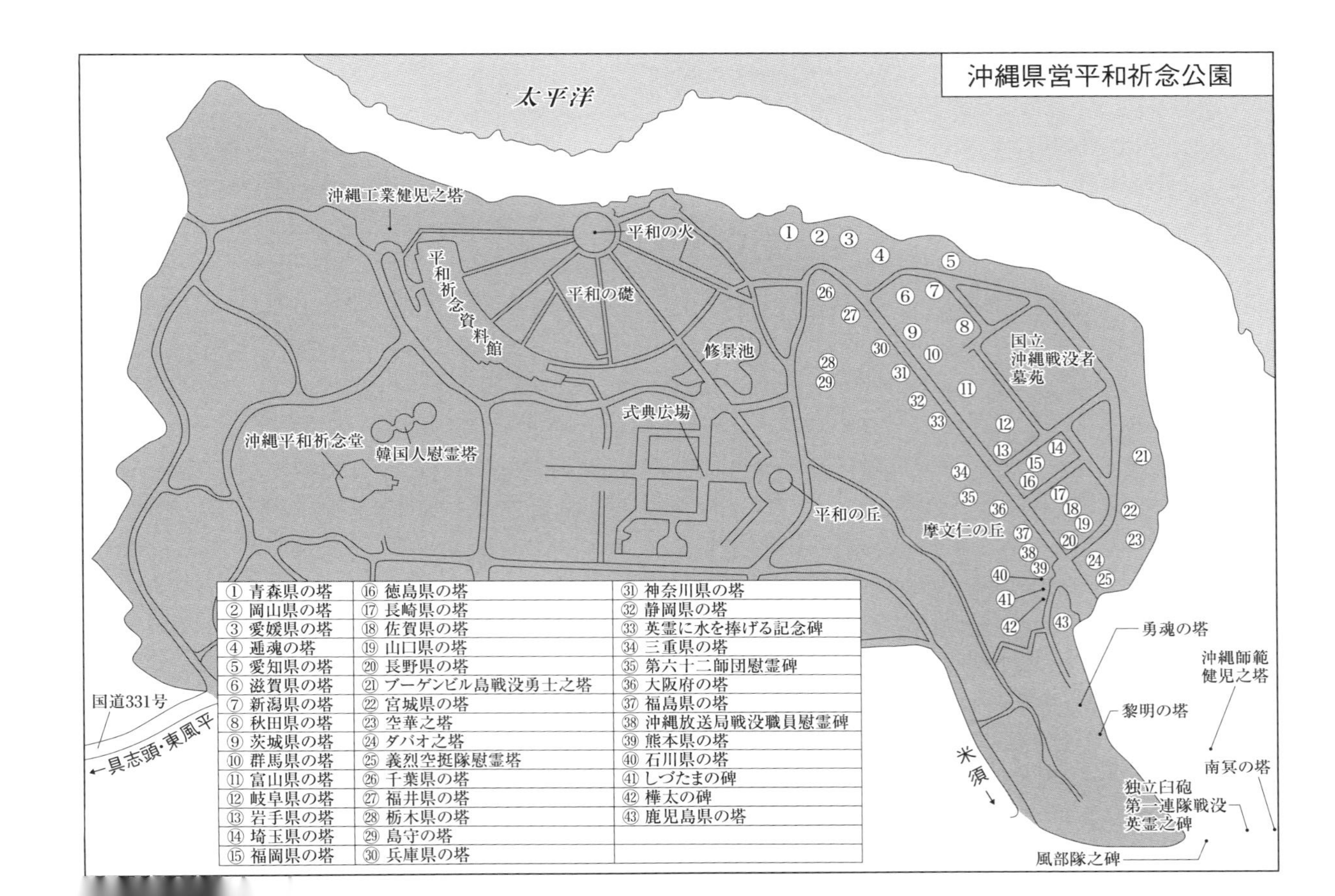
沖縄県営平和祈念公園
太平洋
沖縄工業健児之塔
平和の火
平和祈念資料館
平和の礎
修景池
式典広場
沖縄平和祈念堂
韓国人慰霊塔
平和の丘
国立沖縄戦没者墓苑
摩文仁の丘
勇魂の塔
沖縄師範健児之塔
黎明の塔
南冥の塔
独立臼砲第一連隊戦没英霊之碑
風部隊之碑
米須→
国道331号
←具志頭・東風平
① 青森県の塔
② 岡山県の塔
③ 愛媛県の塔
④ 逓魂の塔
⑤ 愛知県の塔
⑥ 滋賀県の塔
⑦ 新潟県の塔
⑧ 秋田県の塔
⑨ 茨城県の塔
⑩ 群馬県の塔
⑪ 富山県の塔
⑫ 岐阜県の塔
⑬ 岩手県の塔
⑭ 埼玉県の塔
⑮ 福岡県の塔
⑯ 徳島県の塔
⑰ 長崎県の塔
⑱ 佐賀県の塔
⑲ 山口県の塔
⑳ 長野県の塔
㉑ ブーゲンビル島戦没勇士之塔
㉒ 宮城県の塔
㉓ 空華之塔
㉔ ダバオ之塔
㉕ 義烈空挺隊慰霊塔
㉖ 千葉県の塔
㉗ 福井県の塔
㉘ 栃木県の塔
㉙ 島守の塔
㉚ 兵庫県の塔
㉛ 神奈川県の塔
㉜ 静岡県の塔
㉝ 英霊に水を捧げる記念碑
㉞ 三重県の塔
㉟ 第六十二師団慰霊碑
㊱ 大阪府の塔
㊲ 福島県の塔
㊳ 沖縄放送局戦没職員慰霊碑
㊴ 熊本県の塔
㊵ 石川県の塔
㊶ しづたまの碑
㊷ 樺太の碑
㊸ 鹿児島県の塔

Ⅲ 基地の島・OKINAWA
―過重負担の現場から

――松元 剛＋島袋 良太

米軍普天間基地の「普天間フライトラインフェア」で一般公開されたMV22オスプレイ（上）と、共同展示された自衛隊のCH47中型ヘリ（下）。（2022年10月2日、撮影：前泊博盛）

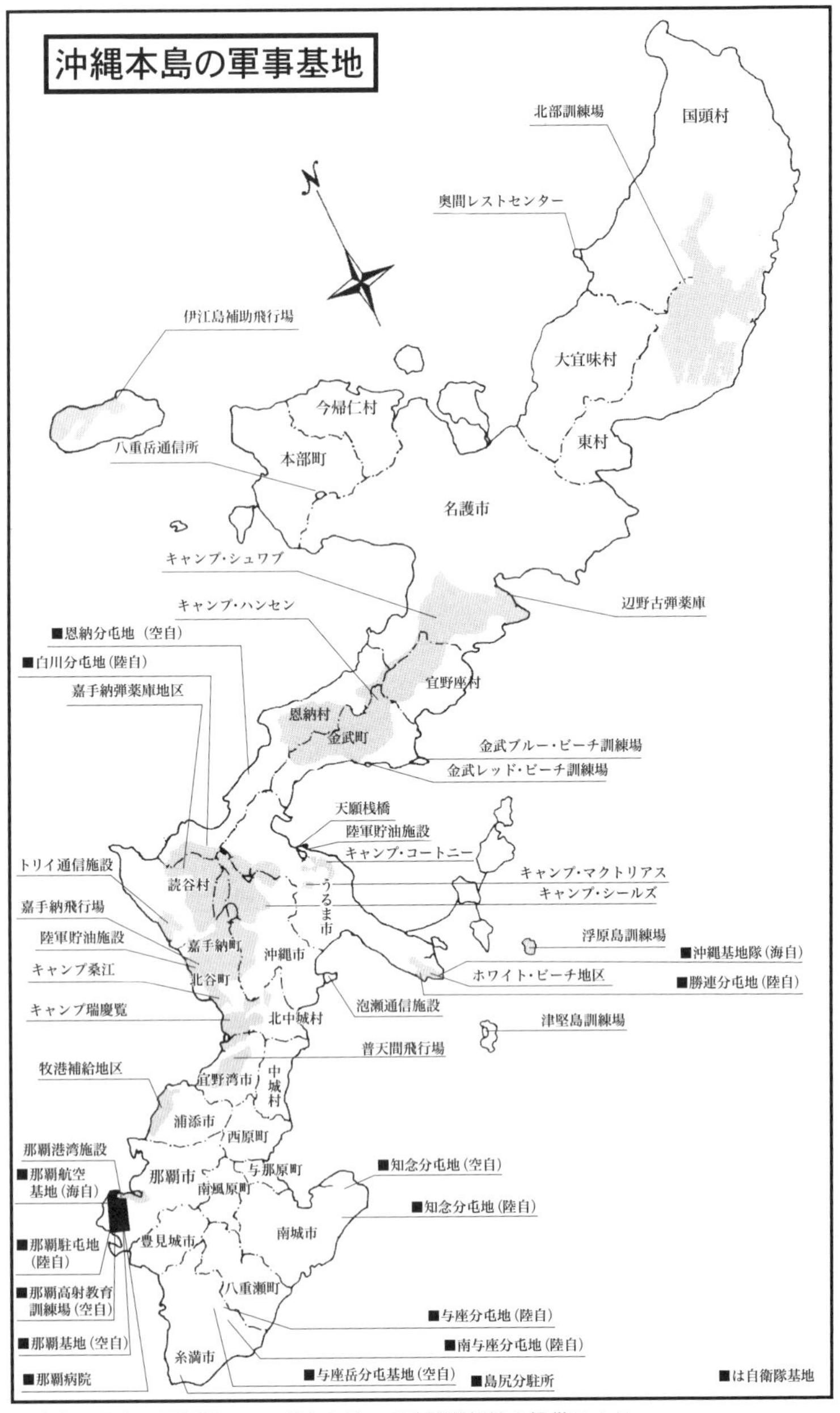
沖縄本島の軍事基地
北部訓練場
国頭村
奥間レストセンター
伊江島補助飛行場
大宜味村
今帰仁村
東村
八重岳通信所
本部町
名護市
キャンプ・シュワブ
辺野古弾薬庫
キャンプ・ハンセン
■恩納分屯地（空自）
■白川分屯地（陸自）
宜野座村
嘉手納弾薬庫地区
恩納村
金武町
金武ブルー・ビーチ訓練場
金武レッド・ビーチ訓練場
天願桟橋
陸軍貯油施設
キャンプ・コートニー
トリイ通信施設
キャンプ・マクトリアス
読谷村
うるま市
キャンプ・シールズ
嘉手納飛行場
浮原島訓練場
陸軍貯油施設
嘉手納町
■沖縄基地隊（海自）
沖縄市
キャンプ桑江
北谷町
ホワイト・ビーチ地区
■勝連分屯地（陸自）
泡瀬通信施設
キャンプ瑞慶覧
北中城村
津堅島訓練場
普天間飛行場
牧港補給地区
中城村
宜野湾市
浦添市
西原町
那覇港湾施設
■那覇航空
基地（海自）
那覇市
与那原町
■知念分屯地（空自）
南風原町
■知念分屯地（陸自）
南城市
豊見城市
■那覇駐屯地
（陸自）
八重瀬町
■那覇高射教育
訓練場（空自）
■与座分屯地（陸自）
■那覇基地（空自）
■南与座分屯地（陸自）
糸満市
■那覇病院
■与座岳分屯基地（空自）
■島尻分駐所
■は自衛隊基地

■本章の写真・図版類は、一部をのぞいて琉球新報社の提供による。

1　沖縄返還・日本復帰五〇年の節目に

＊基地の過重負担

二〇二二年五月一五日、沖縄の施政権が返還され、日本に復帰して満五〇年の節目を迎えた。二七年間の米軍統治が終止符を打って平和憲法の下に復帰してから半世紀を超えてなお、広大な米軍基地と軍事最優先の訓練、事件を引き起こす米兵の存在が県民生活をかき乱し、生命、財産を脅かす「基地の島・ＯＫＩＮＡＷＡ」の実情はほとんど変わらない。

日本政府は「外交と安全保障は国の専管事項」と言い張り、自治体や住民の声を無視する形で、外務官僚、防衛官僚主導で、沖縄に基地を押し付け続ける政策を決めてきた。日米合意、日米交渉の名の下、推し進められてきた安全保障政策や沖縄の基地施策には、国民の目や耳を遠ざけ、政府にとって不都合な真実を明かさなかったり、虚構をはやし立てたりすることがはびこっている。政府が発表する事柄に、逆の取り決めや偽りが潜んでいることは日常茶飯事と言ってもよく、特に沖縄の基地問題に関する事案では枚挙にいとまがない。

しかし、時代は移ろい、軍事・外交、安全保障政策、沖縄の基地施策のうそやまやかしに対し、メディアのみならず、市民レベルで対抗し、真実を暴く、あるいは肉薄する手段が広がってきた。情報公開制度の駆使やソーシャルメディア上でやりとりされる濃密な情報、ウィキリークスなどの世界的視野を持つ情報の受発信の普及などがそれに当たる。

国土のわずか〇・六％の沖縄県土に、国内の米軍専用基地の七割以上を集中させる日米両政府のいびつかつ民主主義を軽視した沖縄施策に迫り、不都合な真実を明るみに出す沖縄メディアや市民運動の営みが続いている。それによって、沖縄の基地過重負担の内実、不条理がより一層照らし出されるようになってきた。沖縄の米軍基地問題の核心は、沖縄と本土、沖縄と米本国、あるいは欧州での基地運用、住民生活や環境保全への配慮、民意の反映などに落差という表現では生ぬるい二重基準が貫かれている点にある。ウチナーンチュ（沖縄県民）の命の重さは軽いのかと投げ掛けざるを得ない深刻な問題である。本稿は沖縄の基地過重負担の基本構造に加え、県民を思い煩（わずら）わせる新たな問題を報告し、過重負担を改善、解決する足がかりを模索したい。

＊源流にある沖縄戦

一九四五年の沖縄戦は、現在の米軍基地の重圧のまぎれもない源流だ。本土防衛の時間稼ぎのため、日本軍が民間人を巻き込む出血持久戦を選択したことで沖縄戦の凄惨さは増し、県民の四人の一人が犠牲になった。沖縄戦終結後も米軍が意のままに県土を組み敷き、一九五二年のサンフランシスコ講和条約で独立を回復した日本はその引き換えに沖縄を米軍統治に差し出した。治外法権とも言える米軍統治下で、米軍関連の事件・事故による住民の犠牲、人権侵害は絶えなかった。

沖縄戦で「鉄の暴風」と称された艦砲射撃や爆撃、激しい戦闘にさらされながらも、命からがら生き延びたお年寄りが、今も遮りようがない米軍機の爆音にさらされ、米兵事件、豊かな海を埋め立てて進む辺野古新基地の建設に胸を痛めている。二〇一五年の戦後七〇年の節目を前に、沖縄の医師ら医療人が実施した聞き取り調査によると、沖縄戦体験者の約四割が心的外傷後ストレス障害（PTSD）を発症しているか、発症する可能性が高いという分析結果がある。その発症率はベトナム戦争の激戦を経験した米兵、阪神・淡路大震災の被災者の約二倍に上る。

*絶えぬレイプ被害―物理的、心理的にも増す負担

日本に復帰した後も、一九九五年の少女暴行事件や二〇〇八年の女子中学生暴行事件など、女性や子どもが性被害に遭う米兵事件は後を絶たない。

二〇一六年四月に起きた元海兵隊員の軍属による二〇歳の女性の殺害事件は卑劣の極みだった。沖縄本島中部で三時間近く、乱暴する女性を車で探し回った加害者はウォーキング中の被害者を背後から棒で殴って襲い、草むらでレイプした後、ナイフで骨に達する深い傷を負わせ殺害した。遺体はスーツケースに詰めて、本島北部の道路沿いの山林に捨てた。告別式で、結婚間近だった最愛の一人娘を奪われた父親は「遺影を見てください。どうか、彼女の笑顔を忘れないでください」とむせび泣いた。母親は犯行現場や遺体が見つかった場所を訪れ、なきがらの魂を手招きで戻そうとする沖縄の風習「魂込め（まぶいぐみ）」をし、さまよう娘の魂に手を合わせた。

基地あるがゆえに尊厳を奪われ、傷つけられた命、被害者は無数にある。日本復帰以来、米兵、

軍属らによる強姦事件は一三〇件以上起きている。逮捕者が一五〇人以上に上る事実は、十数件は集団強姦だったことを示す。年二人以上の女性が他国の軍の兵士らにレイプされる地域が日本のどこにあるのか。その上、声を上げられずに泣き寝入りした被害者も数え切れないほどいる。米軍属女性暴行殺害事件に抗議する県民大会には六万五〇〇〇人が駆け付けた。「怒りは限界を超えた」などのプラカードを掲げ、性被害根絶、海兵隊の全面撤退などを訴えた（一八一ページ写真参照）。

だが、ここ四半世紀の歴代政権は沖縄の基地負担軽減を進めるとしながら、普天間基地の名護市辺野古移設を伴う新基地建設を強引に推し進めている。

二〇二二年二月にロシアがウクライナに侵攻した後、日本の政治家の中から、台湾有事を想定した猛々しい発言が臆面もなく繰り出されるようになった。「敵基地攻撃論」「核共有」「台湾有事は日本有事」「防衛予算GNP比二％への倍増」——などが独り歩きしている。先島諸島をみると、二〇一六年に与那国島に陸上自衛隊の沿岸監視隊、二〇年には宮古島にミサイル部隊が配置され、二三年春には石垣島にミサイル部隊の駐屯地が築かれる。

重すぎる基地負担の是正を求める沖縄県民の訴えに対し、政府は冷淡な態度を改めようとしない。戦後八〇年に近づこうとしているのに、沖縄の民意に反した辺野古新基地建設が進み、国会審議さえなく、政府の一存で沖縄駐留の自衛隊の大幅増強が進む。万が一、有事が到来すれば、基地の島・ＯＫＩＮＡＷＡが標的になりかねないが、一四六万の生身の住民が沖縄で暮らしていることは、ほとんどの政治家の目には映っていないのではないか。きなくささが増す中、沖縄の基地負担は物理的にも心理的にも増している。

＊「変わらぬ基地　続く苦悩」

沖縄の施政権が返還された一九七二年五月一五日、那覇市民会館で開かれた「新沖縄県発足式典」で、この日を境に琉球政府主席から初代沖縄県知事に就いた屋良朝苗（ちょうびょう）さんが式辞に臨んだ。沖縄返還・日本復帰の悲願が成就した喜びは控えめに表現し、沖縄が本土防衛や経済繁栄の踏み石にされる構図を変える決意を自らに言い聞かせるように語った。「沖縄がこれまでの歴史上、常に手段として利用されてきたことを排除して、県民福祉の向上発展を至上の目的とし、平和でいまより豊かでより安定した希望のもてる新しい県づくりに全力を挙げなければならないと思います（以下略）」。屋良さんの「歴史上、常に手段として利用されてきた」という言葉に、沖縄の近現代史を貫く濃い影が刻まれている。

沖縄県紙である琉球新報は、施政権返還（日本復帰）五〇年の節目に当たる二〇二二年五月一五日付で、特別号を発行した。

「変わらぬ基地　続く苦悩」の横トッパンの大見出しに、縦八段で「いま　祖国に帰る」を丁字型に据えた復帰当日の七二年五月一五日付一面を復刻して、最終面（通常のテレビ面）に掲載した。それと並べて基地の現状を伝えるフロント面を制作し、半世紀前の紙面と同じ「変わらぬ基地　続く苦悩」を横に張り、変わらない沖縄の基地の過重な負担を照らし出した。二つの紙面が並んで通

琉球新報
創刊79年
琉球新報社

変わらぬ基地　続く苦悩

いま 祖国に帰る

沖縄県きびしい前途
なお残る「核」の不安

[illegible]

解けない「核」への疑惑　点検できない基地

[illegible]

解決へ大きな一歩　屋良主席談話

[illegible]

平和で豊かな県づくりを　政府声明

[illegible]

きょうから通貨交換

[illegible]

米軍基地、平常通り動く

[illegible]

確約は完全に履行
核抜きで米国務長官が書簡

[illegible]

統一行動で全面復帰を要求

[illegible]

きょう県庁発足式典

[illegible]

きょう復帰特集

[illegible]

金口木舌

[illegible]

特集 1版 （1968年2月2日第3種郵便物認可）

復帰50年特別号

琉球新報

The Ryukyu Shimpo

2022年（令和4
5月15日
[旧4月15日・赤
第40682
発行所／琉球新報社 〒900-8525那覇市泉崎1-10-3 電話098-865-5111 ryukyushimpo.jp ©琉球新報社2022

変わらぬ基地 続く苦悩

沖縄の民意 届かず

軍事優先 暮らし犠牲

沖縄は15日、1972年5月15日に米国から日本へ施政権が返還されて50年の節目を迎えた。返還に際し、琉球政府の屋良朝苗行政主席（当時）は米軍基地撤去を前提に県民本位の経済開発を理念に据えた建議書を佐藤栄作首相に提出したが、無視された。一方の佐藤首相は返還交渉で、有事の際に米国が沖縄に核兵器を再導入、貯蔵を認める密約を結び、基地の最大限の自由使用も容認した。沖縄に集中する米軍の軍事優先の運用が住民生活を脅かす状況は今も変わらない。4人に1人の住民が命を落とした地上戦を経験した沖縄は今後も、「国防」の名の下に犠牲を強いられかねない状況が続いている。

いま 日本に問う

1972年

グアム島から台風避難を理由にB52戦略爆撃機約90機が飛来した＝1972年10月26日、米軍嘉手納基地

2022年

国道58号上空を通過し、米軍嘉手納基地に着陸する米軍機＝2022年1月26日、北谷町砂辺（大城直也撮影）

…ない沖縄に米軍専用施設の70・3%が集中する。平時は米軍絡みの事件事故や騒音、環境汚染などに苦しみ、有事になればミサイルの標的にされる恐れもある。基地機能の強化や自衛隊配備が進み、基地負担はむしろ増大している。72年5月15日付本紙1面の見出し「変わらぬ基地 続く苦悩」は今にも当てはまる。

50年前、県民は平和主義や基本的人権の尊重を掲げる日本国憲法への「復帰」を求めた。しかし、いまだに軍事の要衝として沖縄に固執する日米両政府の姿勢を見ると、人々が望んだ「基地のない平和な島」の実現は遠い。

日米両政府が言う「負担軽減」は嘉手納より南の施設返還が主眼だが、実現しても米軍専用施設の全国比は69%にとどまる。多くが県内移設条件付きだからだ。普天間飛行場の返還は代替施設とされる名護市辺野古の建設予定地で軟弱地盤が見つかり、短く見積もっても12年は実現しない。

県の試算によると、これから返還される主な基地の跡地を利用した場合の直接経済効果は約8900億円で、基地関連収入年間約2500億円（2018年）に対し、約3・5倍に上る。沖縄の経済発展にとって基地は阻害要因でしかない。

基地を減らしたい県民の民意は鮮明だ。基地の整理縮小や日米地位協定見直しを問うた県民投票（1996年）では賛成が89・09%に上り、有権者数の過半数（53・04%）に達した。辺野古新基地建設に伴う埋め立ての賛否を問うた県民投票（2019年）でも有権者の52・4%が投票し、反対票が72・15%に達した。

根底には「沖縄を二度と戦場にしたくない」との思いがある。この思いや民意にヤマト（日本）の人々はどう応えるか。「軍事の要石」を強い続け、沖縄の犠牲の上に成り立つ「安全」にあぐらをかくのか。基地を抜本的に減らし、対話や交流の場となる「平和の要石」に転換できるか。「復帰」50年の今、沖縄から問う。

◇ ◇

琉球新報は「復帰」当時から基地の重圧にあえぎ続ける、沖縄の変わらぬ現状を読者と共に再認識しようと「復帰50年特別号」を発行しました。1972年5月15日付本紙1面も復刻しています。特別号では県民50人が描く未来の沖縄像も紹介します。

沖縄が日本に復帰した1972年5月15日の1面を再掲（右）し、変わらない基地負担を照らし出した復帰50年当日の特別編成紙面（2022年5月15日付、琉球新報）

常の紙面を巻くラッピングという手法の特別編成で臨んだ。復帰当時の縦見出し「いま　祖国に帰る」を「いま　日本に問う」にしつらえ、安全保障の負担を沖縄に押し付ける為政者、そして、沖縄の不条理から目を背けているように映る本土の多くの国民に重い問いを発した。国会議員、都道府県知事、全国の主要メディアの編集、報道責任者に届け反響を呼んだ。リード部分を引用する。

沖縄は五月一五日、一九七二年五月一五日に米国から日本へ施政権が返還されて五〇年の節目を迎えた。返還に際し、琉球政府の屋良朝苗行政主席（当時）は米軍基地撤去を前提に県民本位の経済開発を理念に据えた建議書を佐藤栄作首相に提出したが、無視された。一方の佐藤首相は返還交渉で、有事の際に米国が沖縄に核兵器を再導入、貯蔵を認める密約を結び、基地の最大限の自由使用も容認した。沖縄に集中する米軍の軍事優先の運用が住民生活を脅かす状況は今も変わらない。四人に一人の住民が命を落とした地上戦を経験した沖縄は、今後も「国防」の名の下に犠牲を強いられかねない状況が続いている。

＊「沖縄差別」の認識強まる

県内が五〇年前の沖縄返還当日とだぶる強い雨に見舞われた二〇二二年五月一五日、宜野湾市内で、政府と県が共催する「沖縄復帰五〇周年記念式典」が開かれた。玉城デニー知事は式辞で、「(半世紀たってもなお）県民は過重な米軍基地負担を強いられている」「県民が真に幸福を実感できる平和で豊かな沖縄の実現を」と訴えた。

玉城県政は復帰五〇年に合わせ「平和で豊かな沖縄の実現に向けた新たな建議書（新建議書）」を庁議で決定し、知事が記念式典前に岸田文雄首相に提出した。名護市辺野古の新基地建設断念などを求めた新建議書の大きな特徴は、沖縄に負担を押し付ける基地問題を「構造的、差別的」と言い切ったことにある。行政としては思い切った表現かもしれない。

沖縄の日本復帰五〇年に関する共同通信の全国世論調査（二二年五月配信）で、沖縄の基地負担を「不平等」と捉える人は七九％いたが、自らが住む地域への移設は六九％が反対した。琉球新報と毎日新聞の合同世論調査でも、自分の住む地域に受け入れることには五二％が反対だった。

「新建議書」と合致するデータがある。琉球新報データベースで、復帰四〇～三〇年と、復帰五〇～四〇年の一〇年ごとに区切り、「基地　差別」を検索すると、一一七〇件から二九七七件へと、三倍近くに増えている。米軍基地と沖縄の置かれた状況をめぐり、一般記事や読者や識者の投稿、議会での議員や首長の発言、市民運動の場、さまざまな記事中で、県民の基地問題への険しいまなざしを宿す「差別」の登場頻度が格段に上がっている。それは、この一〇年の大きな変化だ。

二〇一一年一一月、担当記者とのオフレコ懇談の際、辺野古新基地の環境アセスメントの時期を問われた沖縄防衛局長（当時）が「犯す前に『これから犯しますよ』と言いますか」と述べた。性的暴行に例えた暴言を琉球新報が報じ、県民の激しい反発によって局長は更迭された。沖縄の民意に接する防衛官僚による暴言は、沖縄を基地負担を背負う宿命の地とみなす差別発言の典型だった。

沖縄の民意が届かないまま、米軍基地の過度な集中が改善されず、米軍絡みの事件・事故が絶えない状況を「差別」とみなす意識が強まっているのはなぜか。「日米関係（日米同盟）を安定させる仕組みとして、対米従属的日米関係の矛盾を沖縄に集中させて見えなくする構造的差別」（元沖縄大学長の故新崎盛暉氏）が深まっているのに、大多数の国民が見て見ぬふりを決め込み、「人ごと」の論理が息づいていることに、県民が強い不満を募らせていることが見て取れる。

2 在沖米軍の強硬姿勢と新たな問題

＊一〇キロ足らずに二大拠点航空基地

沖縄本島中部の宜野湾市の南方上空約一キロから北向けに撮った航空写真には、海兵隊の普天間基地と空軍の嘉手納基地がくっきりと映り込む。普天間基地の二八〇〇メートルの滑走路の中央と、嘉手納基地の三七〇〇メートルの二本の滑走路の真ん中付近の距離を地図上で計測すると、一〇キロも離れていない。静かな生活環境を望む周辺住民の生活は考慮されることなく、軍事最優先の飛行訓練が週末を除いて実施される。

嘉手納基地周辺では、車の前一～二メートルで聞くクラクションの音（約一〇〇～一一〇デシベル）と同等の爆音が多い日には数十回、住宅街に鳴り響くが、米軍が自由に基地を運用できる権限を持つため、騒音を止める手立てはない。米海兵隊と米空軍の拠点航空基地がこれほど近い距離で、しかも市街地に隣接して居座る例は世界を見渡してもほかの地にはない。人権をむしばみ続ける在沖

宜野湾市南方から撮影した普天間基地（手前）と嘉手納基地（左上）。滑走路は10キロも離れておらず、基地の過密度が際立つ（2010年撮影）

米軍基地の過密さ、住民生活を容赦なく寸断する訓練の激しさが際立つ。

＊世界をにらむ空軍嘉手納基地

沖縄の米軍基地の特徴は、出撃、補給、通信、支援の総合的な役割があるとともに、米国外で唯一の「第3海兵遠征軍」が駐留する海兵隊の展開力に重きを置いた編成となっている。陸海空、海兵隊の四軍それぞれが特殊作戦部隊を常駐させている。

後述する海兵隊の普天間基地に先立ち、空軍嘉手納基地と陸海軍の機能をまとめたい。米空軍第18航空団を中心に、海軍、陸軍、海兵隊も共同使用しており、世界をにらむ戦略拠点だ。空軍の兵員数は約七〇〇〇人。嘉手納町、沖縄市、北谷（ちゃたん）町にまたがり、面積は国内最大の民間空港である羽田空港の約一・三倍の約一九八五ヘクタール。東京ドーム約四二〇個分に相当する。一九四五年四月、沖縄本島に上陸した米軍が旧日本軍中（なか）飛行場を占領し、本土攻撃の前進基地として拡張整備した。その後、一九五〇年六月の朝鮮戦争勃発以降、基地機能が強化され、「極東最大」の一大軍事拠点となった。六八年にはB52戦略爆撃機が離陸に失敗し、墜落した。常駐機は約一〇〇機。主力のF15戦闘機は五四機だったが、二〇二二年一一月から老朽化のため順次退役させ、約二年かけて更新される。後継機は決まっていないが、米本国の基地所属のF22ステルス戦闘機の巡回配備が始まった。ほかにも、米軍機の行動範囲を格段に伸ばすKC135空中給油機一五機、E3早期警戒管制機、MC130特殊作戦機一〇機、海軍のP3C対潜哨戒機八機などが常駐している。太平洋軍以外の戦略軍の指揮下に入り、アフガニスタン紛争など、世界規模での作戦行動を取ることもある。太平洋地域で最大の嘉手納弾薬庫も管理し、あらゆる弾薬を供給できる。

一方、国外、県外の基地所属の外来機の飛来、暫定配備が増えており、周辺住民の生活を圧迫している。二〇一七年には、騒音が大きい最新鋭ステルス戦闘機F35が一二機、約半年にわたり暫定配備された。防衛省によると、外来機の離着陸回数は、二〇一九年度は一万一一五五、二〇年度が一万一〇六一、二一年度は一万一九七四に上る。二二年五月～六月には、国外、県外から飛来する外来機が五種、三〇機以上確認され、騒音被害が増した。沖縄県は政府に「常駐機の負担軽減を求めている中、外来機が加わるのは認めがたい」と抗議した。

住民生活に深刻な影響を与える騒音被害に対し、周辺で暮らす住民の忍耐は限界を超えている。一九八二年の第一次訴訟（原告九〇二人）以来、「安眠できる夜」を求める住民が訴訟を重ねてきた。二〇二二年一月提訴の第四次訴訟の原告は三万五五六六人となり、基地騒音訴訟で国内最大となった。だが、裁判所はことごとく、米軍が権限を持つ基地の管理について日本政府が規制できないとする「第三者行為論」で飛行差し止めを退けてきた。一方、騒音は違法状態にあると認定し、損害賠償を命じる判決が第三次訴訟まで確定した。国民の血税から計三三〇億円が支払われている。本来は米軍が支払うべき定めがあるが、米側は拒否し、騒音被害への賠償も日本の税金で賄われている。トラブルは頻発し、日本復帰後の一九七二年～二〇二一年まで、在沖米軍基地内で起きた航空機関連事故六四八件のうち、約九割（六〇二件）が嘉手納で起きている。

嘉手納基地関連の主な事故

1959年6月	石川市（現うるま市）の宮森小学校にF100戦闘機が墜落。児童12人を含む計18人が死亡、210人が重軽傷
61年12月	具志川（現うるま市）村川崎にジェット機が墜落。2人が死亡
62年12月	嘉手納町屋良の民家にKB50型空中給油機が墜落。2人死亡、重軽傷者8人
66年5月	KC135空中給油機が県道74号に墜落。住民1人が死亡
67年10月	基地内の燃料が流出し嘉手納町内の井戸水が燃える事故が発生
68年11月	B52戦略爆撃機が基地内に墜落、住民16人が重軽傷
74年9月	C130輸送機が基地内に墜落、乗員2人負傷
77年11月	F4ファントムが伊江島沖で墜落、乗員2人が行方不明
82年12月	F15戦闘機2機が本島北東の海上に墜落、1人死亡
89年3月	HH3ヘリコプターが伊江島沖に墜落。乗員3人が行方不明
93年12月	FA18ホーネット戦闘機2機が訓練海域で空中激突。1人行方不明
94年4月	F15戦闘機が嘉手納弾薬庫地区内の黙認耕作地に墜落、炎上
2006年8月	米陸軍貯油施設にF15が訓練用フレア（照明弾）を誤射
11年3月	AV8Bハリアーが嘉手納弾薬庫上空で訓練用フレアを誤射
13年5月	F15戦闘機が沖縄本島東方海上に墜落
8月	HH60救難用ヘリコプターが米軍キャンプ・ハンセン内の山中で墜落炎上
15年2月	F15戦闘機が金属製の部品を落下
16年7月	F15戦闘機が基地上空でフレアを誤射
18年6月	F15戦闘機が本島南方海上に墜落
20年6月	嘉手納基地内の危険物を取り扱う施設で火災が発生
21年9月	F15戦闘機が嘉手納基地近隣で訓練用フレアを誤射

陸軍は、燃料補給、港湾、弾薬などを管理する第一〇地域支援群などが駐留している。兵員数は約一五〇〇人。戦闘部隊には第一特殊作戦群第一大隊に、特殊部隊として名高い「グリーンベレー」があり、読谷村（よみたん）のトリイ通信施設を拠点に活動している。

海軍（兵員数約二一〇〇人）はうるま市のホワイトビーチ軍港を拠点に、遠征に出る海兵隊員が乗り込む強襲揚陸艦や、寄港する攻撃型原子力潜水艦などの支援に当たる部隊が展開している。「シールズ」と呼ばれる特殊部隊も県内外で訓練している。

＊民意無視強める米軍―正当化する日本政府

二〇二二年二月八日から約一週間、在沖米海兵隊が、沖縄本島の玄関口である那覇空港や最も近い住宅地から一キロ足らずに位置する陸軍那覇港湾施設（那覇軍港、約五五ヘクタール）で、紛争地や襲撃された米国施設からの民間人退避などを想定した訓練を強行した。機体トラブルが絶えず、県民が安全性に懸念を抱く垂直離着陸輸送機MV22オスプレイを投入して軍港内に離着陸させ、海兵隊は武装した兵士が主軸となって非戦闘員の避難誘導などの訓練を実施した。

沖縄県や那覇市は強く反発し、絶対反対の姿勢を示した。だが、海兵隊は県と市の中止要請に聞く耳を持たなかった。県民感情に敏感な時期があった一九九〇年代、二〇〇〇年代に比べると、辺野古新基地をごり押しする日本政府と連動するかのように米軍の強硬姿勢が目立ってきた。

広大な米軍基地を抱える沖縄が日本の施政権下に返るのに際し、日米両政府は在沖米軍基地の使用条件を定めた「5・15メモ」を交わした。那覇軍港の使用目的は「港湾施設および貯油所」と記されている。「目的外使用」との指摘に対し、日本政府は「航空機の着陸を排除しておらず、使用目的に反しない」（防衛省）と強弁し、なし崩し的に米軍の訓練を正当化している。この理屈が通れば、どんな訓練でもできることになる。

＊続発するPFAS（ピーファス）汚染

今、沖縄で大きな問題となっているのが、米軍や自衛隊基地から消火剤などが漏れ出し、有機フッ

米軍普天間基地内から流出した、有機フッ素化合物（PFOS）を含んだ泡消火剤を確認する基地内消防職員ら（2020年4月、宜野湾市）

素化合物（ＰＦＡＳ）を含む地下水などが基地周辺で検出される問題だ。数千種に上るＰＦＡＳの中でも発がん性などのリスクが指摘されるＰＦＯＳ（ピーフォス）などが、米軍が使ってきた泡消火剤に含まれていたため、この汚染が土壌や地下水に蓄積し、県内の水源に深刻な影響を与え続けている。撥水、撥油性が高く、焦げないフライパン、作業靴などに用いられるＰＦＡＳは自然環境中ではほとんど分解されず、「永遠の化学物質」と呼ばれる。そのため対策には汚染源の浄化が不可欠だが、米軍が基地内の立ち入り調査や浄化作業を拒んでいるため、水質調査で高い値が検出される状況が続いている。本土の横須賀基地（神奈川県）、横田基地（東京都）などでも汚染が確認されているＰＦＡＳ問題は、全国的な環境問題になりつつある。

この問題が表面化したのは二〇一六年一月。

沖縄県企業局が実施している水質調査で、米空軍嘉手納基地内を通り、県内七市町村の四五万人に給水する北谷浄水場の水源でもある比謝川水系で、高濃度のPFOSが検出された。現在、日本国内では環境中でのPFOS濃度は一リットル当たり五〇ナノグラム以下に暫定指針値が設定されているが、県の当時の調査では、基地排水が流れる大工廻川で最大一三二〇ナノグラム、比謝川ポンプ場で同五四三ナノグラムもの値を検出した。国内の自然環境下の水からはPFOSは一リットル当たりで七〜二四ナノグラムが検出されていたのに対して、かなり高い濃度での汚染が確認されていた。つまり、基地内で汚染が生じている可能性が極めて高かった。水質調査は嘉手納基地を挟んで上流と下流の両方で実施され、下流でPFOS濃度が上がっていた。

沖縄県企業局は調査結果を受けて二〇一六年から嘉手納基地への立ち入り調査を申し入れているが、二〇二二年まで一度も実現していない。

＊米軍が調査と浄化を拒否――本国の対応と矛盾

一方、防衛省沖縄防衛局は二〇一七年度に嘉手納基地内に立ち入り調査を実施した。だが肝心の水については日米地位協定に基づく基地の「排他的管理権」を持つ米側の同意が得られずにサンプルが採取できず、基地内の河川の状況を目視するのみにとどまり、調査は腰砕けとなった。結局、日本側としてPFOS汚染について米軍基地との因果関係を公式に確定できず、米軍への責任追及、そして最も重要な汚染源の浄化ができていない。

県は応急措置として、北谷浄水場の浄化装置に設置した粒状活性炭でＰＦＯＳを除去し、検出数値を低減し、年間三億五〇〇〇万円がかかっている。二〇二一年度から二三年度までは沖縄防衛局が約七割を補助するが、その後は決まっていない。一方、米軍基地が汚染源だという事実を日本側として公式に確認できず、防衛省が費用を負担する法的根拠が乏しいという皮肉な状況もあり、「被害者」の立場にある日本側が汚染の除去費用を税金で負担する事態が続いている。

　日本側による基地内の立ち入り調査と汚染除去を拒否し続ける米軍だが、この姿勢は米本国で環境保護庁（ＥＰＡ）が出している方針とは矛盾している。米国ではＰＦＡＳ規制が強化される中、ＥＰＡは二〇二一年一〇月にＰＦＡＳ汚染に関する「戦略ロードマップ」を公表。この中で対策の三本柱の一つに「汚染源の除去」を挙げている。また米軍を含む汚染者には浄化の責任を負わせるとしており、米軍は海外では自国の政府が住民の健康を守るために取るべきとしている行動に背く対応をしている。ＰＦＯＳやＰＦＯＡ（ピーフォア）の有害性が明らかになり、米軍内でも代替物質への切り替えが進められている。だが大きな問題となっているのは過去に発生した流出事故による汚染が「蓄積」し、自然界では分解されないために悪影響を及ぼし続けている点だ。この問題についての制度的な欠陥は放置されたままだ。

　名護市辺野古（へのこ）の新基地建設をめぐり、政府の埋め立て申請を承認した仲井眞弘多（ひろかず）知事（当時）の再選を後押ししようと、政府が沖縄の基地負担軽減の目玉として米国と締結した日米地位協定の「環境補足協定」。これには、米軍基地内で汚染物質の流出事故が起きた際に、日本側による立ち入り調査を認める内容を盛り込んだ。ただあくまで立ち入りには管理権を持つ米側の同意が必要となる。さらに重大な欠陥が指摘されている。立ち入り調査の対象となる汚染は「現に発生した」事故であり、過去に起きた蓄積型の環境汚染は対象としていないことだ。問題が起きた当初、米軍は日本に水質に関するＰＦＯＳ濃度の基準がないことを理由に基地内への立ち入り調査を拒んでいた。その後、日本国内でもＰＦＯＳの水道水中や環境中の基準が整備されたにもかかわらず、米側は依然として立ち入りを認めていない。

＊海外では積極調査―死亡リスク増の分析も

駐留米軍の対応は海外では異なる。ドイツは二〇一四年秋、バイエルン州アンスバッハ米陸軍駐屯地に近いアンスバッハ市周辺で基準値を上回るＰＦＯＳが検出された問題が発生した。その後の調査で米軍は基地内が汚染源だったと認め、自らの費用で汚染浄化を進めた。アンスバッハ市は汚染源が米軍基地内の消防訓練区域だったことまで特定。沖縄でも汚染の原因だと指摘される泡消火剤にＰＦＯＳが含まれていたことを把握した。調査結果は米側からドイツに提供され、基地内の汚染調査はドイツ当局の監督の下で実施された。

イタリアではそもそも米軍が使用する基地もイタリア軍が管理するため、イタリア軍司令官は「全ての区域と施設に入る」ことが認められている。そのため環境汚染問題が起きた場合はイタリア軍の指揮監督の下で調査や浄化が行われることになる。

二〇二二年六月、米ハーバード大学医科大学院や中国四川大学西中国病院の研究医らが、PFOSの血中濃度が高いグループは低いグループに比べ、心疾患やがんなどあらゆる死因を合わせた死亡リスクが一・五七倍高かったという論文を発表した。米本国では二〇二二年六月、環境保護庁(EPA)が飲料水中のPFOS濃度に関する生涯健康勧告値を非常に大幅に厳格化し、衝撃を与えた。これまでPFOSとPFOAの合算で一リットル当たり七〇ナノグラム以下としていたものを、毒性をより重く捉え、PFOSを同〇・〇二ナノグラム以下、PFOAを同〇・〇〇四ナノグラム以下とした。合算しても二九一六倍厳しい値だ。EPAはこれを実現するため、水中、土壌、空気中、廃棄物などあらゆる分野で対策を取る「戦略ロードマップ」を二一年一〇月に公表した。この指針では米軍も含めて浄化に責任を負う厳しい対応が求められており、米軍の本国と日本での対応の違いが浮き彫りになっている。

3 データで見る沖縄への基地集中

*本土の一九六倍―沖縄に集中する米軍基地

「在日米軍専用基地」は、米軍が他の干渉を排除して使いこなせる基地のことを指し、日本の法律の適用を受けない治外法権的な領域だ。国土面積の約〇・六%しかなく、人口約一四六万人で全国民のほぼ一・一%の沖縄県に、国内の米軍専用基地(二万六三〇七ヘクタール)の七〇・三%が集中している。日本の米軍基地は米軍専用基地と、自衛隊基地を一時的に使う「共用基地」に大別される。二〇二〇年三月現在、沖縄県内の米軍専用基地の面積は三一施設で約一万八四八四ヘクタールになり、県の陸地面積の八・一%、沖縄本島では約一四・六%を占める。基地が集中する沖縄本島中部では、二三・一%にはね上がる。

本土の米軍専用基地面積は七八一〇ヘクタールある。一人当たりの米軍専用基地面積の負担を計算してみる。一四六万人の沖縄は、一二六平方メートルとなり、本土(人口一億二一三二万人)は〇・六四平方メートルとなる。沖縄県民は一人当たりで本土の一九六倍の基地を抱えていることになる。

一九五〇年代には、全国で三三都道府県に米軍基地があり、概ね「沖縄一割、本土九割」だった。だが、沖縄が切り離された後、本土が高度経済成長に突き進む中、本土で広がった基地反対の世論を抑えるため、日米両政府は、米軍が占領し、ウチナーンチュの財産権を奪う形で自由に基地を拡張できた沖縄に基地を集中させていく。本土の米軍基地面積は四分の一程度に減ったが、二七年間の米軍統治の間に沖縄の米軍基地は約二倍に増え、沖縄の日本復帰後には、沖縄に米軍専用基地の四分の三が集中する構図が半ば固定化されていった。

本土復帰した一九七二年を一〇〇とすると、沖縄の米軍基地面積は六五・二と縮小した形だが、本土の米軍基地の減り具合とは大きな差がある。逆に自衛隊基地は四六九・五と五倍弱に増えている。二〇二〇年三月現在、施設数は米軍基地(共用基地含む)が三二、自衛隊基地は五五となっている。自衛隊基地の指数は、今後の米軍基地の共同使用の拡大などでさらに大きくなる可能性がある。

広大な米軍基地を抱えるため、本島中北部の市町村では、行政区域の多くを基地に割かれている。嘉手納町八二%、金武町五五・六%、北谷町五一・六%などとなっており、住民は基地外の狭い地域にひしめくように生活している。

二〇〇六年に日米が合意した在日米軍再編に基づき、普天間基地（約四七六ヘクタール）を含む、嘉手納基地より南の海兵隊キャンプ瑞慶覧、陸軍の那覇港湾施設（那覇軍港）、キャンプ桑江、牧港補給地区などの六施設（計九五〇ヘクタール）の返還が合意され、一部が返還された。ただ、この一〇〇〇ヘクタール近い返還計画が実現したとしても、返還後の米軍専用基地の割合は約二%程度しか減らない。

沖縄の「空」は、米軍優先の空域設定となっている。沖縄の空を飛び交う航空機は本部町の八重岳にあるレーダーが機影をとらえる。そこから半径四〇〇キロメートルの範囲内に二〇の訓練空域が設定されている。総面積は九万五四一五平方キロメートルに及ぶ。それは、「共用基地」を含めた沖縄の全米軍基地面積の五一〇倍に上り、そのうち約四割の空域で、民間機の飛行が禁じられている。それ以外にも、頻繁に臨時の訓練空域が設けられ、さらに飛べない空域が広げられる。

米軍の訓練水域は、陸上にある米軍基地から海にせり出す「陸上関連施設訓練水域」の一七水域と、領海や公海上に設けられた「海上演習場」の一〇水域に大別される。その総面積は、五万四九三七平方キロメートル。沖縄本島の約二四倍に上る広さが、米軍が優先して使える水域となっている。中には、演習通報が三六五日、ほぼ毎日出され、いつでも米軍が使用できる形となっ

◆米軍の訓練空域・水域

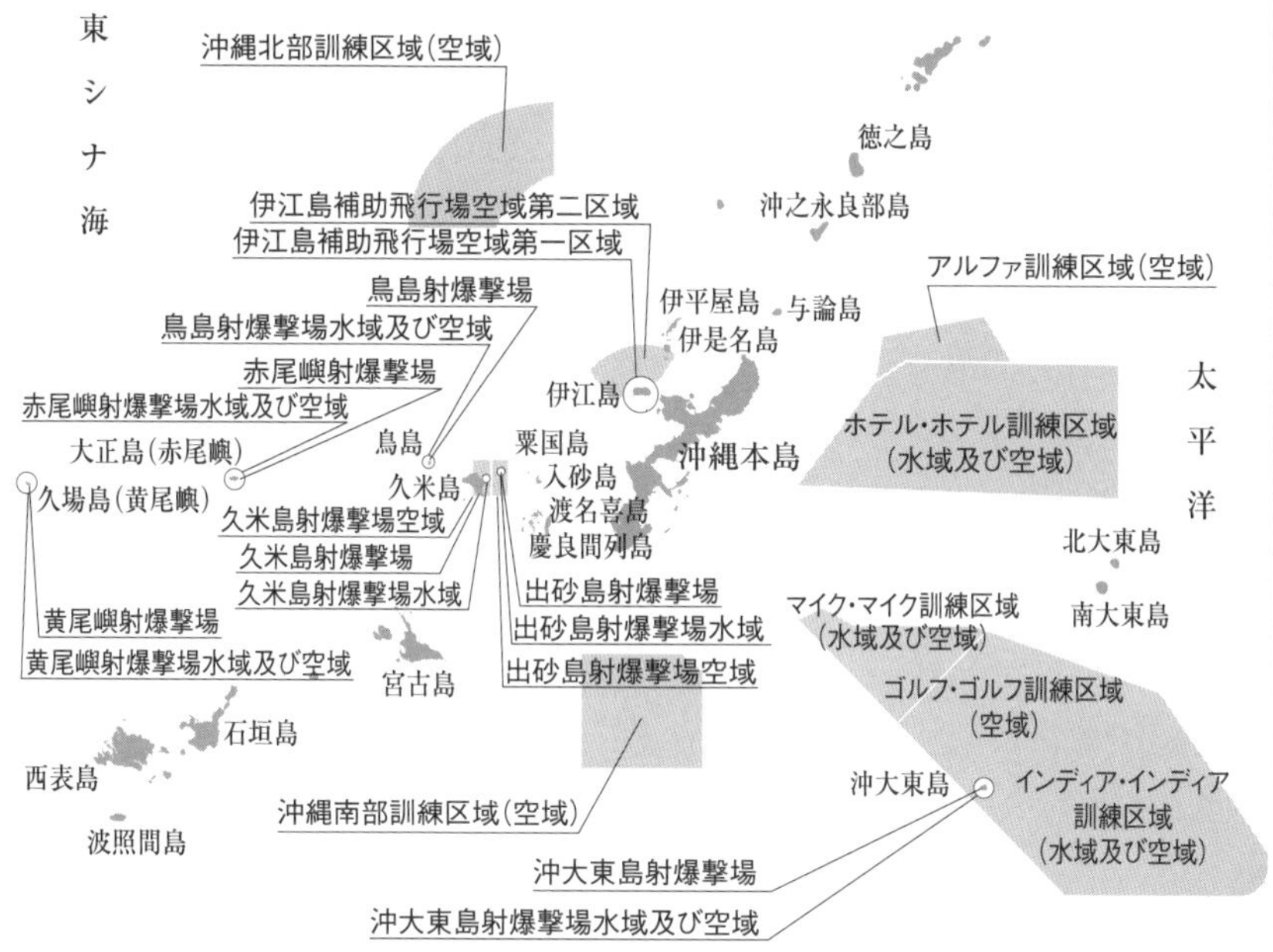

東シナ海
沖縄北部訓練区域（空域）
伊江島補助飛行場空域第二区域
伊江島補助飛行場空域第一区域
鳥島射爆撃場
鳥島射爆撃場水域及び空域
赤尾嶼射爆撃場
赤尾嶼射爆撃場水域及び空域
大正島（赤尾嶼）
久場島（黄尾嶼）
久米島射爆撃場空域
久米島射爆撃場
久米島射爆撃場水域
黄尾嶼射爆撃場
黄尾嶼射爆撃場水域及び空域
徳之島
沖之永良部島
伊平屋島
与論島
伊是名島
伊江島
鳥島
粟国島
入砂島
久米島
渡名喜島
慶良間列島
沖縄本島
出砂島射爆撃場
出砂島射爆撃場水域
出砂島射爆撃場空域
宮古島
石垣島
西表島
波照間島
沖縄南部訓練区域（空域）
アルファ訓練区域（空域）
ホテル・ホテル訓練区域（水域及び空域）
太平洋
北大東島
南大東島
マイク・マイク訓練区域（水域及び空域）
ゴルフ・ゴルフ訓練区域（空域）
沖大東島
インディア・インディア訓練区域（水域及び空域）
沖大東島射爆撃場
沖大東島射爆撃場水域及び空域

◀垂直離着陸輸送機ＭＶ22オスプレイを追加配備し、部隊の再編式典を開く在沖米海兵隊（２０１３年８月、海兵隊普天間基地）

ている水域もある。米軍訓練水域を漁場とする漁業者は、訓練のすき間をうかがいながら、漁に出る生活を余儀なくされている。

「沖縄は空も陸も海も、米軍に支配されている」「基地の中に沖縄がある」と称されるが、誇張とは言えない現実がある。

4 軍事優先の牙

＊米軍ヘリ墜落、傍若無人な現場封鎖

二〇〇四年八月一三日午後二時一八分、沖縄本島中部の宜野湾市にある沖縄国際大学に、米海兵隊普天間基地に向かっていたCH53D大型輸送ヘリコプター（第265ヘリ中隊所属）が墜落した。沖合の強襲揚陸艦との間を行き来し、普天間に戻る途中に制御を失った。操縦士は緊急着陸する場所を探したが、学長室がある本館一号館の屋上にのしかかるように墜落した。激突したヘリは、そのままずり落ち、本館わきで爆発・炎上した。校舎の外壁には、地面に向かって落ちながら、ローター（主回転翼）が削り取った線状痕が何本も浮かんでいた。高さ七、八メートルの立ち木（アカギ）が焦げ、その根元近くに消化剤の泡をかぶった残骸が無惨に横たわっていた。

このヘリはイラク戦争のさなかのイラクに移送するため、普天間基地での整備点検を終え、テスト飛行中に墜落した。きりもみ状態に陥り、墜落現場近くの八階建てマンションの屋上からわずか

数十センチ上をかすめ、大学に突っ込んだ。文字通り、間一髪で住宅地に落ちなかった。夏休み中の大学構内に学生が少なかったため、民間人の死傷者は出なかった。奇跡と言うしかない事故であった。乗員三人は重傷を負ったが、命に別状はなかった。

墜落現場から約五〇〇メートル離れた普天間基地で行軍訓練中だった部隊は、大音響と真っ黒な煙が上がるのを目撃した。墜落を察知した兵士約一〇〇人が指揮官の指示でフェンスを飛び越えて大学構内になだれ込んだ。彼らは、機体周辺に出入りを禁じる黄色いテープを張り巡らせ、中に入ろうとする市民や報道陣を力ずくで排除した。カメラの前に立ちはだかり、「ノー・カメラ（撮るな）」と大声を上げ、撮影を妨げた。米兵は、大学職員や学生、駆けつけた市民や報道陣のみならず、現場確認に臨もうとした伊波洋一宜野湾市長（当時）、宜野湾市消防本部の隊員や沖縄県警の捜査員さえ、排除した。

たまたま宜野湾市内にいて呼び出された筆者（松元）が現場に着いた時には、既に周辺道路に黄色いテープが規制線として張られていた。くぐって入ろうとすると、米兵が「ゲット・アウェイ（出ていけ）！」と叫び、腰回りを抱えられ、相撲の押し出しのような形で規制線の外に出された。墜落原因に結びつく情報を探り、旧知の県警の捜査員に電話を入れると、「公民館裏に大きな部品が落ちている」と教えてくれた。大学から直線距離で約三〇〇メートル離れた志真志公民館に向かうと、高さ、幅ともに二、三メートルある大きな物体の上に青いシートがかぶせられていた。カメラを構えて撮影しようとすると、四、五人の若い米兵が人垣を作って妨害し、右に左に動いても人垣

沖縄国際大学のヘリ墜落現場を封鎖して、現場検証をする米兵（2004年8月17日）

が追ってきた。怒りが爆発し、ウチナーグチ（琉球沖縄語）で叫んだ。「たっくるさりんどー（ぶっ殺すぞ）！」。わずかに米兵のスクラムが緩んだすきに連写でシャッターを切った。

イラク派遣ヘリの整備で過酷な勤務を強いられていた整備兵が、飛行姿勢を制御する尾翼ローターにある部品のボルトとナットを固定するピンを装着し忘れたことが事故原因だった。飛行中に尾翼ローターが吹っ飛んで完全脱落するという、航空機事故史上でもまれな事故原因は、一年後に出た米軍の事故報告書でようやく明らかになった。長時間勤務を強いられていた整備兵の証言が事故報告書にこう記されている。「三日続けて一七時間勤務だった」「勤務時間は夜勤が一六時間、日勤は一四時間だった。予定通りにヘリを強襲揚陸艦に積み込もうと、長時間、勤務した」

米軍が一方的に現場を占拠した状況をめぐり、日米安保体制に肯定的な識者、批判的な識者からも「日米地位協定の想定を超えている」「地位協定に反する違法行為」との指摘が相次いだ。車のアクセルとブレーキを踏み間違い、駐車場から店舗に突っ込む事故を起こした運転手が、独断で動けなくなった車周辺に規制線を敷いて、「持ち主は自分だ。近づくな」と恫喝（どうかつ）し、店員や現場に駆け付けた人を遠ざける……。米軍の行為はそんな逆ギレに等しいものであった。

沖縄県警は現場検証を認めるよう、米側に申し入れたが、米側は拒んだ。県警や宜野湾市消防本部は墜落事故の「最大の物証」である機体に指一本触れることができず、米軍が機体を本国に運び出した。放射性物質を含んだ部品もあったことから、環境汚染も懸念された。米軍は大型トラックを現場に入れ、機体周辺の土壌を深く掘り起こし、草木もろとも土砂を持ち去った。日本側は事故現場の土壌が汚染されたかどうかをたどることさえできなかった。

外務省はほどなくして、「ヘリの機体や墜落原因、積載物などは軍事機密で、米軍の財産に当たる」「現場検証は日本側と密接な協力の下、実施され、問題は一切ない」との見解を示す。米軍統治下を思い起こさせる現場封鎖を追認し、外務省は米軍の行為を正当化した。日米両政府は八カ月半後の二〇〇五年四月、基地外の民間地で起きた米軍機事故に対処する新たなガイドラインを策定した。事故機にほど近い内周の規制線は日米共同統制とし、その外周は日本（都道府県警察）が統制することを決めた。何のことはない。日米地位協定違反との指摘が噴き出した沖縄国際大学ヘリ墜落事故の現場規制がそのまま踏襲され、決まり事になっただけであった。

県民に大きな衝撃を与えた沖国大米軍ヘリ墜落事故は、国際情勢に連動して酷使される沖縄の米軍基地の危険さと軍隊の本質、そして対米従属の断面を見せつける事故であった。

＊向けられた銃口、奪われたカメラ

二〇〇一年九月一一日、世界を震撼させた米中枢同時テロが起きた。米国が有事に突入したり、軍事的緊張が走ると、遠く離れた沖縄の米軍基地にもすぐに影響が及ぶ。ニューヨークの世界貿易センタービルやワシントン郊外の国防総省に民間ジェット機が激突した深夜、基地を抱える沖縄本島中部、北部の担当記者は、主だった基地のゲートに走った。

政経部の基地担当だった筆者（松元）も同僚のカメラマンとともに、海兵隊普天間基地のメインゲート（宜野湾市）を目指し、車を走らせた。米軍が最重視する航空基地の警備が最も厳しくなると予測したからだ。普天間基地の第一ゲートにある両開きの門は既に鎖で閉じられ、門の奥には、防弾チョッキを着て、M60ライフルを携えた憲兵二人がいた。

沖縄本島はその日、非常に強い台風の暴風圏に入り、夕方からバス路線が運休するほど風雨が強かった。迷彩服姿の憲兵は車に近付き、「Uターンして出て行け」と怒鳴り散らした。「いつもは撮影が許可される。なぜ駄目か」と食い下がっても、らちがあかない。車を降りると、身長一九〇センチほどに見えた大柄の若い憲兵が半身になり、左手を前に突き出して手の平を広げた。刃向かう〝不審者〟を牽制するマニュアルだった。声が聞き取れず、じりじりと距離を詰めると、憲兵は、右肩にかけていたライフルの銃口をこちらの頭頂部よりわずか上まで下げた。「これ以上言うことをきかないと、お前を撃つ」という威嚇にほかならなかった。約三〇度の角度を取った銃の先が微妙に揺れ、緊迫感をさらに高めた。

その時、相棒のカメラマンが「やめろ」と大声を上げた。もう一人の憲兵が助手席に手を突っ込み、デジタルカメラを奪った。同僚は一度取り返したが、屈強な憲兵は再びカメラをもぎ取り、フィルム代わりの記録カード（コンパクトフラッシュ）を引き抜いた。大声で抗議したが、迷彩服のポケットにカードをしまうと、憲兵二人は門の中に入り、警護ボックスから私たちの様子をうかがった。ゲートの写真を撮影されたと思い込み、カメラに狙いを定めていたのだろう。

締め切り間際だったため、約二キロ離れたキャンプ瑞慶覧のゲートに転じた。鋼鉄製の車止めの後ろで完全武装の憲兵が厳戒する写真を送り、普天間基地ゲートでのトラブルも記事に入れた。普天間基地に戻り、本社から応援に駆け付けた二人の記者も含め、記者四人がゲートにかぶりついて「カードを返せ」と三〇分近く大声を上げ続けた。憲兵隊の車両が続々と駆けつけ、前照灯をハイビームにして照らした。目がくらむまぶしさの中、上官とおぼしき兵士の指示で、先の若い憲兵二人が近づいてきた。門の隙間から手を差し出すと、彼らはカードを手の平に置かず、雨がたまったアスファルト路面に投げ捨てた。琉球新報社は、米軍統治下を思い起こさせる憲兵の行為を詳しく報じ、編集局長が「報道の自由を侵害する行為」として、抗議する談話を出した。

沖縄国際大学の米軍ヘリ墜落事故と9・11同時多発テロ後の厳戒態勢は何を意味するのだろうか。

米兵の銃口はどこを向いている……。宜野座村潟原で（撮影：大久保康裕）

在沖米軍は、地元の人たちと友好関係を築きたいと、「良き隣人」政策を盛んにPRしている。綱紀粛正を促しつつ、沖縄の歴史や米軍に対する県民感情を教えたり、地域の祭りへの参加などを通し、米軍への親近感を抱いてもらうことに腐心している。だが、どんなに「良き隣人」を装っても、米国が有事に突入したり、〝軍隊が守るべき財産〟が日本側の手に渡る恐れが出た途端、一瞬にして「軍事優先の牙」をむき出しにし、基地や現場に近づく者を不審者扱いし、排除する。軍隊の本質を象徴的に示す二つの事例は、住民の平穏な生活が米国の軍事情勢の荒波と連動して翻弄される沖縄の現実と、県民と米軍の埋め難い溝をくっきりと照らし出した。

5 命の重さの二重基準と「無念の死」

＊「ウチナーンチュの命は軽いのか」

二〇〇九年七月、沖縄本島北部の東海岸にある金武(きん)町伊芸(いげい)区で、基地被害の心痛を抱えた一人の女性がひっそりと息を引き取った。玉城ミツさん。七一歳だった。

八カ月前の〇八年一二月、玉城さんは下駄履き二階建てになっている自宅の一階駐車場で、植木鉢に水をやっていた。バーンと衝撃音が響き、驚いて振り向くと、背を向けて止まっていた孫の乗用車の前方から白煙が上がっていた。翌日、孫がナンバープレートに銃弾が突き刺さっているのを見つけ、県警に通報した。「孫の車はいつもと一台ずれて止まっていた。いつもの場所なら、私は撃たれていたはずだ」。現場で話を聞くと、玉城さんは事故直後に白煙が上がった時の言いしれぬ恐怖感を思い出して震え出した。それでも気丈に説明し、こう言った。「こんな恐い思いをするのは、私限りにしてほしい」

沖縄県警は伊芸区に隣接する海兵隊の演習場キャンプ・ハンセンからの流弾の可能性が濃いとして捜査に乗り出し、銃弾は海兵隊の重機関銃弾と判明した。発生当時、演習場内にある恩納(おんな)連山を超えた恩納村内の射撃場で激しい実弾射撃訓練が実施されていたことも分かり、県警は射角制御ミスによる流弾が山を越えて着弾したとの見方を強めた。だが、基地運用に干渉されないことを定めた日米地位協定の「排他的管理権」を盾に、在沖米軍は県警の立ち入り調査を拒み、どの部隊がどの銃器を使っていたかなどの情報も一切提供しなかった。

国防総省が送り込んだ専門家チームは、①発生日に演習はなかった。②第三者の故意による破壊の可能性が高い――として、意図的な隠蔽さえうかがわせる報告書を出して海兵隊との因果関係を否定し、だんまりを決め込む。日本政府は手をこまねくばかりだった。県警の立ち入り調査は一〇カ月後に実現したが、演習した部隊は既に国外に移り、事情聴取はできずじまい。事件解明に不可欠な情報は何も得られなかった。県警は被疑者不詳のまま、軽犯罪法違反容疑で書類送検し、那覇地検が不起訴処分とし、〝流弾事件〟は幕引きされた。被害者が偽りの証言をしたとも読める米軍の報告書に胸を痛め、玉城さんは持病が急速に悪化して亡くなった。

一九歳の女性が自宅で太ももを撃ち抜かれるなど、戦後、伊芸区は数え切れないほどの流弾被害に遭ってきた。にもかかわらず、二〇〇六年夏に一番近い住宅からわずか三〇〇メートルの地点に最精鋭部隊グリーンベレーが使う実弾射撃場が建ち、演習が強行された。米本国や欧米ならば、設置基準に抵触し、絶対に造れない射撃場だった。地元伊芸区の体を張った草の根の反対運動が沖縄中の共感を呼び、日本政府が費用を出し、遠い地点に移設された。伊芸区の行政委員長（当時）は「米軍は自国では造れない射撃場を建て、平然と実弾を放った。そして、また区内に実弾が飛んだが、捜査に協力しない米軍の隠蔽体質と治外法権が相まって事件は迷宮入りした。米国民とウチナーンチュの命の重さはこれほどまでに違うのか」と憤った。

日本の対米追従外交とそれにあぐらをかく米軍のご都合主義、命の重さの二重基準がまかり通り、基地周辺住民を苦しめる。こうした差別的構図が沖縄の基地問題の根っこに横たわる。

6　日米地位協定と主権、対米従属の果てに

＊明かされない日米合同委員会合意

在日米軍専用基地面積の七割が集中する沖縄。「基地問題」をひもとくと、米軍基地から派生する事件、事故、環境汚染などの問題に分かれるが、その問題の大本となっていると言えるのが、日米地位協定だ。日米地位協定は米軍が日本に駐留するのに当たり、その法的地位を定め、特権的地位を与えている二国間の協定である。一九六〇年に締結された。その「前身」は一九五二年に結ば

れた日米行政協定だが、実質的には行政協定の内容をほとんど踏襲したとされる（刑事裁判権については後述）。在日米軍施設や訓練などの活動に「排他的管理権」を認め、日本の法律が適用されない点が大きな特徴となっている。この特権により、米軍が騒音、事故、環境汚染などを引き起こしても、法律や規則に基づく日本の政府機関や地方自治体による適切な規制や調査が及ばず、その結果、住民生活が脅かされる状況が続いている。

この日米地位協定をどう運用するかについては、月に二回、日本の官僚と在日米軍の幹部らが開催する「日米合同委員会」で協議が行われている。合同委員会は非公開で開催され、協議内容は一般の目に触れることのないブラックボックスだ。沖縄で起きている問題の取り扱いを巡り、在沖米軍が地元自治体やメディアの問い合わせに「（東京の）日米合同委員会で協議される」と説明する一方、その内容は一切明らかにされず、いつまでも進展が見られない状況が続くことがあるのはこのためだ。

＊非公開で骨抜きに

日米合同委員会では日米地位協定本体を補完する「合意議事録」が長く国民に知らされることなく運用されてきた。国民から「不平等」だと強い批判を浴びていた前身の「日米行政協定」を改定する際、米軍部は大幅な内容変更に抵抗した。その結果、日米地位協定の「本体」を公開して日本国内向けに「前進」をアピールした一方、地位協定の文言と矛盾するような内容は「合意議事録」

として秘密裏に残し、合同委員会の中で運用していく形になったからだ。

この合意議事録は二一世紀初頭まで公開もされてこなかった。この問題が明らかになったのは、二〇〇四年の沖縄国際大ヘリ墜落事故がきっかけだった。基地外にも関わらず、米軍が墜落現場の大学の敷地を占拠、封鎖した。県警は航空危険行為等処罰法違反の疑いで現場検証に乗り出そうとしたが、米側が県警を排除。警察官たちは規制線の外に座り込むしかなかった。

この行為が「主権侵害」だと批判を浴びた際に、実は米軍が合意議事録に基づきこの行動を取っていたことが判明した。日米地位協定第17条10項のbは、基地外における米軍による警察力の行使は「必ず日本国の当局との取極に従う」としている。だが合意議事録は公になっている文言に反して、日本の当局が「所在のいかんを問わず合衆国軍隊の財産について、捜索、差押え又は検証を行なう権利を行使しない」と秘密裏に取り決めていた。

日米地位協定の本体は二国間協定として国会審議を経て成立した。だが合意議事録は国会にも明らかにされることなく存在してきた。外務省は沖縄国際大学ヘリ墜落事故が起きた二〇〇四年以降、初めて合意議事録を公開した。

＊訓練どこでも、深夜早朝も
日米地位協定で米軍の活動に対する国内法の規制が除外される中、司法も住民生活に重大な影響を及ぼしている騒音被害に「不干渉」の立場を貫いてきた。

米軍の深夜・早朝の騒音規制に関する主な内部指示

基地	主な内部指示
嘉手納基地	■C130輸送機、V22垂直離着陸輸送機、ヘリコプターは午前0時まで運用できる ■戦闘機の離陸スケジュールはできる限り午前8時以降に設定する ■午後10時以降の飛行は住宅密集地上空を避ける
アビアノ空軍基地 イタリア	■深夜・早朝や週末の騒音規制時間にはイタリア軍の許可が必要 ■米軍は飛行前日までにイタリア軍に訓練計画を提出する
 ラムシュタイン空軍基地 ドイツ	■深夜・早朝の離着陸やエンジン調整は緊急性の高い任務、遺体や急患の搬送、飛行中の緊急事態による目的地変更に限る ■その他、重要な緊急事態の場合には1日当たり6回の飛行を認める

騒音被害を巡っては、一九九六年に日米両政府間で騒音防止協定（騒音規制措置）が締結された。協定は午後一〇時から午前六時までの間、米軍機の飛行やエンジン調整を制限するものだが、「米軍の運用上の所要のために必要と考えられるもの」は除外するという抜け道があり、実効性が乏しくなっている。嘉手納基地では騒音防止協定で定められた規制時間帯に発生した航空機騒音のうち、実に半数超が午前零時以降に発生しており、日常的に合意破りが定着している。

米軍に提供されている基地内や訓練区域・海域以外の場所での訓練もたびたび発生し、周辺で操業する漁業者や住民の不安を招いている。二〇二二年にも名護湾や北谷町砂辺海岸沖にある訓練水域外で米軍ヘリが事前通告もなく低空飛行訓練を実施する事案が発生。付近に漁船がいる中での低空飛行もあり、名護市や北谷町が国や米軍に抗議したが、政府は訓練を追認した。

米軍による施設・区域外での訓練を巡って、日本政府は一九七五年の国会答弁では日米安保条約に違反するとの認識を明確にしていた。だが、七九年の国会答弁では「日米地位協定の予想していないところだ」と内容を変え、以降「基地間移動」や「基地への出入り」に伴う行為は認められるとするなど後退。現在は、実弾訓練など一部を除けば、施設・区域外の上空での訓練も認められるとまで譲歩している。こうした政府の姿勢に県は「提供施設・区域を設定している意味がなくなっている。沖縄だけの問題ではなく、日本全体が米軍の思うままになる」などと反発している。

＊海外では国内法適用も

同じ米軍の駐留国であるイタリアやドイツでは、NATO地位協定の補足協定などの二国間協定があり、主権が著しく制限された日本とは異なる運用を米軍に求めている。

まずイタリアではNATO地位協定と合わせて駐留の条件を定めたモデル実務取り決め（一九九五年改定）により、米軍の施設や活動に日本のような「排他的管理権」を認めていない。全ての基地の管理者は、受け入れ国であるイタリア軍の司令官。米軍は日々の飛行訓練の計画や年間の訓練計画を事前にイタリア軍に提出する。個々の訓練はイタリア側が実施の可否を判断し、司令官が公衆の健康への影響や危険を生じると判断した場合はその行動をやめさせることができると規定されている。深夜・早朝の飛行についても事前にイタリア側の承認を得ることが義務付けられ、米側が「運用上の所要のために必要」と言えばいつでも飛行できる日本とは異なる。

またドイツでも一九九三年にボン補足協定を改定し、米軍の活動にドイツの国内法が適用されることになった。これは騒音を含む環境に関する規制も同様となっている。そのため米軍による基地の運用も日本とは状況が異なる。例えば米軍のヨーロッパの航空拠点であるラムシュタイン米空軍基地の運用通達によると、通常訓練による離着陸以外は認めておらず、深夜早朝の離着陸やエンジン調整が認められるのは「緊急性の高い任務」「遺体や急患の搬送」「飛行中の緊急事態による目的変更」などに限られる。いわゆる「ポジティブリスト方式」を採用し、対象を厳密に制限している。

訓練区域外での演習や訓練については、ドイツ国防相に対する事前の計画届け出と承認を条件としており、無通告で区域外訓練が行われている日本とは状況が異なる。

＊イタリアで見た「主権」守る気概

琉球新報で基地問題の取材を担当していた筆者（島袋）は二〇一七年、同じく米軍が大規模に駐留するイタリアやドイツを訪ねて取材した。海外から見えたのは、米軍が駐留する条件を定めた個々の協定の条文の違いだけでなく、その根本となる受け入れ国政府の駐留軍に対する姿勢の違いだ。言い換えると、自国民の生活や国家主権を守る決意でもある。

最も印象に残っているのは、元イタリア空軍参謀総長のレオナルド・トリカルコ氏との会話だった。一九九八年二月、北イタリアのチェルミス渓谷で米軍機によるロープウエーのケーブル切断事故が発生した。二〇人もの死者を出した事故を受け、米伊両政府は九九年三月、事故に関する合同の調査委員会を立ち上げ、トリカルコ氏はイタリア側の責任者に任命された人物だ。

日本国内で起きる米軍機事故の場合、日本の当局は日米地位協定と先の「合意議事録」によって、米軍機に指一本触れることもできない。そのため原因究明や再発防止策の策定も蚊帳の外。米側からいわば「善意」で提供される一部の報告内容だけが唯一の情報だ。

イタリアでは違った。チェルミスの事故でイタリア軍警は事故を起こした機体をはじめ、飛行記録などの文書も差し押さえた。さらに地元検察はイタリア国内の低空飛行に関する規制内容を隊員に周知していなかったとして、飛行部隊の責任者も取り調べた。米側は反発。機密保持などを理由に機体や関連資料の返却を求め、両政府の間には緊張が走ったが、イタリア側は訓練は全て自国の許可の下に実施されるので、何が起きたのかを知る権利があると譲らなかった。

トリカルコ氏は調査の中である重要な事実にたどり着いた。事故を起こしたパイロットは、NATO軍の任務としての飛行訓練をイタリアに申請していたが、実は虚偽申請で、単に米海兵隊員としての飛行だったという。これは平たく言うと、NATO軍の訓練の審査を簡素にする枠組みを悪用した「すり抜け行為」に当たると判明したのだった。

1998年に北イタリアで起きた米軍機によるスキー用ゴンドラのケーブル切断事故を受け、米軍に低空飛行訓練の新たな規制を受け入れさせた協議の様子を説明するレオナルド・トリカルコ氏（イタリア・ローマ市内）

調査結果を受けてトリカルコ氏は米側に対し、事故現場から三〇キロ以内の低空飛行訓練の禁止、イタリア国内での低空飛行規制高度の引き上げ、外来機による低空飛行訓練の原則禁止などの方針をまとめ、米側に文書を送った。これに対して米側は共同報告書のほとんどに同意していたものの、新たな訓練規制については削除する返答を送ってきた。

トリカルコ氏は当時NATO軍第5司令官を務めていた。米側の返信を受け取ったコソボで「頭に来て」飛行機に乗り、米ワシントン近郊の米国防総省に乗り込み、米軍幹部に向かってこう迫った。「私はこの案をあなた方が許諾するかどうか、という議論をしていない。これは取引や協議でもない。米軍の飛行機が飛ぶのはイタリアの空だ。私が規則を決め、あなた方は従うのみだ。さあ、署名を」――結局、九九年四月、イタリア政府の主張通り、低空飛行を規制する最終報告書に米伊両政府が合意した。

チェルミスの事故に限ったことではなく、NATO加盟国では米軍機の墜落など重要事故については、協定に基づき、米軍だけでなく受け入れ国の軍隊も交えた合同調査が実施される。整備記録やフライトレコーダーなども調査対象となり、事故原因の究明や再発防止策が採られる。受け入れ国の当局が一切調査に関与できない日本とは、明らかに状況が違った。

トリカルコ氏への取材後、彼の自宅を後にしようとする筆者を引き留め、彼は熱心に続けた。「沖縄の状況は私も知っている。もし誤ったことをしているのであれば、それは間違っていると指摘できるのが真の友人だと伝えてほしい」――いびつな日米関係の現状に、彼は遠くヨーロッパから懸念を抱いていた。

沖縄では二〇一七年一〇月、東村高江の牧草地に米軍のCH53Eが不時着し、炎上する事故があった。米軍は基地外の民有地にも関わらず、再び現場を封鎖した後、事故から九日後にショベルカーで何度も周辺を掘削し、大型トラック五台分の大量の土を持ち帰った。この日、ちょうど防衛省沖縄防衛局と沖縄県が現場の土壌を採取して汚染調査をする予定だった。米側は現場で防衛局と県の中止要請を無視して土を搬出し、いわば証拠隠滅を図ったのだ。結局、日本の当局も土地の所有者にも、汚染があったのか、なかったのかの情報はもたらされていない。

7 安保大転換、最前線に立たされる沖縄

＊自衛隊の大幅増強

二〇二二年一一月、沖縄本島中部にある民間港・中城湾港は、とげとげしい雰囲気に包まれた。日米共同統合演習「キーン・ソード23」が実施され、防衛省はチャーター船で大規模な人員、車両の輸送を強行した。陸揚げされた七〇台を超える車両は、沖縄本島の西海岸の幹線道路国道58号で断続的に車列をつくり、県民生活と接する公道で、いや応なく、県民の視界に入る訓練を実施した。有事を想定し、本土に集積した装備品や人員を一気に南西諸島に輸送することが想定されている。平時に点在させた物資を必要に応じて集中させる構想である。今後も港や空港などの公共インフラが「国防」の名の下、使用される可能性がある。

米海兵隊のオスプレイで奄美大島から移動し、担架でけが人（想定）を米軍基地内に搬送する自衛隊員ら（2022年11月15日、米軍キャンプ・フォスター）

一方、日本最西端の与那国島では、「キーン・ソード」演習が本格化したころ、防衛省は与那国空港に陸上自衛隊最新鋭の装甲装輪車を運び込み、沖縄県内で初めて一般道路約五キロを走行させた。105ミリ砲を載せた大型装輪車が住宅に接する島の幹線道路を走り、生活の場を侵食するものものしい光景に、自衛隊への賛否を超えて戸惑いを隠せない住民が多かった。

沖縄の日本復帰五〇年の節目は、沖縄への自衛隊配備五〇年の年でもあった。施政権返還とともに配備された沖縄の自衛隊は今、大幅に増強されようとしている。与那国、宮古、石垣の三島に次々と駐屯地や弾薬庫が造られている。自衛隊沖縄配備半世紀の節目の二〇二二年の一二月末、日本政府は防衛力強化に向けた新たな「国家安全保障戦略」「国

住民らの抗議行動がある中、与那国空港から県道へ出る陸上自衛隊の16式機動戦闘車（MCV）（2022年11月17日、与那国町）

家防衛戦略」「防衛力整備計画」の安保関連三文書を閣議決定した。戦後の防衛政策の大転換点となる。

軍事力を強化する中国を念頭に置いて敵基地攻撃能力（反撃能力）の保有を明記し、長射程の米国製巡航ミサイル「トマホーク」の二〇二六年度配備を目指す。「専守防衛」をかなぐり捨てるかのような拙速な動きは、安全保障政策の大転換であり、新たな軍備拡大競争が激化する重大な懸念が湧く。

有事への対処に向け、陸上自衛隊那覇駐屯地に拠点がある第15旅団の普通科連隊を二つに増やして五年以内に「師団」に格上げし、ミサイル部隊の増強、有事に際しての空港・港湾などの公共インフラの利用拡大などを掲げた。師団は一般的に約四九〇〇〜七七〇〇人で編成されるが、一五旅団の格上げ後の隊員数は明らかにされていない。南西諸島の一層の防衛強化を鮮明に打ち出し、沖縄を「安全保障上、極めて重要な位置」と強調し、米軍普天間基地の移設を伴う辺野古新基地建設の加速を含めた米軍再編を推進することを明記した。さらに、防衛体制強化に向け、地方自治体の協力を得る方針も掲げた。

二〇二三年一月、外務・防衛担当閣僚による日米安全保障協議委員会（2プラス2）は、沖縄への海兵沿岸連隊（MLR）配備や南西諸島での施設の共同使用、合同演習を増加させることなどで一致した。県民は、自衛隊単独、ないし米軍との合同演習の激化、自衛隊も含めた基地負担増への懸念を強めており、沖縄が軍事対立の最前線に立たされることを危ぶむ声が高まっている。

＊「戦争前夜」を懸念

「国家防衛戦略」は「防衛力の抜本的強化に当たって重視する能力」として、①スタンド・オフ防衛能力　②統合ミサイル防衛能力　③無人アセット防衛能力　④領域横断作戦能力――などを掲げた。

スタンド・オフ防衛能力に関しては、陸上自衛隊は宮古島駐屯地に加え、勝連（かつれん）分屯地と石垣駐屯地に部隊を新たに編制し、勝連分屯地には奄美群島を指揮下に置く第七地対艦ミサイル連隊本部を置き、司令部庁舎も増設する。航空自衛隊第九航空団のF15戦闘機を四〇機に増強しつつ、射程九〇〇キロの空対地ミサイルを搭載するなど、攻撃能力を増強する。

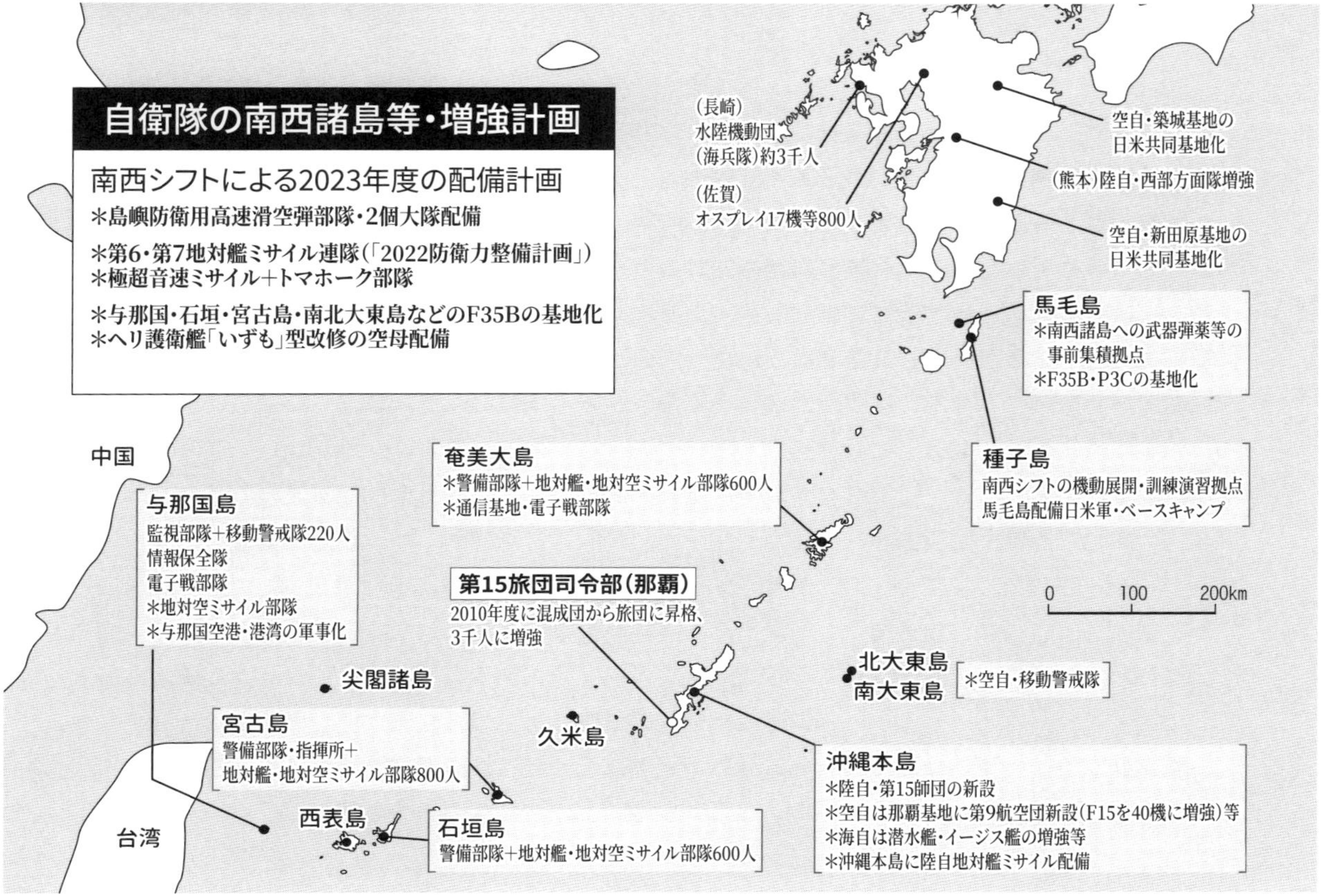

自衛隊の南西諸島等・増強計画

南西シフトによる2023年度の配備計画

*島嶼防衛用高速滑空弾部隊・2個大隊配備
*第6・第7地対艦ミサイル連隊（「2022防衛力整備計画」）
*極超音速ミサイル＋トマホーク部隊
*与那国・石垣・宮古島・南北大東島などのF35Bの基地化
*ヘリ護衛艦「いずも」型改修の空母配備

（長崎）
水陸機動団
（海兵隊）約3千人

（佐賀）
オスプレイ17機等800人

空自・築城基地の
日米共同基地化

（熊本）陸自・西部方面隊増強

空自・新田原基地の
日米共同基地化

馬毛島
*南西諸島への武器弾薬等の
事前集積拠点
*F35B・P3Cの基地化

種子島
南西シフトの機動展開・訓練演習拠点
馬毛島配備日米軍・ベースキャンプ

奄美大島
*警備部隊＋地対艦・地対空ミサイル部隊600人
*通信基地・電子戦部隊

第15旅団司令部（那覇）
2010年度に混成団から旅団に昇格、
3千人に増強

0　100　200km

北大東島
南大東島
*空自・移動警戒隊

沖縄本島
*陸自・第15師団の新設
*空自は那覇基地に第9航空団新設（F15を40機に増強）等
*海自は潜水艦・イージス艦の増強等
*沖縄本島に陸自地対艦ミサイル配備

中国

与那国島
監視部隊＋移動警戒隊220人
情報保全隊
電子戦部隊
*地対空ミサイル部隊
*与那国空港・港湾の軍事化

尖閣諸島

宮古島
警備部隊・指揮所＋
地対艦・地対空ミサイル部隊800人

久米島

西表島

石垣島
警備部隊＋地対艦・地対空ミサイル部隊600人

台湾

統合ミサイル防衛に関しては、沖縄本島の知念・白川・勝連の三分屯地に加え、宮古島、二〇二三年春に開設される石垣駐屯地に加え、与那国駐屯地にも部隊を新たに置き、六拠点体制を取り、中距離対空誘導弾を、弾道ミサイルも迎撃可能な改善型に替える。

民主党政権時だった二〇一〇年の防衛大綱で示された、自衛隊の「南西シフト（重視）」政策の下、防衛省は奄美、沖縄への部隊新設・再編、移駐を加速させてきた。与那国島には二〇一六年から沿岸監視隊を配備し、宮古島駐屯地には一九年から警備隊を新設し、二〇年には高射特化群を移駐し、地対艦ミサイル中隊を配備した。石垣島には、二〇二三年三月までに警備部隊を新たに編成し、地対艦、地対空誘導弾部隊が移駐する予定だ。宮古、石垣の地対艦、地対空ミサイル部隊は敵基地攻撃能力（反撃能力）の一翼を担う。

こうした動きの中で、配備される当事者である沖縄県への事前調整は一切なく、まさしく頭越しの配備となっており、玉城デニー知事は「抑止力強化がかえって地域の緊張を高め、不測の事態が生じることを懸念する」と訴えざるを得なかった。過重な米軍基地負担が解消されないまま、自衛隊の増強が上乗せされ、日本全体の防衛を担わされる負担が沖縄の地、県民にのしかかる形となっている。政府や在京大手メディアが、「地政学」という言葉を用い、沖縄が日本本土の防波堤となる宿命を背負っていると印象付けようとしている。米軍基地が集中する沖縄は「自衛隊の島」にもなりつつある。（先島諸島への自衛隊配備の流れ、民意については、本書後半の宮古と八重山の「歴史と風土」の章に詳しいので、参照願いたい。）

沖縄の自衛隊は、離島を対象にした「急患空輸」や不発弾処理、地縁血縁を重んじる地域コミュニティーやPTA活動への積極的な自衛官の参加などによって〝市民権〟を広げ、沖縄社会の反自衛隊感情は少しずつ弱まっていった。沖縄地方協力本部は、自治体の自衛官募集業務を拡大させ、教育現場に協力者を増やすなどして、沖縄の日本復帰前後から延べ一万人以上を採用してきた。

中国や北朝鮮など近隣の国による脅威がはやし立てられるようになった二〇一〇年代以降、住民に賛否が渦巻く中、先島地方に自衛隊部隊の配備が進められた。外交、対話による緊張緩和を求める県民世論は強いが、二二年末から打ち出された沖縄の自衛隊の大幅増強に対し、「戦争前夜」「いつか来た道」と警戒感を抱く県民は少なくない。

8　辺野古新基地問題の深層

＊戦後五〇年、爆発した県民の怒り

沖縄の米軍基地問題はパズルに例えると、分かりやすい。数多くのピースをはめ込むうちに実像が立ち現れるが、日本政府が呪文のように繰り返す「沖縄の基地負担軽減」「沖縄県民に寄り添う」というパズルはピースが埋まるほど、全く逆の「軍事機能強化」と「民意無視」の色彩が濃くなる。特に辺野古新基地建設問題にそれが象徴されている。

一九九五年九月、沖縄本島北部で、屈強な米兵三人が買い物帰りの一二歳の女子小学生を車に押

し込めて拉致し、暴行する事件が起きた。最も弱い立場にある少女の人権さえ守れない、日米安保とは何なのか。戦後半世紀の節目に起きた少女暴行事件を機に沖縄県民の過重な基地負担への怒りが一気に噴き出した。被害届けを出した少女が気力を振り絞って立ち会った現場検証で、「二度と私と同じような被害者を出さないでほしい」と語った時、県警の捜査員は涙にくれた。

だが、この凶行に及んだ容疑者の兵士三人は、米軍基地内に逃げ込んだため、逮捕ができなかった。米軍関係者の法的地位などを定める日米地位協定に基づき、米側は県警の身柄引き渡し要求を拒み、容疑者の取り調べの時間は十分に確保できなかった。

当時の大田昌秀知事は、米軍用地の強制使用手続きへの協力（代理署名）をきっぱり拒んだ。軍用地の賃貸借契約に応じない地主に代わり、市町村長が代理署名を拒んだ際には「知事による代理署名」が必要だったが、大田知事は基地負担軽減を日米両政府に促す「最大のカード」を切った。翌一〇月、基地の整理縮小と日米地位協定の見直しを求めた超党派の県民総決起大会には空前の規模の八万五〇〇〇人が結集した。あいさつに立った大田知事は「行政を預かる者として、本来一番に守るべき幼い少女の尊厳を守れなかったことを、心の底からおわびしたい」と声を震わせた。大田知事の言葉には、米兵が引き起こす事件に対して抱く怒りのみならず、こうした状況を改善することができずにいる県民の忸怩（じくじ）たる思い、葛藤が表現されていよう。それは今に続く。

日米両政府は「九五年安保」（筑紫哲也氏）とも称された基地の島の怒りを鎮めなければ、在沖米軍基地を使用できなくなると危機感を抱き、「負担軽減」の目玉として、宜野湾市街地にある海兵

沖縄県民の過半数以上の反対世論が根強い中、新基地建設に向けた埋め立てが進む辺野古・大浦湾沿岸（2022年8月）

隊普天間基地の全面返還に合意した。「世界一危険」と称された航空基地の危険性除去を求める世論とともに、過重な基地負担に対する県民の怒りが、日米政府を突き動かした。

三人の米兵による蛮行は、本土政府と国民に、戦後半世紀にわたって沖縄に安全保障の過度な負担を押し込めたことに対する「罪の償い」に近い感情を抱かせた。政治が動き、本土と沖縄の溝を埋めようと腐心した時期もあった。だが、政府は一九九九年に米軍用地特別措置法の改定を重ね、沖縄県知事の最大の権限を奪い取る。米軍への提供を拒む地主の土地は、首相が取り上げることができるように法を改定した。

普天間基地全面返還合意から一〇年たった二〇〇六年、在日米軍再編によって、普天間基地の返還・移設案は、名護市辺野古の豊かな海を埋め立てる案、「移設を伴う新基地建設問題」にすり替えられた。そして、むき出しの権力を用いて、米国との約束を果たすことを最優先した政権が沖縄の民意を無視し、新基地建設をごり押しする局面が続いている。

＊「県内移設条件」が混迷の要因

整理しておきたい。一九九六年四月に当時の橋本龍太郎首相とモンデール駐日米大使が共同会見で発表した普天間全面返還の骨格は、県内の既存基地の中に面積を大幅に絞り込んだ上で代替ヘリポートを築くことにあった。県民の反発はもちろん強かったが、既存基地と岩国や米本土への軍用機や基地機能の移転・分散を組み合わせることで、海兵隊航空部隊の機能を維持し、「返還」を可能にすると説明されていた。当初から「県内移設」の返還条件が付いていたことが、危険な普天間基地の固定化を招き、日米合意から二七年以上たっても返還のめどさえ立たない最大要因である。

それは、一九七四年に日米が移設条件付き返還に合意した陸軍の那覇港湾施設（五五ヘクタール、那覇軍港）にも当てはまる。半世紀近くたった二〇二二年、浦添市西海岸に軍港と民港を分離して建設する案（北側案）に、県、那覇市、浦添市と国が合意したものの、家族連れが憩う豊かな自然が残る海岸を埋め立てて軍港を新設することに疑問を投げ掛ける県民は多く、円滑に移設が進むかは、なお不透明な要素がある。寄港船が減り、遊休化の指摘もある那覇軍港の代替施設そのものの必要性は乏しい。

一九九八年の県知事選挙で、普天間基地の県内移設反対を掲げた大田昌秀知事を破った稲嶺恵一知事は九九年一二月、「キャンプ・シュワブ水域内名護市辺野古沿岸域」を普天間基地の移設先に選定し、当時の岸本建男名護市長が受け入れた。ただ、「軍民共用空港」とし、「一五年の使用期限」を付けることが条件とされた。日本復帰後、初めてとなる大規模な新基地建設を受け入れるかという重い選択は、首都・東京から沖縄、沖縄県内では県都・那覇市から北部の名護市、そして名護市内では人口が多い西海岸から人口減にあえぐ東海岸の辺野古周辺の人々へとのしかかっていった。弱い立場に押し寄せる重圧の終着点となった辺野古では、親類、夫婦、友人同士が基地受け入れの是非でいがみ合うなど、地域社会の絆が揺らぐひずみを生んでいる。

二〇〇六年の米軍再編に伴う日米交渉の過程で、稲嶺知事が最低限の移設受け入れ条件に掲げた「一五年使用期限」「軍民共用空港化」も当事者である沖縄県が一切関与しないまま消し去られ、辺野古海岸と大浦湾(おおうら)を約二〇〇ヘクタール埋め立てて、二本の滑走路を離陸、着陸で使い分けるV字滑走路を築く大規模な埋め立て計画に行き着く。「普天間全面返還」は新たな機能が加わる大規模な「恒久新基地」を築く、軍事合理性最優先の一大事業に変わってしまったのである。

二〇一四年以降、県知事選挙、主要な国政選挙で新基地ノーを掲げた候補者が当選を果たす沖縄の民意の地殻変動には目もくれず、政府は沖縄社会の強い異議申し立てを無視し続けている。沖縄との溝を埋めようとした政治の「原点」はとうに忘れ去られている。

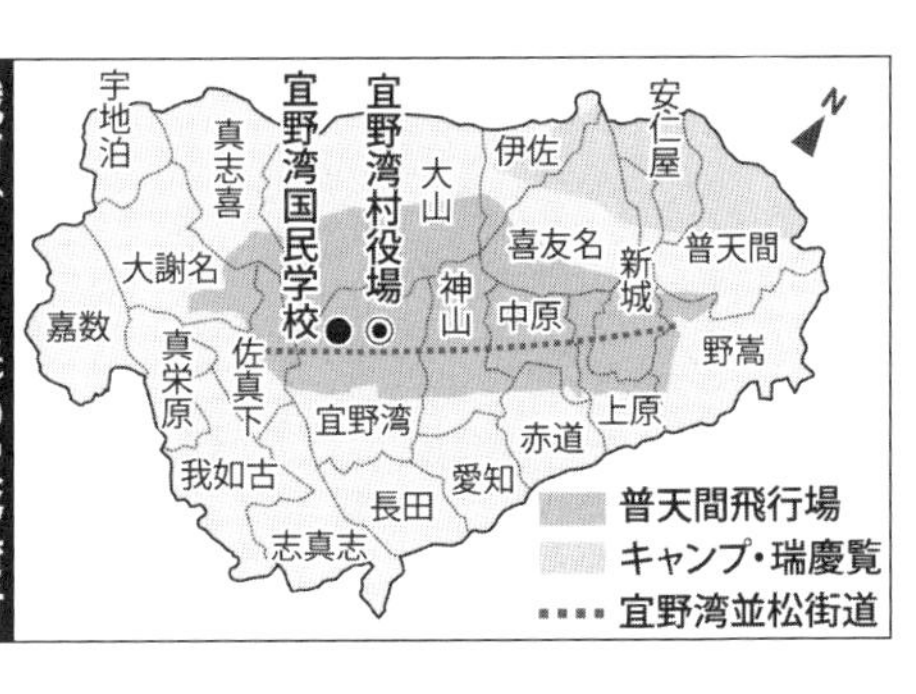

戦前（1944年）の宜野湾村と普天間飛行場の重ね図

＊「基地がある所に来た」はフェイク

米海兵隊と普天間基地の機能をまとめてみる。在沖海兵隊の兵員数は約一万六～八〇〇〇人とみられている。基地の管理部隊と戦闘部隊である空地任務部隊（ＭＡＧＴＦ）に大別され、県内に一三施設がある。那覇市から約一〇キロ北上し、宜野湾市に入ると、国道58号の右手に小高い台地が見えてくる。平坦に開けたその台地の上に宜野湾市のど真ん中に位置し、市域の約二四％を占める海兵隊普天間基地（約四八一ヘクタール）がある。

米軍は沖縄占領と同時に普天間神宮の美しい松並木を根こそぎ伐採して接収し、日本本土攻撃のためにＢ29重爆撃機用の滑走路を建設した。沖縄を占領して間もなく、米軍は住民が捕虜収容所に収容されている間に、基地を造った。さらに何度か拡張され、一九六〇年に海兵隊航空基地として整備された。普天間基地がほかの基地に比べて民有地の割合が高い（約九割）のは、接収の経緯がある。情報番組などで、「（普天間）基地があるところに住民が移り住んだ」と自信たっぷりに語るコメンテーターがいるが、これは沖縄の基地をめぐる代表的なフェイク情報だ。

他の海兵隊基地がキャンプと名付けられているのに対し、普天間基地の正式名称は「Marine

Corps Air Station FUTENMA」となっている。戦略中継拠点として別格の最重要基地と見なされているからだ。普天間基地は、海兵隊のヘリ部隊が常駐している米国外唯一の基地だ。基地の中央部に長さ二八〇〇メートル、幅四六メートルの滑走路があり、二〇一二年に全市町村の首長、議会が反対していたMV22オスプレイ二四機が配備され、激しい訓練が続いている。騒音が激しいFA18ホーネット戦闘機、米最大の輸送機C5Aギャラクシーも離着陸できる。

普天間飛行場所属機の主な事故やトラブル（過去5年）

※宜野湾市資料などを参考に作成

✕＝墜落・不時着事故、緊急着陸など　▼＝落下物事故

15年	1月15日	AH1W	▼出砂島訓練空域でミサイルランチャーなど計208キロの装備品落下
	3月12日	MV22	▼中部訓練区域で164グラムのアルミ製部品落下
	10月28日	CH53E	▼85グラムの金属製品落下
16年	1月29日	KC130	▼除氷ブーツのゴム片遺失
	12月13日	MV22	✕名護市安部に墜落
	同日	MV22	✕脚部が機体から出ず、飛行場で胴体着陸
17年	1月11日	CH53E	✕前脚降着装置に機械的障害
	1月20日	AH1Z	✕伊計島の農道に不時着
	6月1日	CH53E	✕久米島空港に緊急着陸
	6月6日	MV22	✕伊江島補助飛行場に緊急着陸
	6月10日	MV22	✕奄美空港に緊急着陸
	8月5日	MV22	✕オーストラリア沖で墜落。乗員3人死亡
	8月29日	MV22	✕大分空港に緊急着陸。着陸時、白煙と煙
	9月29日	MV22	✕新石垣空港に緊急着陸
	10月11日	CH53E	✕東村高江に不時着し炎上
	12月7日	CH53E	▼緑ヶ丘保育園に部品落下（米軍は飛行中落下を否定）
	12月13日	CH53E	▼普天間第二小に窓落下
18年	1月6日	UH1Y	✕伊計島に不時着
	1月8日	AH1Z	✕読谷村儀間に不時着
	1月23日	AH1Z	✕渡名喜島に不時着
	2月9日	MV22	▼うるま市伊計島の海岸でエンジン近くの部品発見
	4月18日	UH1Y	✕熊本空港に緊急着陸
	4月25日	MV22	✕奄美空港に緊急着陸
	8月14日	MV22	✕奄美空港と嘉手納基地に緊急着陸
	9月5日	UH1Y	✕久米島空港に緊急着陸
	9月13日	CH53E	✕対馬空港に天候不良で着陸
	9月15日	CH53E	✕長崎空港に緊急着陸
	10月25日	MV22	✕奄美空港に緊急着陸
19年	2月6日	AH1Z	✕入砂島に緊急着陸
	3月14日	MV22	✕北部訓練場で2日とどまる
	3月27日	MV22	✕沖永良部空港に緊急着陸
	4月1日	MV22	✕大阪（伊丹）空港に緊急着陸
	6月4日	CH53E	▼浦西中にゴム製部品落下
	8月27日	CH53E	▼本島東沖で約1キロのプラスチック製窓落下
	9月4日	UH1Y	✕北部訓練場返還地に着陸
	10月21日	CH53E	✕種子島空港で不具合見つかる
	10月26日	AH1Z UH1Y	✕種子島空港に緊急着陸

滑走路の南側に広がる駐機場には、七〇機以上が常駐する。内訳は、CH53大型輸送ヘリ一五機、オスプレイ二四機、UH1指揮連絡ヘリ七機、ベトナム戦争で南ベトナム解放民族戦線から恐れられたAH1W攻撃ヘリ（通称・コブラ）一〇機など。有事の際には三〇〇機が使用できるよう、駐機場には余裕がある。

宜野湾市が二四時間受け付けている基地被害110番には、「子どもがびっくりしすぎて泣き叫んでいる」「騒音がきつくて眠れない」など、住民の切実な苦情が寄せられている。空軍の嘉手納基地と同様に、普天間基地を離発着する米軍機の騒音被害に悩まされた周辺住民が「静かな空」を求める爆音訴訟は、二〇二〇年一二月に、四一八二人の原告による提訴で三次を数えている。二次まで過去の騒音被害に対する賠償責任は認められたが、「第三者行為論」に基づき、飛行差し止めを退ける司法判断が続いている。

＊米本国では不適格飛行場

南西約二キロにあり、沖縄戦の激戦地だった嘉数（かかず）高地から一望すると、宜野湾市のど真ん中を普天間基地が占め、ドーナツ状の周囲の土地に住宅がひしめいているのがよく分かる。宜野湾市内には、小中高校と大学が計一六校あり、自治会や保育所などを合わせると一二一もの「公共施設」がある。在沖海兵隊は「離着陸ルートは、可能な場合は学校や文化施設の上空を避けるように特別に設定されている」と主張するが、飛行場周辺の公共施設上空を避けて飛ぶことは事実上、不可能だ。

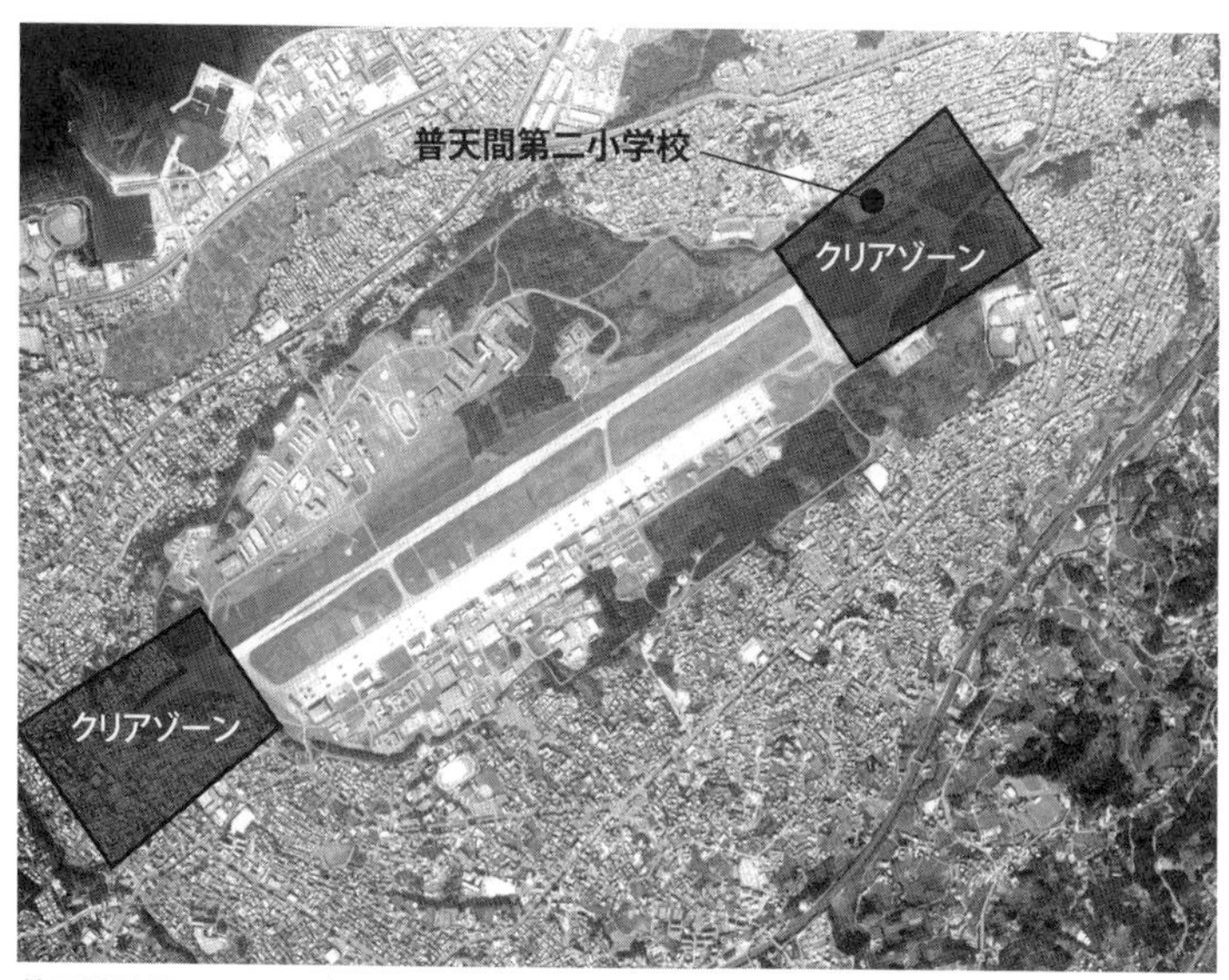

普天間基地とクリアゾーン。アメリカ本国ではクリアゾーンに人は住めないが、沖縄では住宅、学校、保育所、公民館などが入っている（国土地理院空中写真を元に作成）

二〇一七年一二月、宜野湾市内の緑ヶ丘保育園に米軍ヘリの部品が落下した。直後に県警が駆け付け、部品とトタン屋根の損傷を確認したが、在沖海兵隊は「部品の数はそろっており、落下物は我々の物ではない」と回答した。落下時、静止カメラにCH53大型ヘリの機体が撮られていたが、日米地位協定の壁に阻まれ、真相解明はならなかった。事故から六日後、滑走路の外れから四〇〇メートル足らずの普天間第二小学校の運動場にCH53ヘリの窓枠が落下した。体育の授業中の児童が巻き込まれかねない事故は県民に大きな衝撃を与えた。

米海軍・海兵隊の航空基地の設置基準（航空施設整合利用ゾーン）に照らすと、滑走路の端から四五〇〇メートルの範囲は、住宅、学校、病院、集会場があってはならないと定められている。普天間基地は、米本国ならば、使用が禁じられる不適格施設になる。米本国では運用できない飛行場で激しい訓練を繰り返す在沖海兵隊。「二重基準」がここにも浮かび上がる。

9　民意の地殻変動と翁長氏

＊民主党政権の「辺野古回帰」と検証不足の「抑止力」

米軍再編により、辺野古新基地が米軍専用基地として恒久化される計画に様変わりしたことから、県内移設反対の県民世論は強まり、二〇〇九年八月、総選挙を迎えた。「最低でも県外」と主張した鳩山由紀夫氏が代表を務めていた民主党が大勝し、政権交代が実現した。沖縄県内の四選挙区すべてで、「普天間基地の県外・国外移設」を掲げた野党側の候補者が当選した。県内移設を認めたくない思いに正直に向き合い、最善である閉鎖撤去、県外・国外移設を求める県民が着実に多くなる民意の地殻変動が明確になった。

鳩山首相率いる民主党（社民党、国民新党と連立）政権が誕生したものの、中央政界の政治家や官僚、在京大手メディア、報道に影響された全国の世論の中に「県外移設は困難」あるいは「論外」とする雰囲気が広がる。党内の外務、防衛閣僚と官僚に包囲網を敷かれ、鳩山首相は論拠に乏しい「抑止力」維持を掲げて、辺野古新基地を推進するしかないという姿勢に転換し、県内に激しい反発が渦巻いた。その後、沖縄の世論は「チルダイ」（虚脱感に包まれるの意）するのではなく、高い数値で県内移設反対を維持している。二〇一九年二月の県民投票は辺野古新基地建設の賛否をシンプルに問いかけ、「埋め立て」反対が七割余を占め、「新基地ノー」の民意を示した。

普天間基地の代替基地を辺野古海域に造る理由として、政府は「在沖海兵隊は中国や北朝鮮ににらみを利かせる抑止力であり、不可欠。沖縄への基地集中は、地政学的、軍事的にも適した判断」と説明する。戦時が到来すると、米海兵隊は九万人規模の兵力をフル投入するが、在沖海兵隊の約一万八〇〇〇人の規模は、大規模紛争はもとより、地域紛争レベルにも対処できる兵員数に達していない。在沖海兵隊を運ぶ揚陸艦は長崎県の佐世保の三隻だけであり、輸送能力は二〇〇〇しかない。海兵隊は米軍再編で大幅な削減が決まり、第31海兵遠征隊（31ＭＥＵ）の約二〇〇〇人だけを残して、主力部隊はハワイ、グアムに退くことが決まっている。運ぶ兵士が大幅に減るのに、万が一の有事を想定して航空部隊を置くために、豊かな自然が残る辺野古・大浦海域を埋め立てて新基地を築く不合理は検証さえされず、「抑止力」たり得ているかの議論もスルーされたまま、決めたことは頑迷に進めるという構図に陥っている。「抑止力」を「ゆくし（嘘）力」と喝破する県民は多いが、理にかなった分析と言えよう。

＊いつかは落ちる危険機種オスプレイ

二〇一二年一〇月、日米両政府は海兵隊の垂直離着陸輸送機ＭＶ22オスプレイを普天間基地に強行配備した。当時の仲井眞弘多知事は「普天間基地の危険性を増大させることは明らか」として強く反対していた。その後の翁長雄志知事、玉城デニー知事も配備撤回を繰り返し求めている。オスプレイはヘリコプターのように垂直に上昇し、上空で回転翼を前に転換して水平飛行できる特徴がある。ヘリコプターと固定翼機の機能が一つになった「夢の航空機」と呼ばれたこともあるが、開発段階から重大事故が頻発していた。

死者を出した墜落事故（クラスＡ）は配備前の試作段階で四件、二〇〇七年の海兵隊の配備後は二件あり、海兵隊員三六人が死亡していた。米メディアが「未亡人製造器」「空飛ぶ恥」などと容赦なく非難する中での、普天間への強行配備だった。オスプレイの沖縄配備について、日本政府は沖縄県の照会や国会で追及を受けても、合意していた配備をひた隠しにし、配備を認めたのは二〇一〇年になってからだった。日米の隠蔽体質が県民の不信を高めた。

二〇二二年一〇月の普天間配備一〇年までの間、ＭＶ22オスプレイは危険な兵士や物資のつり下げ訓練や那覇軍港への飛来など、沖縄の空をわが物顔で飛び交っており、沖縄県内で墜落や緊急着陸など、一七件の事故を続発させている。

二〇一六年一二月、沖縄本島北部の名護市安部（あぶ）の浅瀬に普天間基地所属のＭＶ22が墜落した。日米両政府は「不時着」「着水」と発表したが、現場に駆け付けた記者によると、浅瀬に突っ込んだ機体の様子は墜落以外には形容しがたいものだった。琉球新報は米軍当局が事故をわい小化することが頻繁にあることや大破した機体の状況などを踏まえ、第一報から「墜落」と報じた。一夜明け

名護市安部の海岸に墜落、飛散した普天間基地所属のMV22オスプレイの残骸（2016年12月14日）。日本政府と米軍は「不時着」と発表したが、機体は原形をとどめていなかった（撮影：山城博明）

て潮が満ちると、原形をとどめない機体や無数の部品がプカプカと波間を漂っていた。それでも、大半の在京大手メディアは「不時着」を維持したが、欧米メディアは対照的だった。ＡＰ通信などの主要メディアに加え、米軍の準機関紙「星条旗」、米海兵隊機関誌の「マリンコー・タイムズ」でさえ、「墜落」と報じた。日本政府はわずか六日後の訓練再開について「合理性が認められる」と容認した。

＊オスプレイ拒否、政治潮流の転換点に

普天間基地へのオスプレイ配備は県民の強い反発を招いた。オスプレイ配備に反対する超党派の県民大会が二〇一二年九月に開かれ、一〇万人以上の県民が参加した。配備撤回を求める建白書に、全四一市町村の首長、議会議長、経済団体などの代表らが署名・押印した。日米

オスプレイ配備撤回を訴え東京・銀座をパレードする沖縄県代表ら。向こう側には「日の丸」を掲げる団体が罵声を浴びせた（2013年1月27日）

安保体制を容認する側、厳しい態度を示す側の双方が結束した枠組みは「オール沖縄」と表現されるようになり、沖縄の政治潮流の大きな転換点となった。配備から三カ月後の二〇一三年一月、県民大会の実行委員会や県内の全首長、議会議長が上京し、配備撤回と普天間基地の県内移設断念を求める「建白書」を安倍晋三首相（当時）らに手渡した。

それに先立つ東京都内の集会で、翁長雄志（おながたけし）那覇市長（当時）は「沖縄県民の意識は大きく変わった。基地を挟んで保革がいがみ合うのではなく、『オール沖縄』で基地の整理縮小を強く訴えている」と訴え、沖縄の基地問題を改善する当事者は全国民であると発信した。

集会後、首長らが銀座をデモ行進した際、保守系の民族団体などから「嫌なら日本から出ていけ」「生ごみはごみ箱に帰れ」などの罵声（ばせい）が浴びせられた。基地問題をめぐって日米政府に異議申し立てする沖縄の動きに対し、誹謗中傷を投げ付ける「沖縄へイト言説」の度合いがひどさを増すようになっていく。一方、当初は「オール沖縄」の一角を担っていた自民党県連や自民党所属の県選出国会議員らは、党本部の圧力にさらされ、普天間基地の県外移設を求める公約を取り下げている。

二〇一三年の暮れ、仲井眞弘多知事は首相官邸で会談した安倍晋三首相から、二〇二一年度まで沖縄振興予算を毎年三〇〇〇億円以上に増額すると確約され、「有史以来の予算」「良い正月が迎えられる」と発言し、辺野古新基地建設のための埋め立て申請を承認した。即座に、県民世論に反する形で辺野古埋め立てを認めた仲井眞氏への反発が渦巻いた。「良い正月が迎えられる」は「国に迎合した知事」への怒りを呼び起こす言葉として沖縄現代史に刻まれた。

＊「オール沖縄」率いた翁長雄志氏

こうして、二〇一四年になると、保革を超えた幅広い勢力から翁長氏待望論が高まる。その頃、翁長氏からこうした発言が繰り出されるようになる。

「なぜ、ウチナーンチュは自分でもってきたわけでもない基地を挟み、いがみ合うのか。上から笑う誰かがいる。笑っているのは、沖縄に対立を持ち込んで基地を押し付ける強大な日米政府だ。それに対峙するには、イデオロギーの対立を克服し、県民の心が一つになれるかが大事だ」

翁長氏は一九五〇年に那覇市で生まれた。那覇市議二期、県議二期、自民党県連幹事長を経て、二〇〇〇年から那覇市長を四期目途中まで務めた。一九九八年に大田昌秀氏を破った稲嶺恵一氏以来、一六年間続いた「保守・自民党」県政の土台を築いた。沖縄の保守、革新が長く対立した政治風土の中で、「日米安保」を容認するか否かという争点が息づく中、県民は基地か、経済のどちらかが大事か――という選択を迫られた。保革の対立は「振り子」と評される中、エース格として保守側の政治勢力の中心にいたのが翁長氏であった。

二〇一四年一二月の県知事選挙。オスプレイ配備反対以来、政治潮流の中核になった「オール沖縄」勢力が擁立した翁長氏は、恒久的に米軍専用として使用される辺野古新基地への明確な反対を掲げ、現職で三選を目指した仲井眞氏に一〇万票の大差を付けて、初当選を果たした。「オール沖縄」の意味合いは「一つにまとまった沖縄」というより、「党派を超えた県民が対立を超えて、沖縄に基地を押し付ける政府、本土と対峙している」という色合いが濃くなった。

＊翁長知事の死

知事就任後、翁長氏は、沖縄のことは沖縄が決める「自己決定権」を軸足に据え、ウチナーンチュの尊厳を守るため、歴史観に根差した県政運営に取り組んだ。辺野古新基地の是非が争点となった県知事選挙で翁長氏が圧勝した結果を無視し、第二次安倍晋三政権は二〇一五年一二月に埋め立て工事に着手し、キャンプ・シュワブゲート前に座り込んで抗議する市民を排除して、土砂投入を遮二無二進めた。知事就任後、半年近く、面談さえ拒んだ安倍政権を挙げた「沖縄いじめ」に対抗し、翁長県政はあらゆる手段を駆使して、新基地建設に抗った。がんを患った翁長氏は二〇一八年八月、死去した。「あるべき沖縄の姿」を「身を捨てて」たぐり寄せようとした末の「殉死」とも言える最期であった。

一八年九月の県知事選挙は、翁長氏が後継に指名した玉城デニー氏が、自公政権が推した前宜野湾市長の佐喜真淳氏に九万票の大差を付けて初当選し、「辺野古新基地ノー」の民意の強さを印象付けた。玉城知事は二〇二二年九月に再選されたが、「オール沖縄」勢力は二〇二二年の県内市長選で七連敗を喫し、県内の政治潮流の主導権を自公に握られつつあり、足下が揺らいでいる。一方、報道各社の世論調査では、概ね六割以上の県民が新基地反対を堅持している。辺野古をめぐる政治情勢は目が離せない局面が続いている。

10　新基地問題の新たな潮目

＊司法の使命に限界──辺野古関連訴訟の不条理

辺野古新基地反対を掲げる沖縄県に対し、政府は行政手続きの節目となる局面、身内同士の省庁間で県の行政処分を取り消す紛争処理手続き、そして訴訟を矢継ぎ早に起こしてきた。仲井眞元知事の埋め立て承認（二〇一四年一二月）にすがり続け、新基地建設を強行する政府の手法は、沖縄の民意に根差した地方自治を否定し、違法ではないか──という問題の核心に対し、日本の司法は判断を示さずに門前払いで訴訟を終わらせるケースに終始している。

象徴的な裁判は辺野古抗告訴訟である。辺野古新基地を巡り、県は二〇一八年八月、埋め立て承認の後になって予定海域に軟弱地盤や活断層が見つかったこと、県との留意事項違反、環境保全措置の不備などを挙げ、埋め立て承認の撤回を決めた。これに対し、沖縄防衛局は、本来は国民の権利救済を目的として行政不服審査制度を用いて国土交通相に審査請求し、国交相は県の撤回を取り消す裁決をした。国交相の判断は違法として、県は二〇一九年八月、採決取り消しを求めた抗告訴訟を起こした。

最高裁判所は二〇二二年一二月、「都道府県が抗告訴訟により、審査庁の裁決の違法性を争うことを認めていない」という木で鼻をくくったような判決で県の訴えを退けた。県には、原告の資格がないとして県が敗訴した那覇地裁の一審、福岡高裁那覇支部の二審の両判決が確定した。県民投票でも明らかになった辺野古新基地ノーの民意に反して政府が基地建設を強行したことに対して下した県の撤回判断を、内閣の仲間内による決定で無効にした上、司法も実質論を避けて追従し、「入り口論」で県の主張を退けた。県知事の決定（撤回）に対して国が難癖を付け、それに対して身内の国（国交相）が身内の肩を持つという不公正な構図に、司法がお墨付きを与えた格好だ。権力の集中と乱用を防ぐはずの三権分立が機能不全、「時代錯誤」（片山善博元鳥取県知事、元総務大臣）に陥っている。司法の場でも不条理がくっきりと浮かび上がった。

＊軟弱地盤、南部戦跡土砂問題—潮目変えた市民の提起

辺野古新基地の建設工事は、実現が困難視される重大な問題を抱えている。大浦湾側の埋め立て海域の約四分の一を占める海底に、マヨネーズ状の軟弱地盤が深さ九〇メートルまで存在していることが二〇一八年春、明るみに出た。第Ⅰ章で詳しく触れられている軟弱地盤の存在を安倍政権は二〇一六年に把握していたが、想定外の事態をひた隠しにしていた。元土木技術者で、沖縄平和市民連絡会の北上田毅さんが二〇一四年度からの二件の土質調査の報告書の公文書公開を請求し、軟弱地盤の存在を突き止めた。翁長知事が死去した後、沖縄県は埋め立て承認撤回の大きな要因として軟弱地盤の存在を挙げたことで、外堀を埋められた安倍政権は設計変更を申請し、実現可能性に大きな疑問符がつく工法を苦し紛れに打ち出さざるを得なかった。北上田さんの調査能力が、国の重大な隠蔽に風穴を開け、辺野古新基地問題の潮目を変えた。

もう一つ、倫理観が問われる重大な問題が照らし出されている。沖縄戦跡国定公園内にある糸満市の鉱山から土砂を採掘し、辺野古埋め立てに用いられる可能性がある問題だ。遺骨収集ボランティア「ガマフヤー」の具志堅隆松代表が二〇二〇年秋以来、沖縄県が反対する辺野古新基地建設に向けた埋め立てに、戦没者の遺骨が収集し尽くされていない沖縄本島の激戦地跡の土砂が用いられかねないことに警鐘を鳴らした。沖縄戦終焉の地近くで亡くなった戦没者の血と肉片、骨が染みこんだ戦跡の土砂が戦後七七年余の時を超えて、新たな軍事基地建設のために投入されていいのかという、倫理上、人道上の重大な問題提起は県民世論を動かし、県議会が全会一致で遺骨が混入した土

砂使用に反対する意見書を可決するなど、多くの県内市町村議会で土砂採掘に反対決議、意見書が可決されている。

南部の鉱山業者が土砂を採掘する計画に関し、県は二〇二二年一二月、行政上、受理せねばならないとして、「土砂に遺骨は混ざらない」と主張する業者側の採掘行為の届け出（開発届）を受理した。具志堅さんは「採掘は私的な権利というが、戦没者の尊厳を守る人道上の権利のどちらが大事なのか」と怒りを込めて訴えている。問題の本質は、辺野古新基地の埋め立てを急ぐあまり、今も続く南部での遺骨収集の主体となっている国が南部の土砂の調達可能量に目がくらみ、南部を含めた性急な土砂調達計画を立てたことにある。

辺野古新基地問題は、「戦没者の尊厳」を保てるかという重大な人道的問題を突き付けている。

11　民主主義の成熟度問う沖縄

＊豊かな海壊す不条理―ストーン氏、坂本氏、吉永氏のメッセージ

新基地の建設海域の辺野古・大浦湾には、特別天然記念物のジュゴンをはじめとし、絶滅危惧種二六二種を含む、五八〇〇種以上の生物が確認されている。山岳部の川から注ぐ水と海水が絶妙なバランスを保つ豊かな海の生物種の数は、国内の世界自然遺産地域を大きく上回る。五八〇〇種のうち、約一三〇〇種はまだ分類されていない生物で、多くは新種の可能性がある。軟弱地盤を補強

するため、無数の杭の打ち込みなどが予定される新基地建設工事は、貴重な生物多様性を失わせ、かけがえのない生物の存在を脅かし、絶滅に追い込む可能性がある。

辺野古沖、大浦湾の美しい海を埋め立てて新たな基地を造ることに対し、国内外の多くの著名人が現地を訪れたり、沖縄の実情を考えるイベントに参加したりしながら、発言してきた。世界的視野からみると、豊かな海を壊す不条理、それを拒む沖縄の民意に普遍的な正当性があると受け止める著名人が多くいる。

二〇一三年八月、海兵隊員だった父親が沖縄戦を経験したことから、基地の島・OKINAWAを訪れたいという希望を持っていたアカデミー賞受賞映画監督のオリバー・ストーン氏が、琉球新報の招きで沖縄を訪れた。船で大浦湾、辺野古沖をめぐったストーン氏は、深さ一〇メートルを超える海底まで透けて見える透明度に目を見張り、「この美しい海を絶対に埋め立てさせてはいけない」と力強く語った。新基地に反対する市民が座り込む辺野古漁港わきのテントも訪れ、お年寄りの女性たちと握手し、「政府の重圧に負けず、これ以上、米軍基地を造らせないでほしい」と連帯の意思を示した。ストーン氏やノーム・チョムスキー氏ら世界的に著名な有識者二九人は二〇一四年一月、「沖縄への基地建設に反対し、平和と尊厳、人権、環境保全のために闘う県民を支持する」とする共同声明を発表し、国際的な反響を呼んだ。

二〇二〇年一月、女優の吉永小百合さんとのチャリティーコンサート出演のために来県した音楽家の坂本龍一さんも、辺野古沖の海を船で視察した。坂本さんは透き通った海とサンゴの美しさに感嘆の声を挙げ、民意が反映されず、埋め立てが強行される状況について、「この美しい自然を壊してまで造る意義はない」「主従のような米日関係だけでなく、日本の中の本土と沖縄の間に差別があり、ヤマトンチュ（大和人）と琉球人、アイヌの間にあったような差別が今もあるように思えてならない」と捉えた。さらに、「（基地建設は）民意に従う民主主義を逸脱している。基地建設の醜さは人間の心の醜さとも言える。自然の美しさと対比して見えた」と比喩的に語った。

それに先立ち、沖縄二紙のインタビューに応じた吉永さんは、新基地問題について「知らんぷりしていい問題ではない。どうしても基地が必要と言うなら、沖縄の痛みを他の県（本土）も引き受けないといけない。それが嫌だったら、沖縄にも嫌な思いをさせてはいけない」ときっぱり語り、本土の国民が沖縄の痛みを引き受ける覚悟を持つべきだと説いた。

＊基地をめぐる報道──誰のために何を伝えるか

沖縄の基地過重負担をどう分かりやすく、核心を突いて報じるかは、沖縄のメディアの最重要課題であり続ける。ストーン監督、坂本さん、吉永さんの普遍的な発言を解きほぐし、県外の受け手に沖縄の不条理を感じてもらう役割も重要だ。在京大手メディアが報じる政権側発のニュースと、沖縄の思いを伝える報道量に大きな不均衡があることは否めない。沖縄の民意を抑え込む、あるいは辺野古新基地や自衛隊増強に歯止めを掛けることはできないという諦念を植え付けることを意図した印象操作に近い情報が駆け巡るものの、それに対する大手メディアの検証は弱くないだろうか。

「怒りは限界を超えた」のプラカードを掲げ、米軍属女性暴行殺人事件に抗議し被害者を追悼する県民大会の参加者ら（2016年6月、那覇市内）

総じて、振興予算などを介して繰り出されるアメによって沖縄側に妥協を迫る「落としどころ報道」、あるいは鋳型に埋め込むかのようなパターン化した報道が繰り返されているように思える。

基地被害に苦しむ住民に寄り添い、地を這うような取材を尽くして基地被害の是正に背を向ける日米政府、米軍に厳しい論調を取るわれわれの軸足は、米軍統治時代の先輩記者から引き継がれてきた。大きな権力を持つ為政者が沖縄を組み敷こうとする際、沖縄メディアは弱い立場にある県民の意見をすくい上げ、民意が反映されない基地問題の不条理を問い続けてきた。その営みは今度も変わることはない。

それに加え、日米が沖縄に基地を起き続ける理由に挙げる「抑止力」「地政学」などの本質を、国際的な軍事情勢の冷静な分析を踏まえながら解きほぐし、何が何でも沖縄に基地を押し付けるための虚構といびつな論理が潜んでいるのではないかと疑ってかかり、多面的な取材で検証することも沖縄の基地報道の欠かせない役割である。

辺野古新基地など、基地押し付けに対する沖縄県民の根強い反発は日本の世論にどう反映しているか。専修大学の山田健太教授（言論法）が日本復帰五〇年の節目に分析したところによると、関心の増大が明らかに日本全体の空気を変えつつある。辺野古新基地建設に絞ると、約二〇年前の全国五〇弱の新聞の基調は、①国家安全保障上やむなし　②沖縄県民のわがまま、県の責任　③唯一の選択肢　④後戻りできず——で、沖縄メディアはほぼ孤立していた。

復帰五〇年を迎える中、山田氏は、①ごく一部の新聞を除き「民意の尊重」をうたうまでになっている。②に関しては多くの新聞は「国の責任」としている。③については「他の現実的可能性」を指摘する論調が目立ち、さらに④では「即時中止」と明言する新聞が出てきているとし、本土の過半数を超える新聞の論調が沖縄の立場にぐっと近づいており、沖縄に基地を押し付ける〝虚構〟が露呈しているのと同様、明らかに本土の空気にも変化がみられている、と分析している。

沖縄の不条理是正を求める民意の民主主義的正当性は、全国的にも理解されつつあり、沖縄は孤立していないということなのだろう。粘り強く沖縄の民意を訴えることが、地域に根差す地方紙、ブロック紙を中心にした論調にも反映されつつあることは、本土と沖縄を分断しながら沖縄に基地を押し付ける為政者の思惑通りにさせない意味合いを持とう。一つの希望として認識しておきたい。

修復工事の後、運用が再開された南側滑走路からごう音を上げて離陸するF15。手前は民間輸送機（2021年9月、米軍嘉手納基地）

米軍基地を沖縄に押し込めようとする日米の為政を厳しく監視し、民意が反映されない基地の島・ＯＫＩＮＡＷＡで、県民の声を支えとし、人権と生活、環境を守るため、肩肘を張ったとも映る報道姿勢に対し、「偏向」のレッテルを張られることがたびたびある。だが、県民の声をよりどころにし、基地被害の改善を求める報道姿勢が「偏向」とみなされるなら、われわれはそれを逆に本質を突いた報道への評価だとして、受け止めたいとも思う。

戦後七〇年の二〇一五年の「慰霊の日」の直後、自民党本部で開かれた会合で、作家の百田（ひゃくた）尚樹氏が「沖縄の二つの新聞はつぶさなあかん」と発言し、聴講していた国会議員から、辺野古新基地建設に反対する沖縄県紙の報道姿勢を念頭に、政権の意に沿わない「懲らしめたい報道機関」を押しつぶせという趣旨の発言が噴き出した。身内の会合でのあけすけな発言だからこそ、報道・表現の自由を軽んじながら異論を封じ込めようとする狭量と独善ぶりが際立った。

こうした沖縄の新聞を標的にした基地報道への根拠なき誹謗を恐れ、ひるんでしまっては沖縄に屈従を迫る国の論理に迎合することになってしまう。基地の島・ＯＫＩＮＡＷＡの不条理が解消されるまで、われわれは腰を据えた報道を貫き、日本の民主主義は成熟し、機能しているのかを鋭く問い続けねばならない。

Ⅳ 沖縄の産業と経済

――前泊 博盛

コロナ禍の中でも外資系高級ホテルの進出が続く。恩納村のハレクラニ沖縄

「沖縄振興（開発）計画」総括表（復帰48年）

項　目	単位	1972年（昭和47）	2017年（平29）	2018年（平30）	2019年（令元）	2020年（令2）	変化
総人口（10月1日）	万人	96.1	144.4	144.8	145.4	145.9	50万人増
全国人口（10月1日）	万人	10,760	12,671	12,644	12,617	12,571	2千万人増
労働力人口（暦年）	万人	37.3	71.8	73.2	74.6	75.3	2倍
就業者数（暦年）	万人	35.9	69.1	70.7	72.6	72.7	2倍
完全失業率（暦年）	%	3.7	3.8	3.4	2.7	3.3	改善
入域観光客数（暦年）	万人	44.4	939.6	984.8	1,016.4	373.7	970万人増 20年コロナで激減
観光収入（暦年）	億円	324	6,948	7,257	7,484	—	7千億円
経済成長率（県実質）	%	—	1.6	1.5	▲0.4	▲9.6	
経済成長率（全国実質）	%	9.1	1.8	0.3	▲0.3	▲5.2	
経済成長率（県名目）	%	—	1.7	2.2	0.3	▲9.0	
県内総生産（県名目）	億円	4,592	44,157	45,056	45,188	41,104	3兆6500億円増
・第1次産業構成比	%	7.3	1.5	1.3	1.3	1.4	5.9ポイント減
・第2次産業構成比	%	27.9	17.1	17.9	15.8	16.6	11.3ポイント減
製造業構成比	%	10.9	4.4	4.3	—	—	6.6ポイント減
建設業構成比	%	16.4	12.7	13.5	—	—	2.9ポイント減
・第3次産業構成比	%	67.3	81.9	81.3	82.9	82.0	14.7ポイント増
1人当たり県民所得	千円	440	2,347	2,391	2,375	2,138	4.9倍
所得格差（全国100）	%	59.5	74,2	74.8	—	—	15.3ポイント縮小
基地依存度	%	15.5	6.0	5.1	—	—	10.4ポイント減
財政依存度	%	23.5	37.9	36.9	—	—	13.4ポイント増

出典：沖縄県企画部『経済情勢』（令和2年度版）2021年9月　p61「復帰以降の主要指標」

はじめに——知られざる沖縄経済の実態を検証

沖縄県は二〇二二年五月一五日に「本土復帰（一九七二年五月一五日）」から五〇年の節目を迎えた。本章では復帰後の沖縄の動きを中心に「観光コースでない沖縄経済の実態」を紹介する。特に沖縄本島の一五％を占める米軍基地がもたらす基地経済の影響、公共事業による経済効果と環境破壊、復帰後急成長した観光経済の光と影など「３Ｋ依存経済」の変容、そして沖縄経済の新たな発展分野として注目される健康、環境、金融、教育、研究、交通、交易など「新７Ｋ経済」を加えた「新10Ｋ経済」とＩＣＴ（情報通信技術）の動きをまとめた。

復帰後の沖縄経済は「自立」経済から「自律」経済へと目標をシフトさせながら、アジア経済戦略構想を構築し、アジアのダイナミズムを県経済に引き込み、基地返還ビジネス、環境再生型公共事業、高付加価値型観光への転換に、新たな経済振興策として掲げられたＳＤＧｓ（持続可能な開発目標）と、ＤＸ（デジタル・トランスフォーメーション＝デジタル化で社会、組織に変革がもたらされること）戦略などが沖縄の新たな経済振興ビジョンとして注目されている。

医療技術の拠点化、健康食品の開発、赤土対策や環境保全ビジネス、ＩＴ大学新設構想や進学率アップなどの教育産業の振興、ゲノム解析やＡＩ開発、金融特区ビジネス、ＬＲＴ（次世代型路面電車システム）など新交通システムの導入、アジア物流拠点形成による交易振興など沖縄経済の発展可能性は広がりを見せている。

二〇二二年度から始まる復帰後の第六次沖縄振興計画に当たる「新・沖縄21世紀ビジョン基本計画」（～三一年度）では、SDGsを取り入れ、社会・経済・環境の三つの側面が調和した「持続可能な沖縄の発展」と「誰一人取り残さない社会」の実現が目標として掲げられた。

二〇一九年末から世界を覆った新型コロナ感染拡大というパンデミックに対応し、「ウィズコロナ」の新しい生活様式から感染症終息後のポスト・コロナの「ニューノーマル（新たな日常）」にも適合する「安全・安心で幸福が実感できる島」を形成し、県民すべての幸福感を高め、わが国の持続可能な発展への貢献を計画目標に追加している。県民一人ひとりが豊かさを実感できる沖縄社会の実現と、国全体にも貢献できる地域を目指す沖縄経済の課題とその克服策、発展戦略を検証しよう。

1　復帰後の沖縄経済社会の変化

＊沖縄戦と米国統治

アジア・太平洋戦争で沖縄は、住民を巻き込んだ地上戦の場となり日米など二〇万人余が犠牲になった。県民の四人に一人が犠牲になる「鉄の暴風」と表現される沖縄戦で、道路、港湾、空港、学校、病院、公民館、役所、そして家屋の多くを破壊され、沖縄本島中南部は、文字通りの「焦土」と化した。沖縄戦は一九四五年六月二三日（二二日という説もある）に日本軍による組織的戦闘を終えたとされている。その後、広島、長崎への原爆投下を受け、日本はポツダム宣言を八月一四日に受諾し、翌一五日に天皇の「玉音放送」あるいは九月二日の降伏文書調印をもって「終戦」を迎えたとされる。一方で米軍占領下にあった沖縄では、九月七日に嘉手納の米第10軍司令部で日米両軍代表による降伏調印式が行われ、ここで沖縄戦は公式に「終戦」を迎えたとされている。

沖縄は終戦後も米国統治下に置かれ、アジア太平洋における軍事的な要石(Keystone of Pacific=太平洋の要石)として、巨大な米軍基地を建設され、現在に続く「米軍基地の島」として、基地問題に翻弄される地域となった。

戦後、沖縄は一九四五年四月一日の米軍の沖縄本島上陸直後に発せられた「布令第一号」によって米国占領下に入り(これに先立つ三月二六日、座間味村役場前に「布告」が貼り出されている)、五二年四月二八日のサンフランシスコ講和条約発効によって日本本土から切り離され、引き続き米国支配下に置かれることとなった。沖縄は「琉球政府」という日本本土とは異なる政治体制、法体系、行政制度、立法制度の中で、占領期の七年と統治下の二〇年間を合わせて二七年間、米国支配下で過ごした。米軍統治から日本統治下に戻ったのが、七二年五月一五日の「本土復帰」である。

＊本土復帰後の政治経済支援

本土復帰に伴い、沖縄では米軍統治下で使用されてきた通貨が米ドルから日本円に変わった。法制度も米国統治下で遅れてきた年金制度や医療保険制度などが本土並みに導入されることになった。

交通方法も復帰後六年を経過した七八年七月三〇日に「左側通行」の米国方式から日本と同じ「右側通行」に変更・統一（実施日をとって「ナナ・サン・マル」と呼ばれる）され、沖縄の交通方法が本土と同じ方式に一本化された。

復帰後の沖縄の政治経済支援のため、沖縄振興開発特別措置法、沖縄開発庁設置法、沖縄振興開発金融公庫法、復帰特別措置法など法制度も制定され、新法に基づく沖縄開発庁が発足、担当大臣となる国務大臣沖縄開発庁長官が配置された。一〇年を期限とする振興開発のための沖縄振興開発計画が策定され、資金不足を補う地域金融を支援する沖縄振興開発金融公庫も新設され、低利での産業支援資金や住宅ローン資金などが提供された。米国統治下の制度から日本の制度への移管に伴う激変緩和措置となる「復帰特別措置」として、泡盛や地元ビール（オリオンビール）に対する酒税軽減措置、ガソリンなど揮発油税の軽減措置、輸入品（ウイスキー、香水、煙草など）に対する関税の減免措置による観光戻し税制度などが準備された。

＊増え続ける人口

全国で少子高齢化が急速に進む中で、沖縄県は二〇二二年現在、首都圏以外で人口増加が続く地域として注目されている。

沖縄が米国統治下から日本統治下に戻った一九七二年五月一五日（本土復帰）以降、沖縄県の人口は九五万九六一五人（一九七二年）から右肩上がりで増加し、二〇二一年には一四六万八五二六人と五〇万人も増えてきた。

　復帰後、増えた人口の多くが「自然増」という沖縄生まれの県民の増加で、七二年から九四年までは毎年一万人以上増加してきた。その沖縄県の人口も自然増のピークは七四年の一万八三三四人。それ以降は自然増加数が減少傾向に転じ、九五年には初めて一万人を割り、直近の二〇二一年には一一二二人と二〇〇〇を切る水準まで減少している。

　それでも沖縄の人口が増え続けてきたのは「社会増」と呼ばれる転居・転入・移住者の増加である。社会増は復帰直後の七二年の七五九一人から、七三年には一万五七六四人とピークを迎え、翌七四年の一万二四八七人まで一万人を超え、七五年(七一六五人)まで四年間は復帰に伴う移動増が続いた。

　不況や就職難などから社会増は七六年から八三年まで流出傾向に転じ、七九年には五九七五人が県外に流出するなど県外転居・転出がピークを迎えている。八四年(八七六人)、八五年(九五七人)はいったん増加に転じるが、八六年以降はまた九三年まで県外流出が続き、県人口の伸びを抑える結果となっている。九四年にはいったん一〇〇〇人を超える社会増を記録するものの、九七年まで減少に転じている。九八年以降は再び二〇〇五年まで転入増となり、二〇〇六年から二〇〇八年までは減少に、二〇〇九年以降は二〇一七年を除き、転入者が増加傾向となり、自然増(出生数)の減少を補う形で沖縄県人口の増加を支えている。

　復帰直後の四年間の四万三〇〇〇人を超す社会増(転入)は、「国の出先機関の設置や本土企業の進出」(南西地域産業活性化センター・りゅうぎん総合研究所『本土復帰五〇年の沖縄経済のあゆみ』

二〇二二年五月）と「第二次ベビーブームによる自然増」で増加し、その後も増加率が急速に低下するものの、高い出生率と転居・転入増などで人口が増加傾向を維持してきた。

しかし、沖縄県でも二〇一二年には老年人口（二五万人）が若年人口（二四万八〇〇〇人）を上回るなど少子高齢化の傾向が顕著となり、二〇一二年には「生産年齢人口（一五歳〜六四歳）」が減少に転じている。

死亡率の上昇や出生率の低下で人口増加率は鈍化傾向にあり、二〇二〇年国勢調査では県内四一市町村のうち二〇市町村が前回の国勢調査（一五年）に比べ人口が減少している。特に沖縄本島北部地域や沖縄本島以外の離島地域で減少が顕著となっている。一六〇の島じま、うち四九の有人島を抱える島嶼（とうしょ）県・沖縄にとって島じまの人口減少に歯止めをかけるか大きな課題になっている。

近年はネパールやベトナムなどからの外国人移住、転入が増加してきたが、二〇二〇年以降は新型コロナウイルスの流行に伴う入国規制で減少に転じている。二〇二一年六月末の在留外国人は一万九二〇五人で沖縄県の人口に占める割合は一・三％となっている。

＊沖縄が抱える四つの「特殊事情」

復帰後の沖縄経済は、低所得＝貧困、低賃金＝貧困の再生産、低貯蓄＝消費型社会・間接金融依存、低持ち家率＝貧富の高格差社会、低進学率＝貧困の再生産と人材不足、高失業率＝高起業率と高廃業率の不安定な雇用環境、高離婚率＝一人親世帯と高い子どもの貧困率（子育て世帯の貧困化）

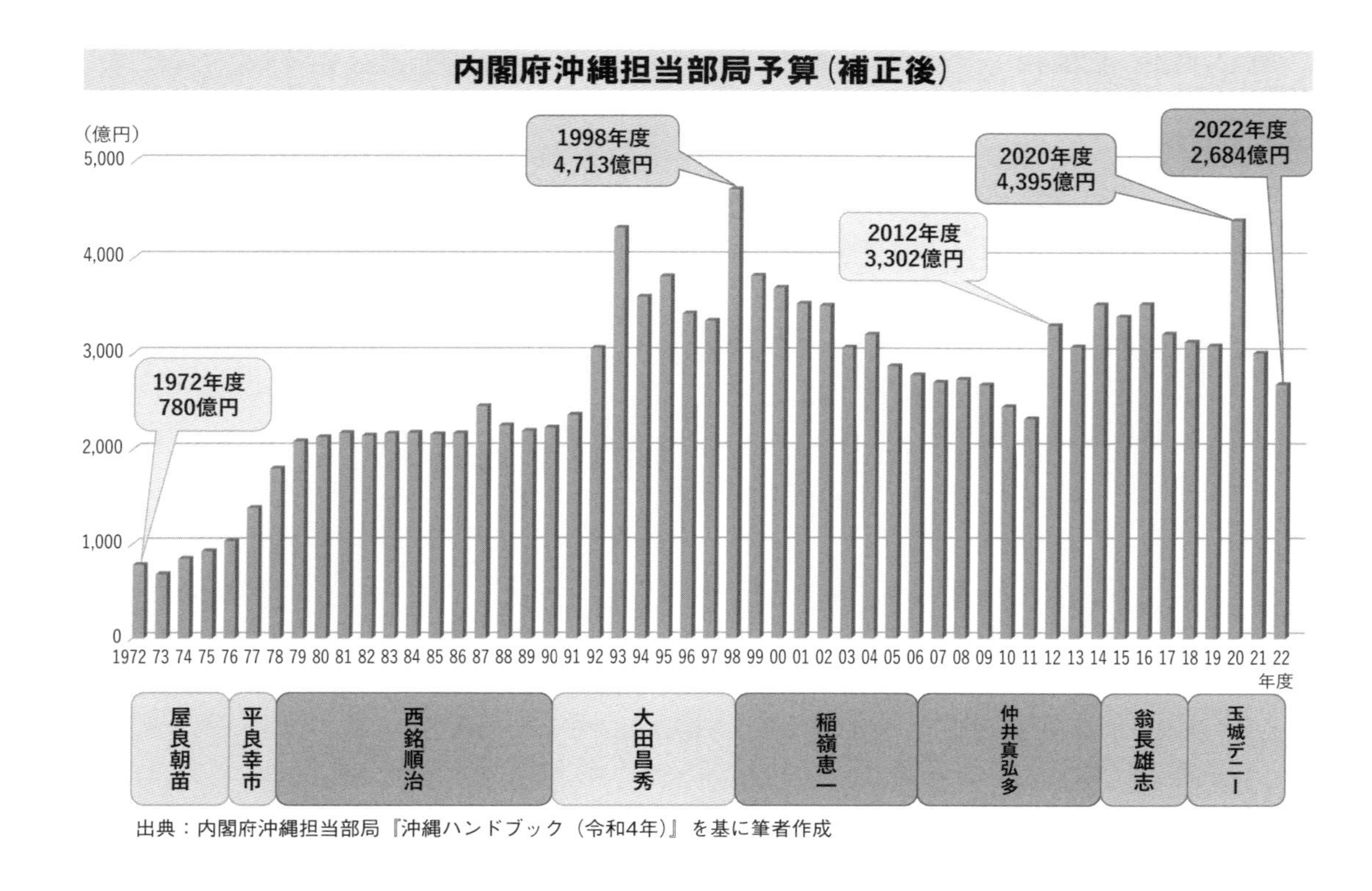

出典：内閣府沖縄担当部局『沖縄ハンドブック（令和4年）』を基に筆者作成

など、深刻な課題を抱えてきた。

課題の多くが戦後の米国統治下で遅れた社会資本整備の遅れや社会制度の不備、島嶼地域としての遠隔性、市場の狭隘性、交通ネットワークの整備の遅れなどから解決が先送りされてきた。二七年間の米軍占領・米国統治の間に広がった日本本土との所得格差、生活格差などを解消するため、復帰後の沖縄県では、政府によるキャッチアップ(追いつき)政策となる沖縄振興開発計画(一次振計)が策定され、一〇年を一期限とする沖縄振興開発事業が展開されてきた。

その沖縄振興開発計画の法的根拠となる沖縄振興開発特別措置法は、復帰前年の一九七一年一〇月に第六七回臨時国会(いわゆる「沖縄国会」)で提案され、同年一二月三〇日に可決・成立した。同法第一条では、「沖縄の復帰に伴い、沖縄の特殊事情にかんがみ、総合的な沖縄振興開発計画を策定し、及びこれに基づく事業を推進する等特別の措置を講ずる」とされ、策定される沖縄振興開発計画の目標として「本土との格差是正」を図り、「沖縄の自立的経済発展の基礎条件整備」が掲げられた。

振興計画の策定根拠となった同法でいう「沖縄が抱える特殊事情」とは何か。国は三つ(歴史的、地理的、社会的)、沖縄県は四つ(歴史的、地理的、社会的、自然的)の特殊事情をあげている。

一つ目は「先の大戦中に苛烈な戦禍を被り、加えて沖縄が戦後四半世紀余にわたり我が国の施政権の外にあったこと」などの「歴史的事情」である。

二つ目が「東西約一〇〇〇キロメートル、南北約四〇〇キロメートルに及ぶ広大な海域に多数の離島が散在し本土から遠隔にある」ことなどの「地理的事情」である。

三つ目が「我が国における米軍専用施設・区域が集中している」ことなどの「社会的事情」である。基地は後ほど詳述するが、復帰後五〇年を迎えた二〇二二年五月現在においても、国土面積のわずか〇・六％に過ぎない沖縄県に在日米軍専用施設の七〇％が集中し続けるなど、復帰直後から指摘されながら「社会的」特殊事情は、復帰直後の五九％よりもむしろ比重は高くなっている。

加えて沖縄県は四つ目の特殊事情として「我が国でも稀な亜熱帯・海洋性気候にあることによる特殊病害虫の存在や塩害、台風常襲地帯」という「自然的事情」をあげている。

沖縄が抱える特殊事情については、第六次沖縄振興計画となる「新・沖縄21世紀ビジョン基本計画」（二〇二二年五月策定、計画期間　二二年度～三一年度）の策定根拠法となる沖縄振興特別措置法でも、この立法目的の趣旨が引き継がれている。

＊未達の「格差是正」と「自立的経済発展」
復帰時に策定された沖縄振興開発計画（一次振計）は一九七二年から八一年まで実施された。しかし、一次振計で掲げた「本土との格差是正」「自立的経済発展のための基礎条件の整備」という課題克服目標が未達として、根拠法となる沖縄振興開発特別措置法をさらに一〇年延長し「第二次沖縄振興開発計画」（二次振計）が策定、実施された。だが、二次振計でも目標達成・課題克服には至らず、さらに一〇年延長し、第三次沖縄振興開発計画（三次振計）が策定・実施された。

一人当たり県（国）民所得の推移（1972～2021）

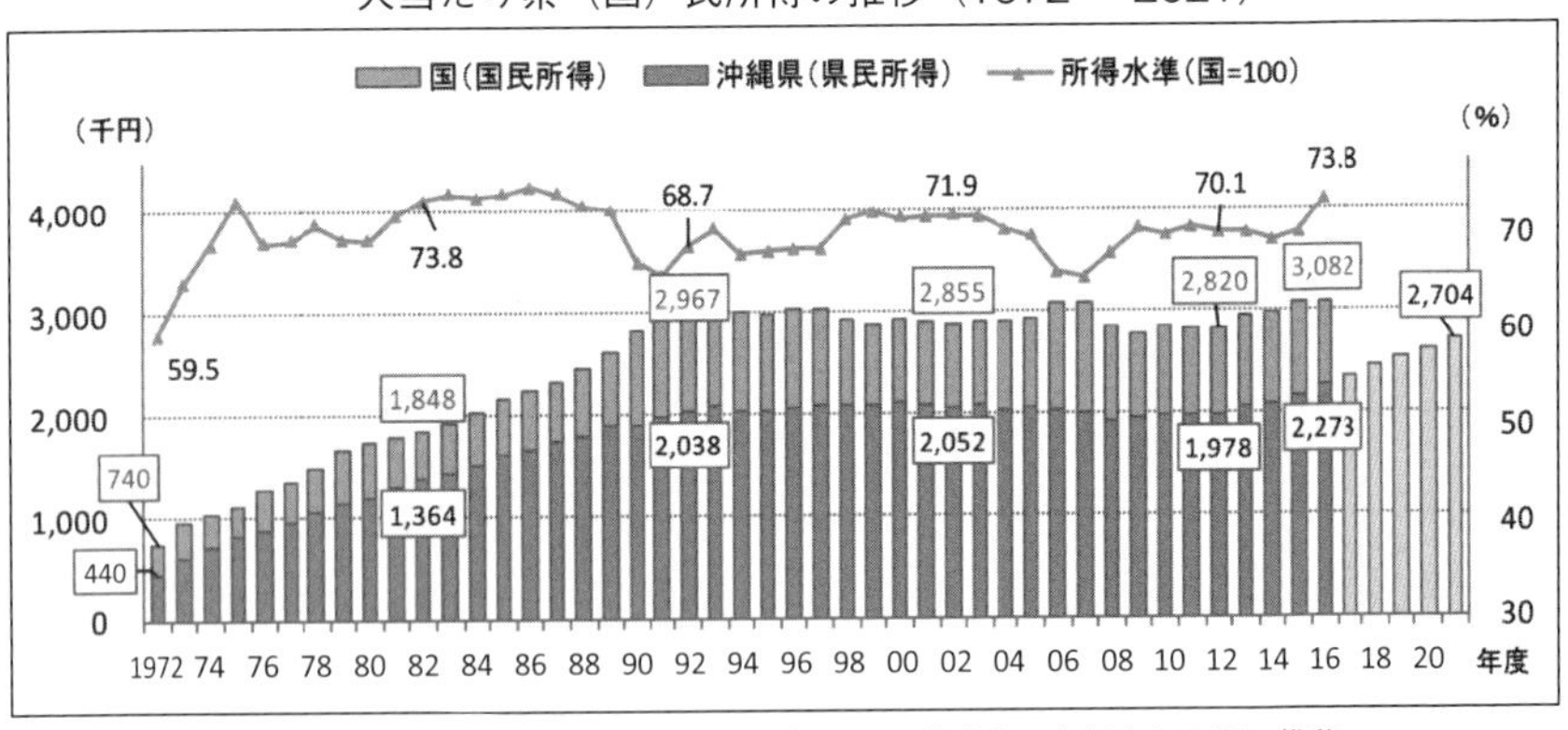

注1：2017～2021は2013～2016の年平均成長率3.5%で推移すると仮定した際の推移
出典：沖縄県企画部「県民経済計算」を基に沖縄県企画部企画調整課作成

三次振計終了までに本土との格差是正の主たる目的の一つとしてとらえられてきた「所得格差」は復帰時の五九％から七四％まで縮まった。しかし、依然として沖縄の一人当たりの県民所得は全国最下位のまま、全国の倍の高水準となっている完全失業率など課題克服のため沖縄振興計画は引き続き継続されることとなった。

政府は四次振計となる「沖縄振興計画」（計画期間二〇〇二年～二〇一一年度）を策定した。だが「社会資本整備などによる基礎条件の改善」などを理由に振興計画の法目的から「開発」を削除し、沖縄振興計画とした。全国最低水準の県民所得が課題として残る中で振計の目標から「本土との格差是正」を削除し、「民間主導の自立型経済の構築」を打ち出し、「参画と責任」「選択と集中」「連携と交流」の基本姿勢を追加し、沖縄県自ら責任を果たし、限られた予算の中で振興策の選択と集中を行い、外部経済との連携と交流促進を促し、格差是正に対する政府の責任を回避するかのような方向転換を行っている。

二〇一二年に始まる五次振興に当たる「沖縄21世紀ビジョン基本計画」では「沖縄県の主体性を尊重する観点から沖縄振興計画の策定主体を国から県に変更するとともに、いわゆる一括交付金制度を創設」するという変更を行っている。政府依存から自立経済への転換を促す変更だが、実際には自主性を尊重するはずの一括交付金の自由度は低迷し、一六〇〇億円あった一括交付金は一〇年後には九〇〇億円（二〇二一年度）まで大幅に減額されるなど、自主性尊重とは真逆の振興計画となった。

2 復帰後五〇年間の沖縄経済

＊経済レベルの変化を数値化すると…

復帰後五〇年間で、沖縄経済はどう変化したか。概観しよう。

復帰後の沖縄経済は、全国最低レベルの低所得、低貯蓄、低進学率、高失業、高離職率、高生活保護率、高子どもの貧困率など経済に関する多くの課題が噴出し、全国との経済格差解消が沖縄振興計画の主要課題となってきた。

まず、経済の主役たる人の数（人口）をみると、五〇年間に沖縄県人口は復帰時の九六万人から約一四六万人と一・五倍に増加している。労働力人口も復帰時の三七万人から七五万人と倍増している。増加した人口を吸収する新たな産業立地、企業の新規開業、他県からの企業進出などで倍増した三八万人の雇用を吸収する産業創設には目を見張るものがある。全国の倍の水準という高失業率の裏側で、旺盛な起業力は沖縄の大きな特徴となってきた。

経済成長率は全国を上回る勢いも見せたが、二〇二〇年以降世界的な新型コロナ感染症拡大にともない全国同様、沖縄もマイナス成長に転じている。

完全失業率は復帰時の三・七%から二〇二〇年には三・三%と若干改善されたとはいえ、復帰後五〇年間を通して全国最悪の水準が長く続き、コロナ感染拡大による基幹産業の観光業がダメージを受け、雇用環境が悪化し、二〇二二年六月現在、コロナ感染拡大継続による潜在的失業者の増加に対する懸念も広がった。

沖縄県全体の経済発展の指標となる「県内総生産(名目)」は、復帰時の約四五九二億円から新型コロナ感染拡大直前の二〇一九年には四兆五一八八億円と四八年間で復帰時の九倍の伸びを記録した。しかし、直近の二〇二〇年度には新型コロナ感染拡大の影響で主力の観光産業がダメージを受け、県内総生産は四〇〇〇億円減となる四兆一一〇〇億円に縮小した。

復帰後の県内総生産を産業別にみると、農林水産業の第一次産業は復帰時の七・三%から一・四%(二〇二〇年度)と産業に占める比率は大幅に後退している。「自立的経済発展の基礎条件整備」として強化するはずだった製造業、建築業など第二次産業に至っては、復帰時の二七・九％から逆に一六・六％と一〇ポイント以上も比率が低下した。とりわけ政府主導の沖縄振興開発計画で課題とされ沖縄振興開発計画の「法的目標」とされた「製造業」振興によるモノづくりの強化は、復帰時の一〇・九％から四・三％（二〇一八年度）へ後退、復帰後五〇年間で逆に大きく比率を後退させている。

復帰後五〇年間に沖縄振興のために一三兆五〇〇〇億円超の政府予算が投じられたとされるものの、目標とした「格差是正」の解決はもとより、「自立的発展のための基礎条件の整備」による「自立経済」の確立は、統計データでみるかぎり達成には程遠い状況となっている。

＊苦戦する沖縄経済

沖縄県が節目ごとにまとめている『100の指標からみた沖縄県のすがた』（沖縄県企画部、平成三〇年＝二〇一九年版）を基に、個別の経済指標で全国からみた沖縄県経済の位置と実態をみてみよう。

・所得

まず、所得をみると一人当たりの県民所得は二三四・九万円と全国の三三〇・四万円に比べ一〇〇万円近い格差があり、全国ランクは四七位となっている。所得ランク一位の東京都（五四二・七万円）の半分以下という格差は、日本という国が「格差社会」であることを物語っている。

政府が特別な振興計画と特別な省庁・担当部局まで設置し、一括計上方式による振興予算の所要額を確保、高率補助による社会経済インフラの安定的な整備促進を図ってきたにもかかわらず、沖縄経済は復帰後四九年間、沖縄の県民所得は全国最下位から、なぜ脱することができないのか。理由として島嶼地域という地理的障壁による物流コスト高や人材不足、人材のスキル不足、労働生産性の低さ、低賃金構造の観光業、飲食業などの第三次産業依存度の高さ、中小零細企業を中心とする企業力の弱さ、巨大な市場からの遠隔性など「低賃金雇用の構造化」を招く様々な要因が指摘されている。

・初任給

沖縄県内企業の初任給をみると高卒男子が全国四七位（一四・七万円　全国一六・九万円）、同女子四七位（一四・三万円　同一六・五万円）で、大卒男子も四七位（一七・五万円　全国二一・三万円）、女子四七位（一七・六万円　同二〇・七万円）と、いずれも全国最低の初任給水準となっている。

高卒では社会人スタート時点で全国と男子、女子ともに二万二〇〇〇円の格差を生じている。大卒でも男子で三万八〇〇〇円、女子で三万一〇〇〇円の格差が生じている。これは生涯賃金でみると一億円以上の格差となってくる。低初任給の背景には、前述のような構造的弱点、企業力の低さ、経営力の格差などがある。

・年間平均収入

年間平均収入も四七位（五二〇万円　全国七三六万円）で一位の東京都（九五〇万円）に比べ年間四三〇万円の格差、全国平均と比べても二一六万円の格差となっている。四六位の青森県（五八五万円）と比べても六五万円の格差が生じている。

失業者数と完全失業率の推移

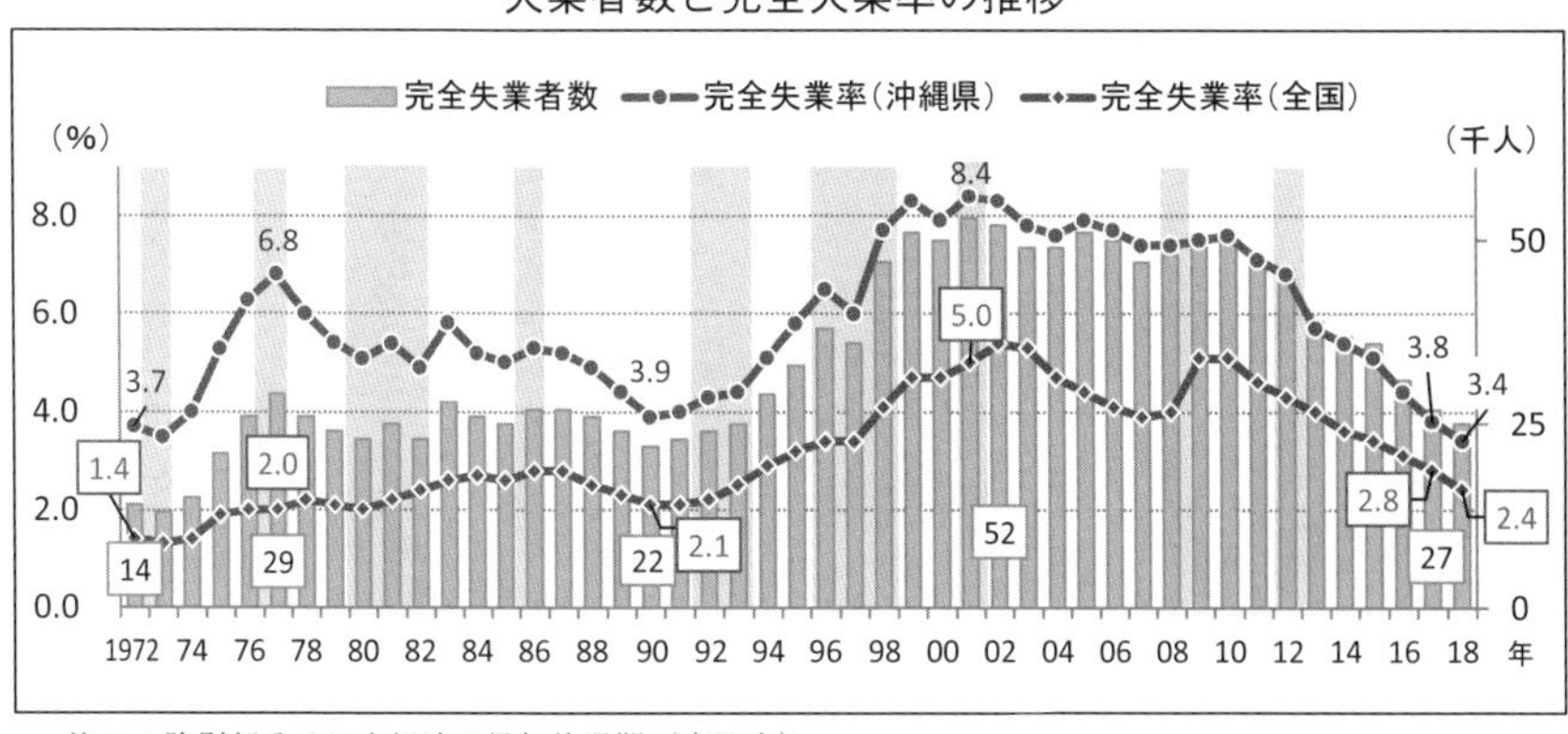

注１：陰影部分は日本経済の景気後退期（内閣府）
出典：総務省「労働力調査」、沖縄県企画部「労働力調査」

・貯蓄率

沖縄県の貯蓄率も全国ランクは四七位（一六三%全国二七九%）で、一位の長野県（三六七%）の半分以下、四六位の熊本県（一九七%）に比べても三〇ポイント以上の開きがある。日本全体が株式投資など直接金融に対する利用度が低く、銀行預金など間接金融への高依存度構造となっているが、沖縄県はその中でも最も銀行依存度が高い「貯蓄」構造となっている。

貯蓄率の低さは、低所得による余裕資金不足、低所得の指標ともなるエンゲル係数の高さなど関連指標にも低貯蓄率の背景が浮き彫りになっている。

・失業率

完全失業率の高さは、復帰後五〇年間、克服すべき沖縄県の大きな経済課題となってきた。二〇一九年版の失業率は全国四位（二・七%　全国二・四%）と大きく改善され、ワースト一位の大阪府や福岡県

（二・九％）を上回っている。背景には好調な観光産業の伸びがあったが、二〇二〇年以降は新型コロナ感染拡大による観光入域客数の激減を受け、雇用状況は悪化し、二〇二一年度は三・七％と全国ワースト水準に戻りつつある。

沖縄県の高失業率は、復帰直後から始まっている。復帰前の沖縄の失業率は〇・五％から一％程度と全国の半分程度だった。しかし、復帰に伴う米軍基地従業員の大量解雇（最終的に二万人規模の解雇）、復帰直前の一九七〇年前後のニクソン・ショックやオイルショック、ドルから円への通貨交換など復帰ショックによる企業の採用控えなどが引き金となったほか、復帰後の移動の自由などから沖縄への企業参入など大幅な人口移動、雇用調整の困難さなどから、沖縄県の失業率は一気に全国平均の倍の水準となった。

・離職率

沖縄県内では、企業に就職した学生たちが三年～四年後には半数近くが「離職・転職」するとのデータもあり、離職率は全国ワースト二位（四・八％　全国四・〇％）となっている。ワースト一位の北海道（四・九％）と〇・一ポイント差で、離職率の低い福井県（四七位、三・一％）と比べ、一・七ポイント差となっている。

離職率の高さの背景には、企業の低賃金による生活困窮、長期的には生活維持が困難な雇用・給与体系、企業の福利厚生の不備、通勤手当や残業手当なし、退職金なし、雇用契約書の不備から雇用契約なしの不安定な雇用関係、労働組合の不備や弱体化による労使交渉の消滅など「労働条件の改善」に向けた見通しのなさなどが高離職率の背景にある。離職後、仕事の無い状態を示す「無業者比率」も新規高卒者がワースト一位（一三・九〇％　全国五・一〇％）と二倍強の高水準となっている。新規大卒もワースト一位（一六・二八％　全国六・六八％）でこれも二倍強の水準となっている。

・貧困率

貧困率を示す数値となる一千世帯当たりの生活保護世帯数はワースト四位（四七・四八　全国三〇・五六）となっている。子どもの貧困率（全国ワースト＝子どものいる家庭の貧困率）も含め十分な支援策、自立を促すサポート制度の充実がカギとなっている。雇用・失業対策、雇用確保のための失業防止などが復帰後五〇年間、効果的な施策を整えることができていない。貧困救済策という「救貧」と同時に貧困を防止する「防貧」策の強化が課題となっている。

貧困率の高い背景には、母子世帯率ワースト一位（二・五八％　全国一・四一％）の高さも要因と指摘されている。離婚率もワースト一位（二・五二％　全国一・六九％）で、特に若年離婚率や一九歳以下の若年齢出産率（二・二％　全国〇・九％）と高く、婚姻率も全国二位（五・六％　全国四・八％）と高い半面、離婚率も高いという課題を抱えている。離婚時の養育費の不払い問題も含め公的な仲介機関の必要性も論議は必要となっている。

・持ち家率

沖縄県の持ち家率は全国ワーストの四七位（四四・四％　全国六一・二％）で、地価や物価の高い首都東京都（四六位　四五％）よりも持ち家率が低くなっている。持ち家率は四五位の福岡県

（五二・八％）、四四位の大阪府（五四・七％）となっており、首都圏、都市圏で低くなっているのが特徴だが、沖縄県の場合は地方都市の中でも家を持つのが最も困難な地域となっている。持ち家率の低さは、老後の生活を圧迫することにもなる。また財産・資産形成の基本的な要素が持ち家であり、次世代に引き継ぐ資産（世襲財産）の比率が全国一低い地域となっている。

・肥満率

健康指標の中で注目されるのは、かつての長寿県沖縄の相対的な長期低落傾向である。健康破壊をもたらす指標となる「肥満率」は全国ワースト三位（一二・九六％　全国九・四一％）で、健康長寿の破壊、寝たきり率の上昇、医療費の負担増、地域医療体制の危機を招きかねない危険因子となっている。

肥満率のほかにもエンゲル係数は全国一位（二九・三％　全国二五・七％）となっており、所得に占める食費の割合が三割近くを占めている。全国平均は四分の一程度で、生活レベルの指標としてエンゲル係数をみると低所得の反映とみることもできる。可処分所得も全国ワースト水準の四七位（三六万円　全国四八万円）で、生活の質を測る一要素として可処分所得の向上も重視されている。

＊沖縄振興が残したいびつな産業構造

低所得、低貯蓄、低賃金、高失業、高無職率、高転職率など沖縄経済の脆弱（ぜいじゃく）性を物語る数値をみるにつけ、強靭（きょうじん）な沖縄経済の構築のためには「ものづくり＝製造業」の誘致・立地・強化が復

産業別就業者数・完全失業率の推移

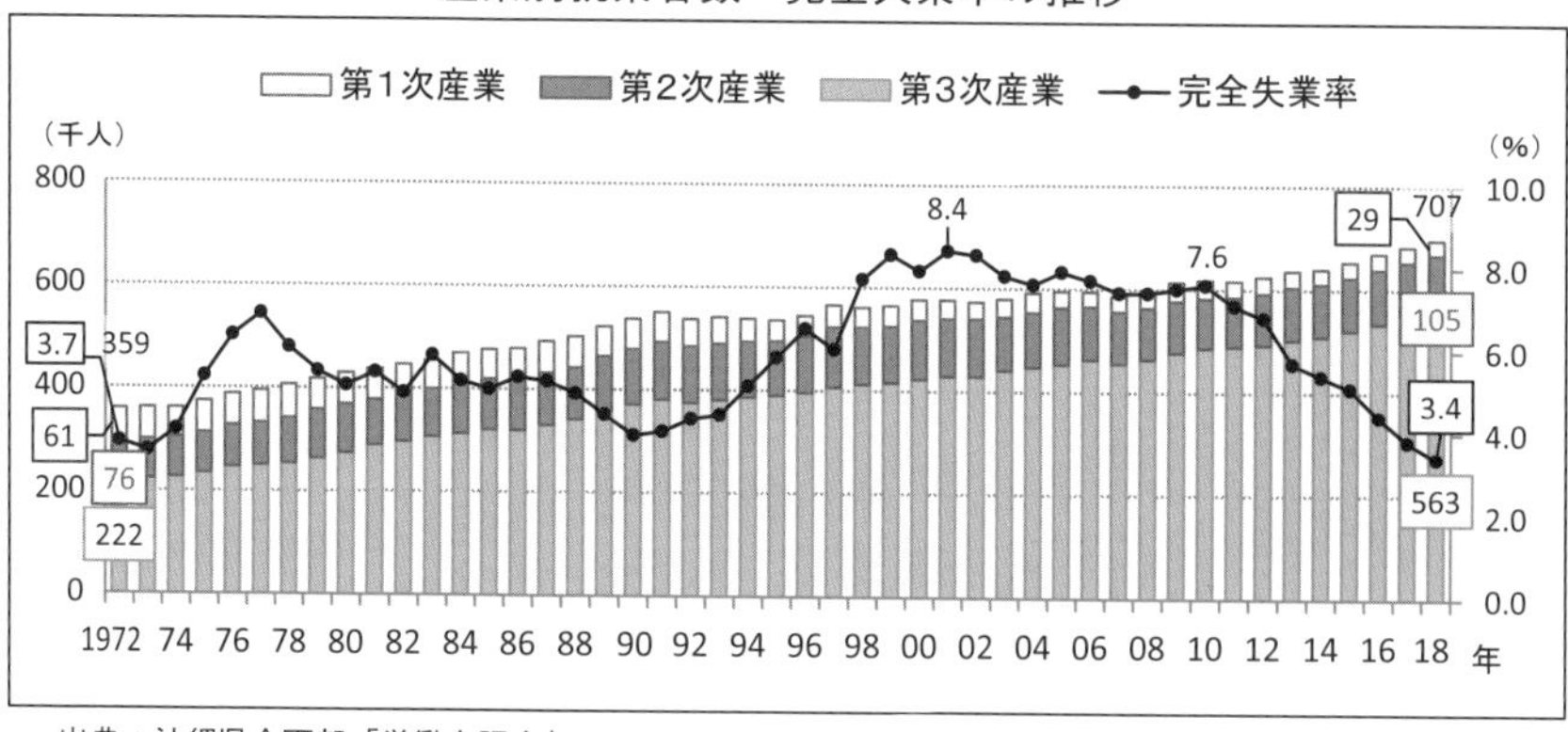

出典：沖縄県企画部「労働力調査」

帰後五〇年間、政府や沖縄県の間で共通した強化政策として論議されてきた。六次振計となる次期沖縄振興計画「新沖縄21世紀ビジョン基本計画」でも、「多様なものづくり産業の振興、県産品の売り上げ拡大促進」の重要性が強調されている。

「ものづくり＝製造業」の振興は、政府主導の沖縄振興開発計画でも主要目標と位置付けられてきたが、復帰後五〇年間の第二次産業の推移（比率）をみると、2節で触れたように第二次産業の衰退が数字の上でも顕著となっている。まさに「自立的経済発展の基礎条件整備」として強化するはずだったものの、復帰時に二七・九％あった第二次産業の比率は、二〇二〇年には一六・六％と一〇ポイント以上も低下している。そのうえ、政府や沖縄県が重視してきたものづくりの基本となる「製造業」も、復帰時の一〇・九％から四・三％（二〇二〇年）と大幅に後退している。

前出の『100の指標からみた沖縄県のすがた』で

二〇一九年度の数字をみると、沖縄県の第三次産業の県民総生産に占める比率（生産）は東京都に次ぐ全国二位（八二・一三％　全国七〇・七八％）で、全産業に占める第三次産業の就業者比率も全国二位（七七・五九％　全国七〇・一四％）と東京に次ぐ第三次産業比重の高い地域となっている。

一方で、強化すべきとされてきた第二次産業比率（生産）は四六位（一六・八八％　全国二七・六二％）と全国平均の半分近い比率となっており、サービス産業化が加速する首都・東京（四七位　一四・七四％）に次ぐサービス産業化が復帰後、着実に進んできた。製造業が地域の就業人口に占める割合も四七位（一四・七九％　全国二三・三四％）と低迷し、東京都（四六位　一五・一五％）をしのぐ雇用のサービス産業化を加速させている。

県民所得向上には、ものづくり（製造業）が重要で、全国と沖縄県との産業構造を比較すると、サービス産業の中核を占める観光業＝宿泊業、飲食業の「低賃金構造」が産業構造調査でも浮き彫りになっている。

第二次産業、ものづくりの製造業がもつ雇用吸収力、所得向上効果、雇用の安定化という特長を、いかに沖縄県に持ち込むことができるか。次期振計における「域内自給率を高めるものづくり産業の高度化」（『新・沖縄21世紀ビジョン基本計画〈沖縄振興計画　令和四年度～令和一三年度〉』沖縄県、二〇二二年五月、一二三頁）の成否が注目される。

現状の製造業構成比（生産）は全国ワーストの四七位（四・三七％　全国二一・八〇％）となっており、第二次産業比率をかろうじて引き上げているのが、建設業で公共事業による建設業の生産比率は全国一位（一一・四三％　全国五・七四％）で、全国の倍の水準となっている。沖縄県は基地、公共事業、観光の「3K依存経済」と呼ばれてきたが、まさに建設業比率の高さは公共事業依存度の高さを反映したものと言える。

半面、製造業出荷額は全国最低の四七位（四九五四億円　全国三三一兆三五四七億円）となっている。トヨタなど日本の輸出・外貨獲得を支える自動車産業の拠点となる愛知県は全国一位で、製造業出荷額は四八兆六四三五億円と沖縄県の九八倍の出荷額となっている。一人当たり出荷額も沖縄県は最低の四七位（一九〇二万円　全国四三〇四万円）で、一位の山口県の七二〇〇万円の三分一以下の水準となっている。

製造業比率も低いが、実は商品販売額（一人当たり）も沖縄県は四五位（二五一六万円　全国五〇一六万円）と低迷している。労働生産性をいかに高めるか。沖縄振興の重要な課題となっている。

＊進まない人材育成

復帰後五〇年間、産業振興のためには「人材育成」が最大の課題とされてきた。しかし、具体的な人材育成に関する政策の展開は遅々として進んでいない。例えば沖縄県の開業率（新設立＝事業所）は全国一位（八・一八％　全国五・八九％）で二位の東京都、三位の宮城県をしのいでいる。ベンチャー精神、起業家精神では全国でもトップクラスだが、残念なことに廃業率も全国ワースト三位（八・六三％　全国七・七二％）と一位の東京都、二位の大阪府の都市圏に次ぐ事業継続の困難さが浮き彫りになっている。

「会社は作るが、継続力に欠ける」のは、経営者育成の遅れなどが指摘されているが、政府や沖縄県の施策も「創業」支援に力をいれながらも、事業継続に対する支援強化策の弱さが課題となっている。

特に人材育成に関しては、沖縄県の大学進学率は復帰後五〇年間、ほぼ一貫して最低水準の四七位（三九・五三％　全国五四・七一％）となっている。大学進学率に関しては、日本そのものが韓国などに比べても伸び悩んでいるが、その日本の中でも沖縄は最低レベルとなっている。高校進学率も四七位（九六・八八％　全国九八・七八％）で、中卒率が高くなっている。

所得の関連では、書籍雑誌年間販売数も全国ワーストの四七位（一〇三七五円　全国一九九三一円）で、全国平均の購入額の半分程度となっている。一世帯当たりの新聞発行部数も四五位（〇・五四　全国〇・六六）となっている。

沖縄県では一九九〇年代にマルチメディア・アイランド構想を打ち出し、ＩＣＴ（インフォメーション・コミュニケーション・テクノロジー＝情報通信技術）による産業振興を観光産業に次ぐ新たな振興策と位置付けた。しかし、一千世帯当たりのパソコン所有率は全国最低の四七位（八五〇台　全国一三三九台）で、全国平均では三割の世帯で一家に二台のパソコンを所有する時代に、沖縄では普及率が八五％と低迷している。県が掲げる政策と県民生活との間に乖離（かいり）が生じている。

パソコン普及率は、コロナ禍の中で、大きなハンディを負うことになった。小中学校も含めインターネットを活用した遠隔授業などの実施にも影響を与えた。沖縄県は次期振興計画の中でもＤＸ（デジタル・トランスフォーメーション）の活用などを掲げているが、産業政策と県民生活との乖離の解消も課題となっている。

＊ザル（漏れバケツ）経済＝投下資本の還流

復帰後五〇年間の沖縄振興策で、政府は「本土との格差是正」「自立的経済発展の基礎条件の整備」を目標に掲げた。しかし、五〇年を経てなお沖縄の県民所得は全国最低、子どもの貧困率も全国の倍の水準、進学率も最低レベルで、持ち家率も東京より下回る最低水準となっている。

なぜ政府自ら掲げた沖縄振興の目標を達成できなかったのか。

ビルの建設が続く那覇市内。公共工事でないこれらの工事は、どれくらい県内企業が受注しているのだろう（那覇市久茂地の琉球銀行本店の建て替え工事）

復帰後五〇年間で「一三兆五〇〇〇億円を投じた」と全国に喧伝された沖縄振興予算を検証すると、その多くが県外に還流・流出していた。投下資本の本土還流という、いわゆる「ザル（漏れバケツ）経済」である。

本土復帰七年後の一九七九年度から二〇一九年度までの四一年間に内閣府沖縄総合事務局（沖縄開発庁沖縄総合事務局）と防衛省沖縄防衛局（那覇防衛施設局）

が発注した県内公共工事二兆五五九三億五八〇万円のうち、受注額の半分近い四六・三％が県外企業に発注されている。金額で一兆一八五四億九四五二万円に上る。

一九七二年の復帰以降、政府は県内の社会基盤整備のため多額の予算を投じてきたが、半分近くが本土企業に「還流」する沖縄振興事業費の「ザル（漏れバケツ）経済」の実態が裏付けられた。算定根拠は県建設業協会の統計資料を基に算出された数字だが、同統計には下請けなどの状況は反映されていないほか、二〇〇六年度以前は共同企業体（ＪＶ）分が含まれておらず、実際の県外受注額（県外還流）はさらに膨らむ可能性がある（詳細は「沖縄タイムス」二〇二二年一月四日付け）。

元内閣府沖縄総合事務局調整官の宮田裕氏の試算では、本土企業への投下資金の還流で、県経済は生産誘発額で一兆八九三二億円、付加価値誘発額で一兆一五二六億円、雇用誘発効果は一五万四一一四人の誘発効果の損失を受けたことになるという。

沖縄振興事業費が「県外還流型」の漏れバケツとなり、県内で資金循環しない構造的な問題が浮き彫りになっている。

還流の実態は、内閣府沖縄総合事務局発注分が県内八五三六億五四〇〇万円（五三％）に対し県外七五七〇億八〇〇〇万円（四七％）となっている。また基地建設を担う防衛省沖縄防衛局の工事も総額九四八四億七〇七六万円のうち、県内五二〇一億五六〇〇万円（五四・八％）に対し県外が四二八四億一四〇〇万円（四五・二％）となっている。基地建設費の四五％が県外に流出している。

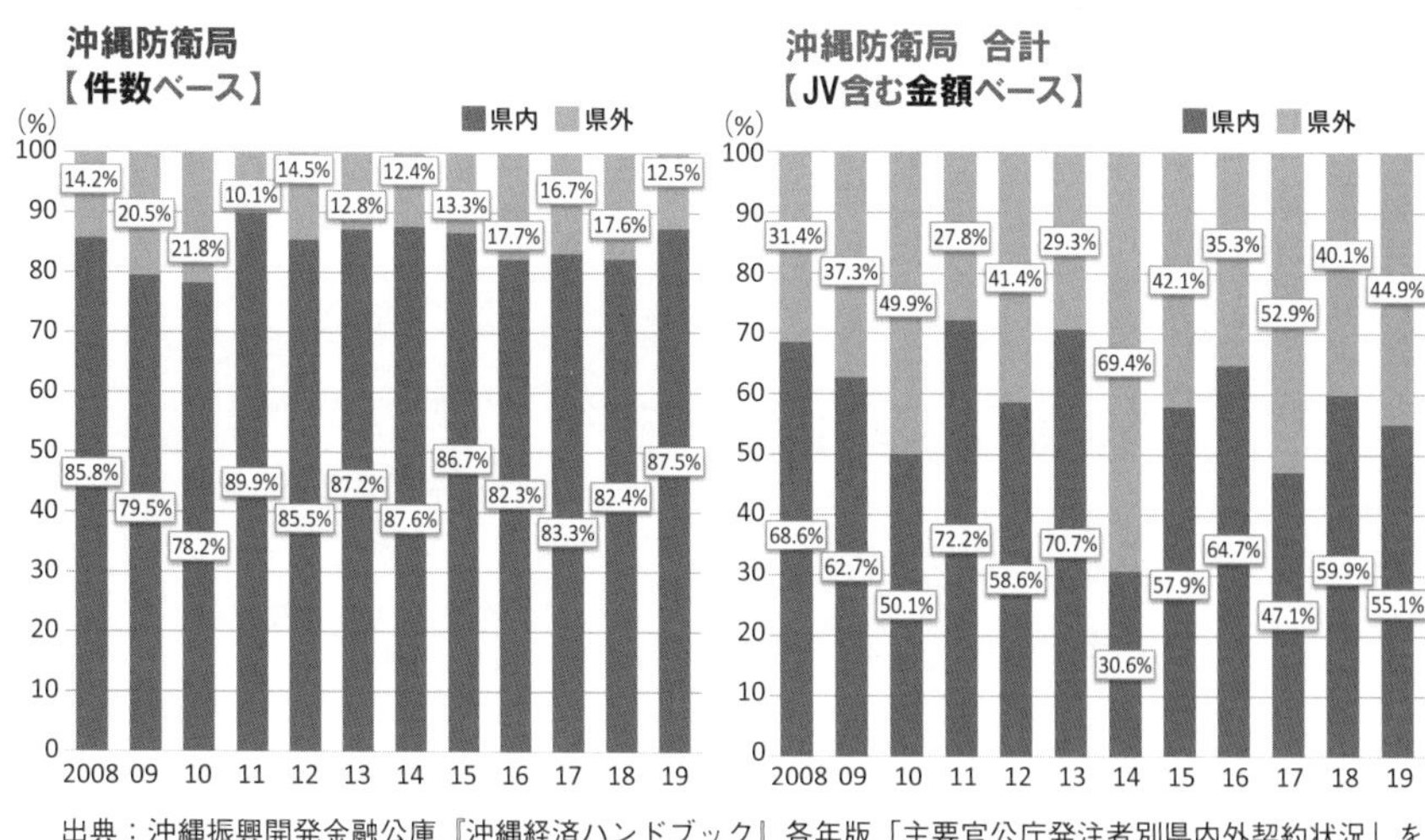

出典：沖縄振興開発金融公庫『沖縄経済ハンドブック』各年版「主要官公庁発注者別県内外契約状況」を基に筆者作成

沖縄振興策は、特に大手ゼネコンの振興策となってきたことが明らかになっている。

過去一四年間の国関係の公共事業費の発注・受注状況をみると、金額ベースでは三六％から最大六〇・二％が県外企業に発注され、地元歩留まり率は三九・八％から最大で六四％となっている。

同じ金額ベースでもＪＶ事業（大型公共事業）になると県外発注率は最大で、八三・六％（二〇一四年）となっている。まさに沖縄振興策の実態は県外大手ゼネコン振興策と揶揄（やゆ）されるゆえんである。

沖縄振興事業費は残念ながら県内で資金循環率が低く、県外還流型の工事が多くなっていることが明らかになっている。国の公共投資が県内で資金循環しない構造的な問題が浮き彫りになっている。沖縄振興に名を借りた本土ゼネコン振興策から実のある今後の沖縄振興政策のため、徹底的な検証が急務となっている。しかしながら、残念なことに、沖縄における復帰後の国直轄事業に関するデータを、内閣府沖縄総合事務局が保存期間切れなどを理由に、保管せず「廃棄」していたことが二〇二二年春に明らかになった。事実だとするならば調査、検証の機会を失ったことになる。都合の悪い数字は廃棄、隠蔽するかのような対応に愕然とするばかりである。

復帰後五〇年間の反省を踏まえ、今後の効果的な沖縄振興策の展開には、①県内資材の利用、②受注業者は沖縄に本社を設置し税金を沖縄県に納入する、③技術力、資本力、労働力など身の丈にあった事業の展開、④受注力を高めるための企業の成長発展戦略の策定が課題となっている。ただ、実際には国発注工事の入札制度は過去の受注実績でランク付けされるため、県外大手ゼネコンに比べ技術力の乏しい県内企業は大型工事受注では不利な環境にあり、中小零細企業の多さからも、県内の建設業者は本土企業とＪＶ（共同企業体）を組み、受注せざるを得なくなっている。県内企業は技術力や人材力など企業内の基礎体力を高め、県内企業連携によるＪＶ事業の展開などを積極的に進めていく必要に迫られている。

3　基地依存型経済

＊基地依存経済の構築

沖縄は戦後、施政権を日本から切り離され、本土に施政権を返還される一九七二年までの二七年間を米軍統治下に置かれた。そのため「二七年間の異民族支配」の下で、一九六〇年代の日本の高度経済成長の波に乗り遅れたばかりか、米軍の極東戦略の中核を担う広大な軍事基地建設のため、農地や宅地や産業用地を「銃剣とブルドーザー」で強制的に接収され、戦前の主要産業であった農業が壊滅的な打撃を受けた。さらに米軍統治の下で、基地建設への労働力のシフトを促すための通貨政策（B円＝B型軍票）を投入され、日本円が三六〇円時代に一二〇円という超円高の「B円政策」により輸出産業が淘汰され、輸入依存の産業構造へのシフトを余儀なくされてきた。

米軍統治下では、金融機関の融資枠も制限され、新規事業への大型投資はすべて米軍の許可が必要となるなど、軍統制による民間活力の抑制が行われた。

米軍は大規模な米軍基地建設需要に労働者を投入するために、基地労働者の給与を極端に引き上げ、他の産業からの労働移動を促した。このため、基地労働者はピーク時には七万人を超え、沖縄最大の雇用先となり、外貨供給、資金供給源となった。基地関連収入は急増し、「基地依存型経済」構造が形成された。戦禍を生き抜いた沖縄住民は、米軍が設置した収容所に集められ、米軍の配給物資によって命をつないだ。

その後、米軍物資は配給から販売へと変化した。中央銀行の役割を担った琉球銀行の民営化、食糧配給も民間食糧販売会社に、配給だった石油などの燃料も民間石油会社に任され、基地建設でも国場組や大城組、飲料でもオリオンビールなど戦後を代表する企業群が次々に誕生した。

米軍統治下での二七年間、沖縄住民は数万件のもの米軍関係の事件、事故の被害に遭ってきた。

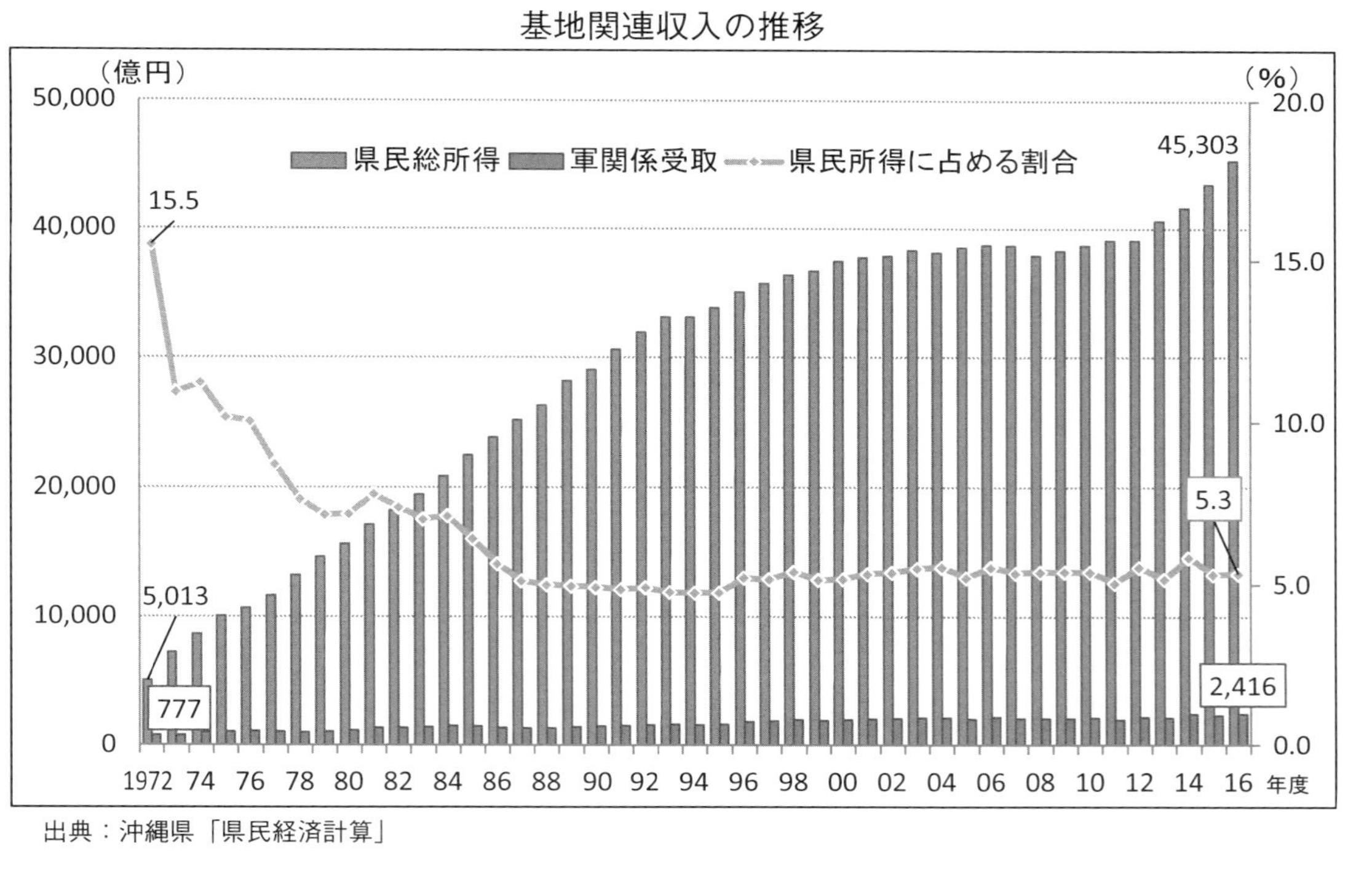

出典：沖縄県「県民経済計算」

日本帝国主義からの沖縄の「解放軍」として入ってきたはずの米軍は、「沖縄の自治は神話」とまで言い切る為政者（キャラウェー高等弁務官）まで出るに至り、沖縄住民は米軍への反発を次第に強め、最終的には日本への「復帰運動」を展開することになった。

その間にも、沖縄は基地経済にどっぷりと浸かり、基地経済なしには立ち行かないほどの基地依存経済にシフトした。このため戦後の沖縄経済は、米軍基地依存経済が大きな特徴となってきた。沖縄戦の最中から、米軍は日本本土進攻のための前線基地建設を進めた。終戦後も沖縄県内では「太平洋の要石」という地理的要衝の地としての役割を背負わされ、米軍基地建設が加速された。一九五〇年代には、それまで本土の岐阜、山梨、静岡に配備されていた海兵隊が、本土から追い出され、沖縄に駐留を始め、復帰五〇年の節目を迎える現在も米軍基地問題の多くが米海兵隊に由来する内容となっている。

＊基地依存経済の実態

沖縄における復帰後の米軍基地経済をさらに詳しくみてみよう。

復帰直後の一九七二年度に七七七億円だった沖縄県における在沖米軍基地関連収入は、復帰後は着実に増加し、二〇一八年には二四五五億円と三倍超の水準まで膨らんできた。

沖縄県の統計に出てくる「基地経済＝軍関係受取」と呼ばれる米軍基地関連収入は、「軍用地借料」「駐留軍等労働者所得（基地従業員給与）」「米軍等への財・サービスの提供」という三つの要素所得

基地依存経済の“不経済”

普天間基地

面積　480ヘクタール　基地従業員208人　軍用地料　76億円

基地内（1ヘクタール収入）	2,071万円
基地外（1ヘクタール純生産額）	1億4,579万円（7.0倍）

牧港補給基地

面積　270ヘクタール　基地従業員1,013人　軍用地料　52億円

基地内（1ヘクタール収入）	2,453万円
基地外（1ヘクタール純生産額）	2億6,786万円（10.9倍）

に加え、米軍基地内での米軍発注工事など「その他」の四項目で構成されている。厳密には、そのほかにも沖縄県や基地所在市町村に支払われる基地交付金なども基地経済の要素とみることができる。

軍用地借料とは軍用地料のことで、沖縄の軍用地には米軍基地のほか自衛隊基地関係の借料も含まれている。

「軍関係受取」は、復帰時の七二年に総額七七七億円で、県民総所得に占める割合（基地経済依存度）は一五・五％を占めていた。復帰後も軍関係受取は増え続け、七五年度には一〇〇〇億円を超え、九一年度には一五〇〇億円を突破。二〇〇一年度には一九〇一億円と復帰時の二倍強にまで増え、直近の二〇一八年度には二四五四億円と復帰時の三・二八倍まで増額している。

しかし、観光収入の増加もあり基地経済への県経済の相対的な依存度は八五年には一〇・二％、九五年には四・九％、二〇〇一年には若干上昇したものの五・一％と、五％前後で推移し、直近の一八年度も五・一％の低水準となっている。一方の観光経済の県民総所得に占める割合は復帰時の六・五％から二〇一八年度には一四・六％まで上昇させ、基地に代わる基幹産業としての地位を確立している。

沖縄経済は「基地依存度」を確実に減らしてきたが、基地経済を論じるときに重要な視点は、軍関係受取の中身と、その本質である。

二〇一八年度の軍関係受取の内訳をみると、軍雇用者の所得が五三四億円、軍用地借料が八七三億円、米軍属への財・サービスの提供（軍人・軍属消費支出）が八八五億円で、総額二四五四億円となっている。これに対し観光収入は六九七九億円と三倍近い。しかし、注意すべき点は、観光収入は「売り上げ」だが、軍用地借料は「純益（いわゆる真水）」にあたる点だ。観光収入のうち利益にあたるのは、一般企業の収益率から換算すると五％、多く見積もっても一〇％を超えるのは難しい。となると三四〇億円、最大でも六八〇億円が「純益」ということになる。年間の軍用地借料の半分ないし八割程度の水準となる。

しかも軍用地借料は、不況に強いという特徴がある。なぜならば軍用地借料は、市場相場ではなく政治相場で借料が決定されるからだ。過去、軍用地料は九一年には対前年比で一〇％を越え、九二年にも七％の上昇率となった。沖縄での基地返還要求が強まると、軍用地料が必要以上に大幅に引き上げられる傾向があった。このため、復帰後は軍用地との再契約を拒否する「反戦地主」が減少し、再契約に応じる「軍用地主」の増加につながっている。基地反対を札びらで抑えているかのようにも映る。

在沖米軍基地がすべて返還された場合、軍関係受取の二四五四億円と併せて基地従業員九〇〇〇人の軍雇用も失うことになる。

返還合意の中で既存施設の大規模な更新工事が行われる普天間基地

基地を多く抱える県内市町村の高すぎる基地収入（財政収入）への依存度も、基地の整理縮小問題の大きな悩みだ。

基地所在市町村の中で、市町村面積に占める米軍基地の割合が、最も大きいのは嘉手納町で、実に町面積の八二％を米軍基地が占めている。次いで金武町（五五・七％）、北谷町（五一・六％）、宜野座村（五〇・七％）と続く。四町村は、面積の過半を米軍基地が占拠している。ほか、読谷村で三五・六％、伊江村三五・二％、沖縄市三四％、宜野湾市二九・四％、東村二七・七％と、三割前後を基地に取られた自治体も五市村ある。

生産の場となる土地を基地に奪われた市町村では、財政的にも基地収入に依存する割合が高くなっている。基地依存度が最も高い宜野座村では歳入総額七九億円のうち、財政収入における基地関係収入は約二五億円で、基地依存度は三二・三％にも上る。次いで金武町が二九％、嘉手納町が二四％と基地依存財政の比率が高くなっている（数字はいずれも二〇一九年度）。

普天間基地の返還問題でゆれる宜野湾市は、基地収入への依存度は九・六％。歳入総額四六〇億円のうち四四億円が基地関係収入となっている。普天間基地「移設先」となる名護市は歳入総額四三〇億円のうち四三億円が基地関係収入で、基地依存度は一〇%。名護市面積に占める米軍基地面積の割合は一〇・三%で、財政の基地依存とほぼ同率となっている（出典：沖縄県知事公室基地対策課『沖縄の米軍及び自衛隊基地（統計資料集）』令和三年三月版、沖縄県）。

＊米軍基地オアシス論

復帰前後から現在に至るまで、「基地がなくなったら、沖縄は〝イモとハダシ〟の極貧生活に逆戻りする」との危機論が一部で根強く残っている。「米軍基地オアシス論」である。

産業らしい産業のない砂漠のような沖縄で、基地は雇用と金が湧き出る「オアシス」という論法である。

米軍基地があるから政府は巨額の振興予算を毎年投入し、市町村は基地周辺対策や特別交付金をもらうことができ、米軍基地は県庁に匹敵する九〇〇〇人の雇用を提供し、五〇〇億円を超える給与所得を保証し、五万人近い駐留米軍軍人・軍属・家族関係者らによる八〇〇億円を超える消費支出と、米四軍による一〇〇億円を超える事業を県内企業に発注し、フェンス周辺の飲食街にドルを供給している、というのが「オアシス論」の根拠である。

＊脱基地＝北谷町の場合

しかし、本当にそうであろうか。脱基地と基地依存で二つの自治体が明暗を分けた。脱基地で成功したのは、北谷町。町内の基地米軍基地返還を受け、その後利用で成功し、基地の街から県内屈指の商業都市、観光都市に変貌した。北谷町は一九八一年に町内にあったハンビー飛行場（四三ヘクタール）と射撃訓練場のメイモスカラー地区（二三ヘクタール）の返還を実現した。基地返還でハンビーは税収が返還前の五二倍に、経済波及効果は八一倍、雇用は二三倍に増えた。メイモスカラー地区は税収が三八倍、経済波及効果は一七倍、「雇用は一〇〇倍を超える」（北谷町）という。両地区で新規雇用は〇四年時点で五八〇〇人、経済波及効果は二一〇〇億円を超え、「予想をはるかに上回る効果」に北谷町も驚く結果となった。

北谷町では、両地区を越える「過去最大規模」のキャンプ桑江の一部返還も始まり、国道58号沿線には国内の主たるロードサイド店が軒を並べる商業エリアとして、急速な発展を遂げている。「これで手狭になった商業拠点や不足する住宅地を拡大できる。新たな投資効果と経済波及効果が期待できる」と町は返還を歓迎している。北谷町の直近の自主財源比率は五二・六％（二〇一九年度）と県内市町村の中で南大東村（五八・二％）に次ぐ二位の財政力を確立している。

＊基地依存＝名護市の場合

一方で、基地依存を高めたのが、名護市。普天間基地返還に伴うキャンプシュワブ沿岸への代替基地建設の受け入れを決めた一九九七年以降、基地関連収入は九五年の一九億円から二〇〇一年度には九一億円と五倍に増えた。

増えた理由は九七年から始まった米軍基地所在市町村活性化事業（通称・島田懇事業）と、二〇〇〇年から始まった北部振興策。いずれも総額一〇〇〇億円を一〇年間で基地所在市町村に投入し、基地所在市町村の地域活性化を図るものであった。

政府の二つの「基地所在市町村活性化」事業予算の投下で、名護市財政の基地依存度は九六年度以前の六〜七％台から九七年以降増え始め、二〇〇一年度には二九・四％、〇四年度には二四・五％まで急増した。

この間、名護市だけでも六〇〇億円を超える政府の振興予算が投下された。しかし、完全失業率は九五年の八・七％から〇五年には一二・五％と悪化、企業立地で増えるはずの法人税収は四億四〇〇〇万円から四億三〇〇〇万円と減り、逆に市の借金となる「市債残高」は一七一億六〇〇〇万円から〇四年度には二三五億二〇〇〇万円にまで膨らんでいる。直近の二〇一九年度でも市債残高は二九三億三八〇〇万円と膨張を続けている。自主財源比率は三三・五％（県内四一市町村中一七位）となっている。

辺野古新基地建設に関連する地域は振興予算を投入され、逆に財政依存度を高め、失業率が悪化し、市債残高などの借金が膨らむ結果となった。名護市は「基地振興策をこなすために借金を重ねたのが原因」と説明しているが、振興予算がむしろ逆効果となり基地所在市町村を苦しめる本末転倒の事態が生じている。

＊脱基地と基地依存の明暗

米軍基地返還による返還地の後利用が成功したエリアは、前述の北谷町以外にもある。旧米軍牧港住宅地区の返還跡利用に成功した「那覇新都心」や、米海軍施設返還跡利用で市街地化に成功した那覇市の「小禄（おろく）・金城（かなぐすく）地区」、北中城村の米軍泡瀬ゴルフ場返還で大型ショッピングモールの立地などがあり、それぞれ基地返還前に比べ一〇倍から一〇〇倍もの経済波及効果を上げている。基地返還は雇用効果も二九倍から九三倍まで急増し、新規雇用効果も二万人を超えている。

沖縄県の試算では、今後も返還が合意された普天間基地など五基地の返還で、実現が見込まれる直接経済効果は八九〇〇億円、誘発される雇用効果は八万人超と推計されている。現行の県民総所得四兆一〇〇〇億円が一兆円近く増える計算になる。基地返還は「イモとハダシの時代に戻る」どころか、返還による豊かな沖縄の発展の夢が広がる試算結果となっている。

民間経済の成長で「基地の不経済化」も進み、基地内と基地外の一ヘクタール当たりの経済効果は七倍（普天間基地は一ヘクタール当たり二〇七一万円、基地外の民間地は一ヘクタール当たり一億四五七九万円）から一〇倍（牧港（まきみなと）補給基地・同二四五三万円、民間地同二億二七八六万円）まで拡大している。

加えて米軍基地の返還跡利用は、巨大ショッピングモールや商業施設、住宅地への転換で、返還前の基地収入の三倍から一〇〇倍を超す経済効果（固定資産税など税収増、雇用増）を発揮し、沖縄県は「米軍基地があるための逸失利益は毎年一兆円」との調査結果を公表するに至っている。
基地は振興策をもたらすが、その振興策は地域の自立や発展につながるとは限らないことは、沖縄の基地所在市町村の経験が物語っている。沖縄全体をみても、基地はむしろ国庫支出金など財政依存度を高め、不労所得の基地収入や高額の軍用地料が就労意欲を失わせ、基地所在市町村の高失業を生み、振興策で投じられた事業の実施のために自治体は借金を重ね、さらに振興策で建設された施設の維持管理に苦戦し、維持費のために財政が逼迫するという事態も招いている。

また米軍再編の関係では、普天間基地の返還を求める沖縄県民の要望に応えるために名護市に新たな米軍飛行場の建設を進め、そのために一兆円近い国費が投入されるかのように報道されている。

しかし、実際には基地建設のために投下された公共事業などの資本の県外＝本土還流・流出というザル（漏れバ

宜野湾市の事例

宜野湾市	経済効果
■ 基地面積	582.2ha
■ 基地関係収入	120億5,601万円
・市の基地関連歳入額	・44億2,601万円
・普天間基地軍用地料	・76億3,000万円
■ 1ha当たり 基地収入	**2,071万円**
■ 民間地域面積	1,397.8ha
■ 市内純生産額	2,037億8,500万円
■ 1ha当たり総生産額	**1億4,579万円**
民間地域の経済効果は基地の **7.0 倍**	

基地関係収入は2019年度の実績、民間地域の純生産額は2017年度実績。沖縄県基地対策課、市町村課資料から分析

浦添市の事例

浦添市	経済効果
■ 基地面積	267.6ha
■ 基地関係収入	65億6,545万円
・市の基地関連歳入額	・13億2,145万円
・牧港補給地区軍用地料	・52億4,400万円
■ 1ha当たり 基地収入	**2,453万円**
■ 民間地域面積	1,678.6ha
■ 市内総生産額	4,496億3,400万円
■ 1ha当たり純生産額	**2億6,786万円**
民間地域の経済効果は基地の **10.9 倍**	

基地関係収入は2019年度の実績、民間地域の純生産額は2017年度実績。沖縄県基地対策課、市町村課資料から分析。この計算は宮田裕・元内閣府沖縄総合事務局調整官による

ケツ）経済の実態からも、沖縄経済への波及効果は投下財政規模に比べかなり限定的なものとなっている。

4　沖縄経済発展の可能性

＊基地返還と跡地利用構想がカギ

沖縄経済はいま、二〇二二年度から始まる「新・沖縄21世紀ビジョン基本計画」で、基地跡地の有効利用と県土構造の再編を打ち出している。かつて国際都市形成構想と基地返還アクションプログラム、基地なきあとの産業創造アクションプログラムを策定し、全基地返還を打ち出した大田昌秀元知事は「市街地の中心に広がる米軍基地は、返還後は沖縄の経済発展の拠点となる。次の世代に我々が残せる真っ白なキャンバスだ」と語った。

実際に返還された米軍基地の多くが新たな経済発展の拠点として、地域経済の成長・発展に寄与している。一方で、残存基地はフェンスの外側の民間地域に比べ富を生み出す量の少ない「基地の不経済」も指摘されている。

沖縄県にとって基地返還の促進と基地跡地利用は、今後の経済発展のカギを握る「成長のエンジン」を与えるものとの期待感も高まっている。大田県政が一九九五年に策定した基地返還アクションプログラムは、一九九五年から二〇一五年までの二〇年間で在沖米軍基地を返還・全廃させる計画だった。この返還計画を基に合意されたのが、普天間基地など一一施設の返還合意となる「SACO合意」であった。「跡利用計画の策定されたところから返還交渉に入るのが基本」と米軍関係者も語るように、基地返還跡利用計画が基地返還実現のための切り札となってきた。

基地返還アクションプログラム（一九九五年、大田昌秀県政）
一九九五年～二〇一五年の二〇年間で在沖米軍基地全廃
第一期：二〇〇一年までに普天間含む一〇施設
第二期：二〇一〇年までにキンザー等一四施設
第三期：二〇一五年までに嘉手納基地を含む一七施設の返還

在沖米軍基地を後利用や利活用の観点から眺めると、四〇〇〇メートル級の滑走路二本を持つ成田空港を超える巨大な嘉手納基地は、軍民共用による第二空港としてLCC（ローコストキャリア＝格安航空会社）の拠点空港化の可能性を秘めており、アジアを飛び交う航空機の整備センターとしての活用も期待されている。浦添市にある牧港補給地区は人口増の中で新たな副都心、産業拠点やアミューズメントエリアとしての開発計画も浮上している。那覇港湾施設（那覇軍港）も臨海・臨空型産業拠点として、海の迎賓館構想などウォーターフロント開発の可能性が論議された。
返還後の米軍基地跡は米国にとっても米国企業のアジア拠点としてボーイングの嘉手納整備工場、

ＧＡＦＡ（グーグル、アップル、フェイスブック、アマゾン）など巨大ＩＴ企業のアジア拠点化、米国製品・商品のアジアショーケース化（ＰＸ＝売店の活用など）、すでにある米軍基地内大学（メリーランド大など）のアジアブランチ（分校）としての留学拠点化、基地内留学受け入れ、基地内野球場の大リーグキャンプ地としての活用、基地内ゴルフ場のアジアプロゴルフツアー誘致、選挙時に論議されたＵＳＪ（ユニバーサル・スタジオ・ジャパン）など新テーマパークの建設用地としての活用など、多くの可能性がこれまでにも論議されてきた。

災害に強い街づくりの観点からも、米軍基地のある地域は琉球石灰岩の岩盤地域が多く、基地外の島尻粘土層の地域に比べ、高層建築など新都心、新都市形成の拠点として注目されている。

＊新10Ｋ経済で新戦略を展開

基地、公共事業、観光の「３Ｋ依存経済」も時代とともに変化し、いまでは従来の軍用地料や基地従業員雇用、米軍人らの消費支出に依存する基地経済から返還跡地利用のよる返還ビジネスが「新基地経済」として注目されている。公共事業も環境再生型、既存インフラの維持・再生事業の展開、観光経済も従来の周遊型観光から医療ツーリズムやグリーンツーリズム、ＭＩＣＥ（集客交流が見込まれるビジネスイベント）やクルーズ船観光など高付加価値型観光に向けた動きが加速し、旧３Ｋから新３Ｋ経済への転換が進んでいる。

またさらに新７Ｋと呼ばれる健康、環境、金融、研究、教育、交通、交易の分野も急成長が期待されている。健康ビジネスは健康食品（ノニ、ウコン、長命草、天然塩、モズク、月桃など）の開発が進み、医薬品開発など「一品目一億円」の目標が一品目一〇億円産業にまで成長しつつあるほか、環境ビジネス分野は米軍基地の汚染除去をはじめ赤土汚染対策やサンゴ再生、環境保全、ごみ処理、廃プラスチック対応、グリーン・ニューディール（環境回復・復元型公共事業）などが注目されている。

金融ビジネスは苦戦しながらも金融特区や情報通信特区などを生かした新たなネット証券、ネット保険などの可能性を模索する動きもある。研究分野では沖縄科学技術大学院大学を中心とするゲ

脱基地経済の経済発展分野「新7K経済＋I」

健康 →健康食品（ノニ、ウコン、長命草、天然塩、モズク＝フコイダン、月桃＝サンニンなどによる食品、医薬品開発）
1品目1億円→1品目10億円に成長。
キビ超え。製薬、食品開発強化

環境 →赤土対策、グリーン・ニューディール（環境回復・復元型公共事業）
世界自然遺産登録の維持発展
→サンゴ復元、環境保全、ごみ処理、廃プラスティック対応、CO_2削減
→新石垣空港など赤土汚染防止（環境新技術）、福島原発対応（ゼオライト）

金融 →金融特区、IT金融ビジネス＝ネット証券
間接金融から直接金融へ 上場企業の育成
→振興策依存では限界。企業主導へ→東京AIM

研究 →沖縄科学技術大学院大学の活用、TTCによる技術開発、琉大の研究開発支援
→ゲノム研究、珊瑚研究、亜熱帯資源開発、AI研究、耐熱・抗酸化・防さび
※年間予算200億円、研究者に年2億円。

教育 →専門学校の隆盛、名桜大学の公立公営化、IT新学部
基地内大学＝県内留学（メリーランド大など）
→低進学率＝入学定員の5割拡大可能性
・低進学率（大学進学率40％＝全国55％
年間2,400人の高等教育格差）
→県内大学無料化、奨学金拡充

交通 →モノレール延伸、LRT建設、港湾拡充、那覇空港ターミナル拡充
→県内公共交通の無料化・拡充検討
→国際貨物ハブ、クルーズ船対応→白タク行為の増加、公共交通手段の不備
※LRT、BRTの早期整備、「嘉手納かりゆし空港」の活用

交易 →国際航空物流ハブ、国際港湾物流ハブ、アジア商談会、MICEとの連携、FTZの再検討
→ANA国際航空貨物ハブの展開

ICT →全県フリーWi-Fi、Telework拠点、電子教育・離島遠隔教育、遠隔医療、自動運転、遠隔会議、遠隔シンポ

出典：筆者作成

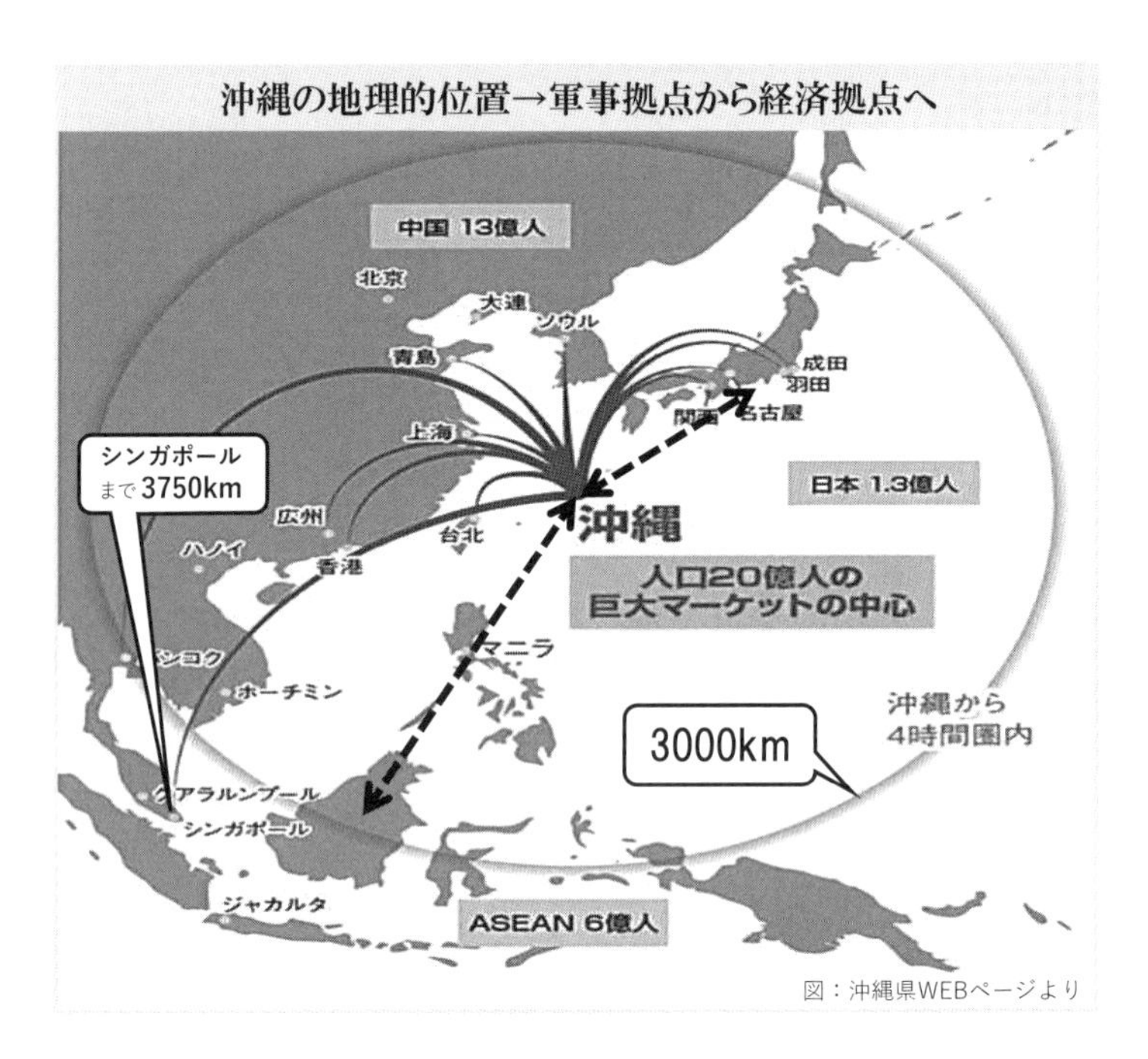

図：沖縄県WEBページより

ノム研究、サンゴ再生研究、亜熱帯資源開発、ＡＩ研究、耐熱・抗酸化・防さびなど沖縄の地域課題の解決を踏まえながら世界に貢献できる研究開発が注目と期待を集めている。

教育分野では専門学校の隆盛、名桜大学の公立公営化、基地内大学の活用など進学率の向上に向けた教育無償化の検討をはじめ新奨学金の充実、米国大使館による復帰五〇年を記念する新たな高校生奨学制度の創設など人材育成の強化の側面からも新たな発展分野として期待されている。交通分野では都市モノレールの再延伸、国際貨物ハブ、クルーズ船対応、軌道系交通機関の新設、嘉手納基地の活用、クルーズ周遊観光対応のバース・ターミナル整備など多くの新規事業が見込まれている。

交易・貿易の可能性として那覇空港の国際航空物流ハブの再構築、那覇港湾の国際港湾物流ハブ、アジア商談会の拡大発展、MICEとの連携、自由貿易地域の特区制度拡充などアジア経済戦略構想に則った新戦略の展開が期待されている。

新10K経済をつなぐのが沖縄県が新・沖縄21世紀ビジョン基本計画でも打ち出しているDXなどデジタル戦略、ICT（インフォメーション・コミュニケーション・テクノロジー＝情報通信技術）の活用である。島嶼県・沖縄にとって観光・教育支援のための全県フリーWi-Fi化やウイズコロナ戦略となるテレワーク拠点形成、離島医療を支援する遠隔医療、離島教育の充実を図る遠隔教育システムの構築、交通コストの低減に向けた自動運転技術の開発など、ICT戦略は新10K経済の発展を支える重要な中核産業である。

いまの沖縄の現状をポジティブにとらえると、県外からの移住者が増え、国外からの移民など多様な人材が集う地域となり、ホテル・観光業を中心に欧米・アジア各国からの投資が相次いでいる。豊かな可能性を秘める地域として地価は東京を超える上昇率を見せ、売買も増える傾向にある。沖縄県にとって今後の一〇年、五〇年、一〇〇年先を見据え、時代の先を読む「新経済発展ビジョン」とともに、新たな発展に必要な県土開発のグランドデザインとマスタープラン作りが求められている。

＊「自立」経済から「自律」「自力」経済へ

復帰後五〇年を経て、「自立」経済から「自律」経済へと目標をシフトさせながら、アジア経済戦略構想を構築し、アジアのダイナミズムを沖縄県経済に引き込み、基地返還ビジネス、環境再生型公共事業、高付加価値型観光への転換に、新たな経済振興策として健康、環境、教育、研究、金融、交通、交易を加えた新10K経済を新たな「成長のエンジン」として動き始めている。

「自立」経済から自己決定権と自発的発展を目指す「自律」経済へ、また財政依存、基地依存から脱却し「自力」経済へと力を蓄積し、アジア二〇億人の巨大マーケットの中心にあるという地理的ポテンシャルを生かして、アジア・ネットワーク経済の拠点としての発展を目指す沖縄経済に注目したい。

V 沖縄の自然

―世界自然遺産と軍事基地

――――亀山 統一

やんばるの森の住人たち　ノグチゲラ〈左上〉ヤンバルクイナ〈右上〉リュウキュウヤマガメ〈左下〉ホルストガエル〈右下〉（撮影：平良克之）

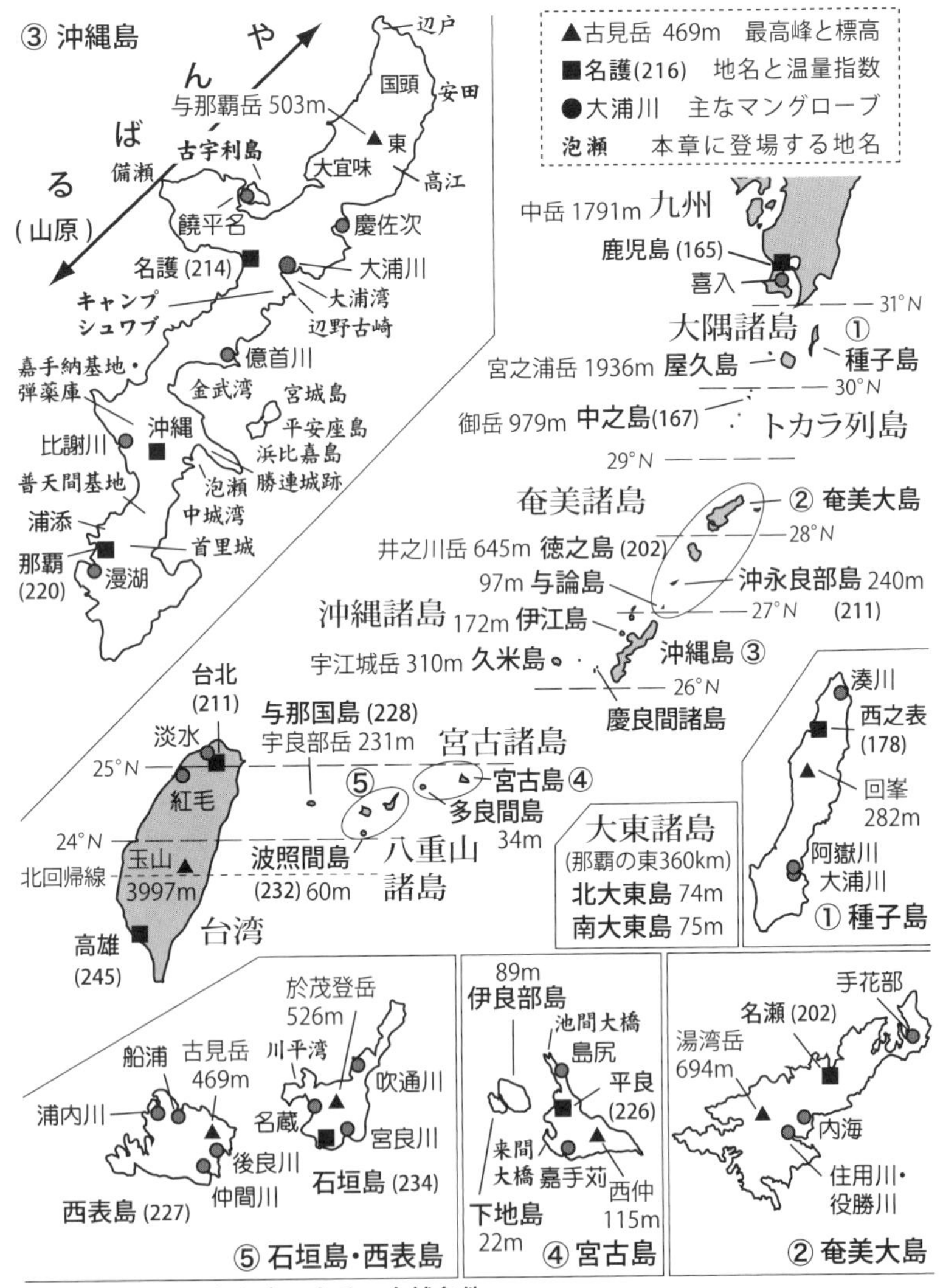

図 「琉球弧」の主な島々とその自然条件

注） **温量指数**とは月平均気温 5℃以上の月の平均気温の年合計値で、十分な降水量があれば、おおむね、55～冷温帯（落葉広葉樹林）、85～暖温帯（照葉樹林）、180～亜熱帯、240～熱帯の植生となる。東京 130、仙台 100、旭川 68 である。2020 年までの平年値による。

1　亜熱帯・沖縄の自然

＊海の生態系──生物がつくりだした自然

沖縄の海は、何もかもが違う。島の周りは浅い青や緑に縁どられ、日が差せば輝きは格別だ。濃紺の外海と強い対比をなし、その境目で白波が砕ける。

海岸林を抜けて、浜辺に降り立つ。林の切れ目から、白砂の浜にグンバイヒルガオが蔓を伸ばして浅桃色の花をつけ、波打ち際にはヤドカリやカニが遊んでいる。風は磯の匂いをはらまない。寄せる波は静かで、澄みきっている。

海に入ると、魚の姿があちこちにある。ナマコや、多種多様な貝も。海草がどこまでも広がって静かに揺れていることもある。岸から沖合に、ときに一キロ以上も続く浅瀬は池のように穏やかだが、ときと場所によっては強い潮の流れもある。この浅い海の先端は、色とりどりのサンゴに魚が群舞する夢の世界だ。外洋からの荒波はここで砕け、その先は急に水深が増していく。黒潮が運ぶ海水は貧栄養（ひん）でプランクトンが少ないので、澄んで深い海の色だ。

岸辺から続く浅い海は生物がつくった地形だ。サンゴの海である。サンゴ礁をつくる造礁サンゴは、石灰質の骨格をもち群体で生活する動物だ。骨格に褐虫藻（かっちゅうそう）という単細胞の藻類が共生しており、その光合成産物がサンゴ礁の生態系の基盤をなしている。

造礁サンゴが生活できるのは、光がよく届くが干潮時にも海面から出ない浅場の岩礁だ。岩場に付いたサンゴは死ねば骨格が残り、そこにまた新しい群体が付いて、浅瀬を沖へとのばしていく。その先端はサンゴが最も密生して活発に活動している場所である。外海の波を常に受け、荒天時にはすさまじい波力による破壊にさらされる。

　この浅く穏やかな海を沖縄の言葉でイノーと呼ぶ。海岸の白砂はサンゴや貝殻のかけらである。波打ち際から先端までの距離は、サンゴ礁が発達していった時間の長さを示している。イノーでは、潮の干満によって海の深さや流れが激変するので、海で働き遊ぶ人びとは、潮汐（ちょうせき）を司（つかさど）る月の満ち欠けに注意している。だから、太陰暦が今も暮らしに息づいている。

　イノーの中でところどころ黒く見えるのは海草藻場である。海草は、岩礁には根付かないし、土砂の堆積が激しい所では埋もれてしまう。流れが速ければ定着できないし、濁っていたり水深が深ければ光合成が妨げられる。流れの穏やかな砂質の浅海にだけ、海草は生えるのだ。海草藻場の主役であるアマモ、スガモ、ウミヒルモなどは、ジュゴンの餌草でもある。

　ジュゴンは体長三メートル、体重四〇〇キロにもなる哺乳動物で、インド洋から西太平洋の熱帯・亜熱帯地域の浅い海に生息する。寿命は七〇歳くらい。一五歳くらいで生殖年齢に達し、数年に一子を出産するとされる。沖縄島のジュゴンは東南アジア・オセアニアの集団から隔離されてごく少数の個体が生存している。太平洋での北限のジュゴンの集団であり、絶滅の危機にある。ジュゴンは草食獣であり、生態系の頂点にいるわけではないが、広大な藻場がないと生きられず、沿岸の自然環境の豊かさを象徴する生物である。

＊沖縄の森の多様性

沖縄は、東アジアにある亜熱帯の島だ。この一文で、海だけでなく陸上の自然の特徴も説明できるのである。

中国大陸の東にあるため、夏は太平洋の暖かく湿った空気が、冬は大陸の寒気が吹き込む。だが、海洋に囲まれており、黒潮の働きもあって、気温の変化は緩和される。だから、夏は東京などの本土ほど気温が上がらず、冬は寒い日もあるが本土よりははるかに暖かい。台風や梅雨もあるし、一年を通じて豊かな降雨に恵まれている。

そして、大陸に近く、黒潮が洗い、サンゴ礁が発達した島であることは、これから述べるように、沖縄の生物の種類が豊かで、固有の生物も特別に多い原因になっている。

沖縄島北部（やんばる）や石垣島、西表（いりおもて）島などには山地があり、照葉樹（厚く光沢のある葉をもつ常緑広葉樹）の森林がおおっている。照葉樹林は遠目に黒々として地味だが、構成樹種が多く、一本一本の木が、樹形も葉の色や繁り具合も異なる。二、三月の新緑の頃には、みどりの色の多様さに息をのむ。亜熱帯地域は乾燥地が多いが、沖縄の島じまは東アジアに位置するため雨に恵まれ、世界でも珍しい亜熱帯降雨林におおわれている。

やんばるの森に一番多いのはシイ（椎）の木である。これはオキナワジイという琉球列島に固有の樹木で、本土の温暖地に生えるスダジイやコジイの仲間だ。海岸近くや城跡などに多いリュウキュウマツも、本土のアカマツやクロマツに似た、琉球列島の固有種である。シイやマツとともに、沖縄の森にはカシ、ツバキ、タブ、イスノキ、ハゼノキなど、本土の温暖地に見られる樹木と同じか近縁の種が多く生えている。

沖縄ではガジュマルの木もよく目にする。ガジュマルはイチジクの仲間で、実を食べた鳥が種子を運び、フンの落ちた場所で発芽する。樹上や石灰岩の上で発芽した場合、雨水を受けて育ちながら、気根を長くのばして岩の割れ目や地面にまで根を届かせる。大木では横に伸びた大枝から気根が降りて、何本も幹があるように見える。アコウもガジュマルとよく似た性質を持ち、気根が溶岩のように岩や他の木の表面をおおう姿から、ともに榕樹(ようじゅ)とも呼ばれる。いかにも沖縄らしい木だが、ガジュマルは屋久島(やくしま)・種子島(たねがしま)まで、アコウは紀伊半島まで分布している。

一方、沖縄の海岸では、モモタマナという木が見られる。傘を広げたような独特の樹形で、台風にも耐えてよい緑陰をつくるので、公園や学校にもよく植えられている。その果実はオオコウモリの大好物だ。また、トゲだらけの硬く細長い葉をもつ低木アダンも、よく海岸に密生している。パイナップルに似た形の果実は熟すと橙色になり、紅型(びんがた)などの工芸品にも好んで描かれる。アダンやモモタマナは琉球列島を北限として、熱帯地域にまで広く分布する木だ。

このように、沖縄には、本土と同じ樹木、中国南部・東南アジアと同じ樹木、そして固有の樹木があり、種類がとても多い。そしてその構成は島ごとに異なる。これは、島の位置と成り立ちに理

マヤプシキは流れの静かなマングローブの前縁部に生育する。温暖化による海面上昇でいちはやく絶滅すると懸念される（西表島与那良　撮影：筆者）

由があり、その島にしかない自然をつくり上げている。

こうした生物の多様性の高さや島ごとの違いは、樹木だけでなく、草も、動物も、微生物も同じである。ヤンバルクイナやヤンバルテナガコガネ、ノグチゲラ、イリオモテヤマネコなどの稀少な動物が多数生息しているのは、沖縄の森の大きな特徴だ。

＊海に浮かぶ森——マングローブ林

河口や内湾にはマングローブ林がある。マングローブとは特定の植物の名前ではない。河口近くや干潟などで、潮が引くと地表が現れ、満潮時には海水混じりの水に沈む場所（潮間帯）に生える植物の総称である。

典型的なマングローブ植物は全て樹木で、屋久島・種子島ではメヒルギ一種、奄美（あまみ）大島で二種、沖縄島で四種、八重山でも七種と、陸上の森林よりもずっと種類が少ない。潮間帯の特異な環境に適応できた樹種は数少ないし、亜熱帯地域はマングローブの北限で、熱帯ほど多様な種は分布できないためだ。だから、マングローブ林の外観は均一で、陸上の森林との景観の違いが際立つ。

マングローブ林の後背は海岸林につながるが、前面は川の流れや海に面している。林縁では、若木や暴風や大水に耐えた木が干潟に点在している。その先は、もう木が定着できない海の領域だ。

マングローブ植物の多くは、地上部に呼吸根や支柱根という特異な形の根を発達させる。この根は、土が強い塩分を含むこと、酸欠状態であること、落葉落枝や死んだ根が分解されず泥炭状になっていることに適応したものだ。マングローブ林は魚礁の役割を果たし、海の動物のよい産卵場となるし、泳ぎの苦手なトビハゼ、前後に歩けるミナミコメツキガニ、はさみを振るシオマネキ、巨大な巣塚を造るアナジャコなどが生きる場ともなる。木にはキノコも生え、微生物や昆虫、小動物のすみかになるので、病虫害も起こる。海の森の生態系である。

九州の薩摩半島にも河口に小さなメヒルギ林があるが、マングローブ生態系が発達するのは奄美・沖縄以南である。名護市東海岸の大浦川河口では、木道を散策してマングローブ林の内部を誰でも容易に観察できる。干潮時には多くの生き物が見えるし、生活の音も聞きとってほしい。

＊高島と低島

琉球列島の島じまは、それぞれ異なる歴史を持っている。

海の生態系の基本はサンゴ。大浦湾のアオサンゴ群落（提供：じゅごんの里）

ヤクサルやヤクシカ（屋久島）、アマミノクロウサギ（奄美大島・徳之島）、リュウキュウイノシシ（沖縄島など）、イリオモテヤマネコ（西表島）などの大型の哺乳類がいて、海を渡れない種子をつけるシイ、カシ、マツなどの植物が自生する島は、中国大陸や日本列島と地続きだった時期があり、島となってからも比較的面積が大きく山もあって、いろいろな生物種が絶滅せず生き続けた島だ。こうした島を高島（こうとう）という。

一方、サンゴ礁が隆起してできた平らな島で、島の全部や相当部分が水没したことのある島は、土着の生物の種類は近くの高島よりも少ない。これを低島（ていとう）といい、宮古島や多良間島がその例だ。

沖縄島中南部は低島の特徴を持っており、古くから開けて都市や農地となり、人口は一〇〇万を大きく超える。サンゴ礁由来の琉球石灰岩が広く分布しているので、鍾乳洞が多く、川が少ない地形だ。琉球石灰岩は首里城などの石積みに使われている。

沖縄島北部は、やんばる（山原）の名のとおり高島だ。標高は最高でも五〇〇メートルほどだが、地形が細かく、島の森とは思えぬ奥深さがある。東西に多数の川が流れている。特産のパイナップルやマンゴは、高島に多い酸性の赤土に合った作物である。森をつくる樹木も南部とは異なる。やんばるの森はかつて中南部に薪炭や用材を供給した生産の森であり、手つかずの原生林はない。しかし、伝統的な林業は択伐（使う木を抜き切りすること）を基本としたため、多様な生物種がよく維持された。

＊陸・川・海の絶妙なバランス

高山も火山もない沖縄では、樹木の体内や土壌の中にある養分を森の木が使いつづけないと土が痩せてしまい、よい森が存続しない。植物に吸収されたミネラルは、葉や枝が落ちたり根や幹が死んで分解されるとまた利用可能になる。気温や湿度の高い沖縄では分解が速く、すぐに他の植物や菌類に吸収されて再利用される。さもなければ流れ去ってしまう。高島の山地の土が赤いのは、ミネラルのうち水に溶けない鉄分ばかりが残ったからだ。

森林が失われると、木の幹や葉にあった養分がなくなる上に、地表に雨粒が直接たたきつけて流れ下り、表土が侵食される。そこから多様な生き物がすむ本来の森林にまで回復するのには、長い時間がかかる。大雨のたびに真っ赤に濁った雨水が川に流れ込み、海を汚す。

澄んだ水にマングローブが浮かび、魚影も濃い西表島浦内川河口（撮影：筆者）

海の生態系の基盤をなすサンゴは、海底に固着しているし、共生藻類が光合成をするので、赤潮や泥で海水が濁っていたり、泥が降り積もったりする環境では生きられない。また、土壌養分が流れ込んだ富栄養の海水では、サンゴの天敵オニヒトデが増殖する。つまり、陸上がみどりに覆われていてこそサンゴや海草は繁栄する。

一方、島をおおう深い森は、サンゴ礁のたまものだ。島の植物は常に強い海風にさらされ、荒天時には、潮風の塩分や飛砂で枝葉が枯れることもある。しかし、外洋からの波は沖合のサンゴ礁縁で砕けるので、風がサンゴの海をわたる間に塩分が低下し、潮風害や高波被害が抑えられている。

川水の泥や養分の一部は、マングローブ林に捕らえられる。複雑にからんだ地上根や幹枝が水流をゆるめ、ちょうど海水に出合って沈み始めている粘土を抱きとめる。台風や津波などで海から高い波が押し寄せると、マングローブ林は波の威力を弱めて、陸上の被害を小さくする。

このように、陸・川・海の自然は深い関係で結ばれている。かつて中国や日本列島から陸地伝いに移動したり、黒潮に運ばれて漂着したり、渡り鳥に乗ってきたりして、島じまにたどり着き、そこで生き残れた生物たちが、島ごとに独自の進化をたどった。その歴史の結晶を、私たちは見ているのだ。ここに、奇蹟のような沖縄の自然の貴重さの本質がある。

＊まちのみどり――歴史を映し出す島の景色

街路樹など都市のみどりには、アカギ、ホルトノキ、リュウキュウコクタンなど在来種が多い。本部町備瀬（もとぶちょうびせ）のフクギ並木、国頭村辺戸（くにがみそんへど）の「蔡温（さいおん）の松」など、伝統的景観の名所もある。

その一方で、桜前線が北上でなく南下することで知られるヒカンザクラは中国原産だし、県花であるデイゴはインド原産だ。トックリキワタなど南米原産の花木も多いし、ハワイの栽培植物も多く持ち込まれている。観光地に植えられたヤシ類の多くも沖縄原産ではない。では、これらは沖縄らしさを壊すものかと言えば、そうとも言えない。それらは琉球王朝時代の交易、戦前の海外移民、戦後の米軍支配のもたらした植物だ。沖縄の歴史のつまった風景なのである。

生きものに興味のある方なら、やんばるや西表の森の核心部に踏み込まなくても、那覇の書店で図鑑を買って首里城公園や末吉公園（那覇市）、名護城（なんぐすく）趾などを散策するだけで、素晴らしく楽しい一日になるはずだ。専門知識がなくても、海洋博記念公園、東南植物楽園などの植物園や生物・地質観察に適した観光施設が数多くあるので、ゆっくり楽しんでほしい。

2　国立公園化と世界自然遺産登録

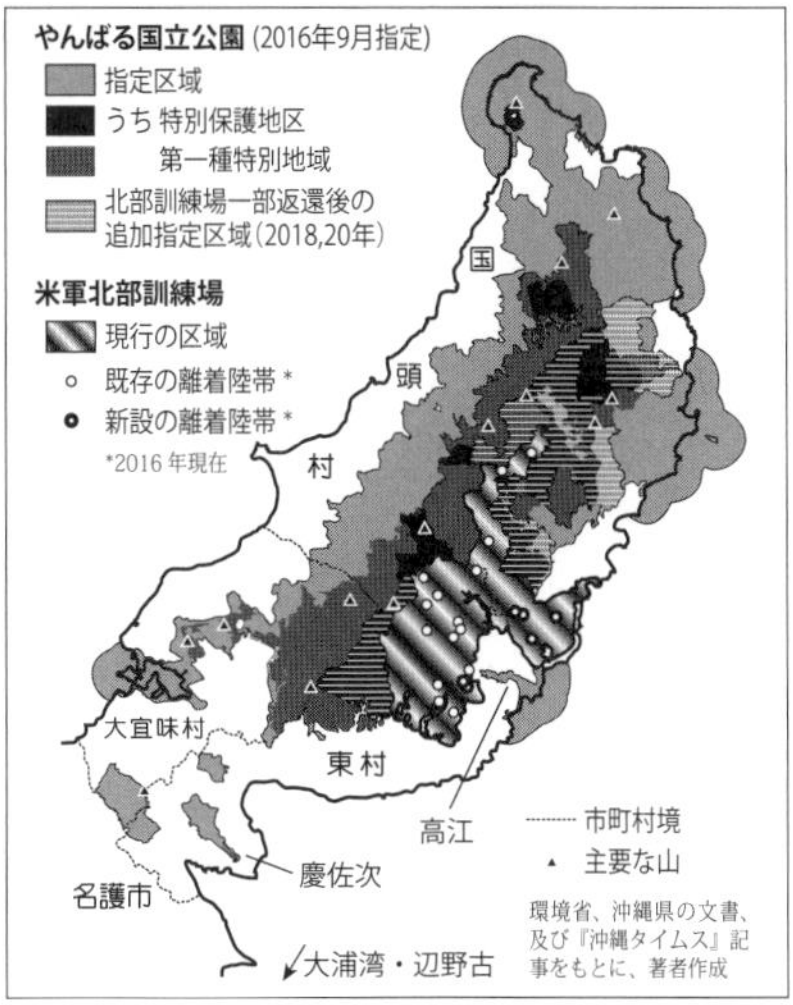

環境省、沖縄県の文書、及び『沖縄タイムス』記事をもとに、著者作成

＊「生物多様性のホットスポット」がやっと保護地域に

沖縄の島じまは、固有の生物も多く「生物多様性のホットスポット」と呼ばれる地域を持っているが、それが国立公園として広く保護されるようになったのは、意外にも最近のことである。

西表島の一部は復帰の時点から西表国立公園とされてきたが、二〇〇七年に石垣島の一部を加えて石垣西表国立公園となり、さらに、一二年に指定地域が拡大された。「原生状態に近い亜熱帯性常緑広葉樹林やわが国最大規模のマングローブ林、サンゴ礁など」、また「希少な八重山固有の動植物が多く生息・生育していること」をその特徴としている（環境省）。

慶良間（けらま）諸島国立公園は、二〇一四年に新たに指定されたものだが、これは、一九七八年に沖縄海岸国定公園に指定されていた区域を国立公園化したものだ。

一方、沖縄島北部の国立公園化は遅かった。海岸の一部が復帰時から沖縄海岸国定公園であったのを除いて、ようやく二〇一六年にやんばる国立公園（陸域一三六二二ヘクタール）が誕生し、一八年と二〇年に公園区域が拡張（陸域三七三三〇ヘクタール）された。その特徴は「国内最大級の亜熱帯照葉樹林が広がり、琉球列島の形成過程を反映して形成された島じまの地史を背景に、ヤンバルクイナなど多種多様な固有動植物及び希少動植物が生息・生育し、石灰岩の海食崖やカルスト地形、マングローブ林など多様な自然環境を有している」ことである（同上）。

こうして国内法による保護地域指定を完了して、二〇二一年に奄美大島・徳之島とともに、沖縄島北部と西表島が世界自然遺産に登録された。同じように亜熱帯照葉樹林が広がり、固有種も多い西表島とやんばるで、国立公園の指定時期がこれほどずれたのはなぜだろうか。

西表島には復帰前にはジャングル戦の訓練場が置かれていたが、復帰時点で米軍基地は存在しない。島の森林のほとんどが国有林で、琉球政府立公園となり、復帰時に国立公園として引き継がれた。

一方、沖縄を占領した米軍は、やんばるの森を広く訓練場に指定して立ち入りを禁じた。これは、地上戦後の復興需要による森林の過剰伐採を防ぐ措置だったと推測する人もいる。だが、米軍政府の意図は森林保護や災害防止ではなかった。有事の際に沖縄島には米国本土から大量の将兵や航空機などが送り込まれることから、膨大な水需要に備えて水資源を確保しておかなければならず、そのために森林地域を広く囲い込んだのである。

だから、米軍の運用に必要とあれば、森を壊して訓練施設を造ることをいとわなかった。国頭村安田（伊武岳、一九七〇年）などで、住民が体を張ってそれを阻止したのである。復帰後も、国有林は主に島の東側を占めており、米軍訓練場と重なっていた。基地外の西側で農林業をしなければ地場産業が成り立たないから、やんばるの森は国立公園にできなかった。

二〇一六年の国立公園化は、世界自然遺産登録を目的としたものであったが、軍事基地の存在ゆえに十分な自然保護策を取れないことから、世界遺産候補への推薦手続きは一度見送られた。政府は、基地返還地を国立公園に追加指定するなどして登録にこぎつけたが、次に述べるように、公園の指定範囲も、米軍基地の建設運用も、世界遺産との整合性を著しく欠いている。

＊軍事は自然保護に優先する――北部訓練場へリパッド建設、辺野古新基地

名護市辺野古では、沖縄県民投票（二〇一九年）を頂点とする住民の明らかな反対意志を無視して、政府が新基地建設工事を続けている。自然環境保全の観点から最大の問題点は、国立公園・世界遺産に最もふさわしい海を埋め立て、陸地を切り崩して基地を建設していることである。

辺野古の海の海草やサンゴの群集の素晴らしさは、疑いなく沖縄島で第一級のものであった。その海草藻場は、工事前には沖縄島に残されたジュゴンの主たる生息地だった。海岸には特徴ある地層が見られ、貴重な海浜植物が生育していた。砂浜にはウミガメが産卵に上陸した。

大浦湾は、サンゴ礁、海草藻場、深い断層の崖などが組み合わさって、特異な海の生態系がつくり出されている。大浦湾に注ぐ川も、マングローブ林から淡水域まで自然豊かだ。こうして、陸域

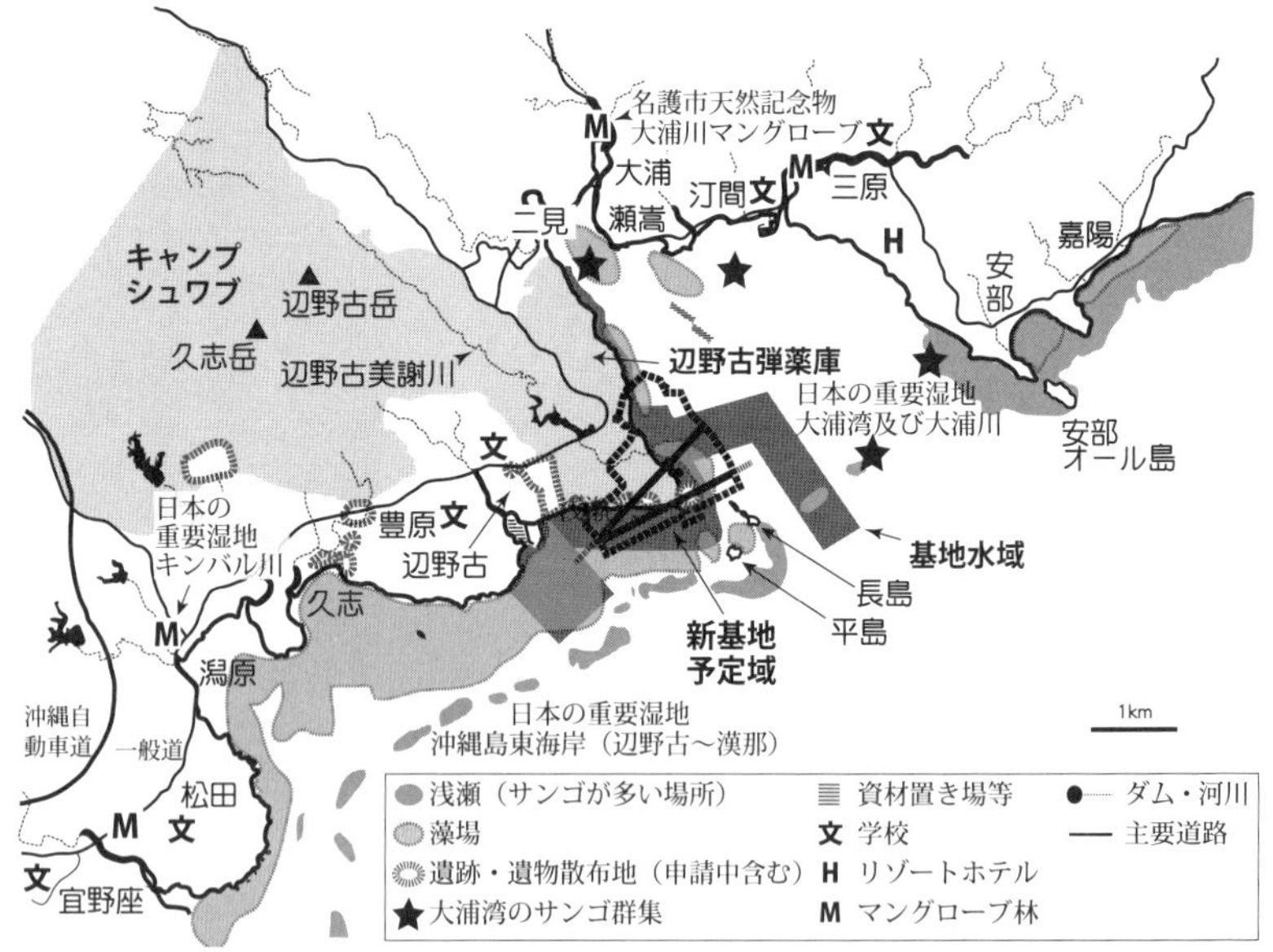

辺野古周辺の守るべき自然、歴史遺産と文教施設など——2017年の辺野古沿岸部の埋立工事着工前に、これだけの守るべき生態系、文化財、文教施設・観光施設があって、新基地建設で影響を受けることを政府も把握していた（作図：筆者　2016年）

から海域まで一体となった自然が残されていることが、またとない特徴であった。まさに、沖縄島でも最も保護すべき場所であった。

こうした辺野古・大浦湾の価値は、その多くが米海兵隊のキャンプ・シュワブの基地水域であるために、広く知られずに来たのである。一九九七年に辺野古が普天間基地の「移設」先と発表されて以来、国の調査ではなく、専門の科学者、市民、自然保護団体などが自主的な調査を重ねた結果、初めてその自然の価値の全貌が明らかになってきた。

やんばる国立公園は、国頭（くにがみ）、大宜味（おおぎみ）、東（ひがし）の三村内に留まっている。本来なら、辺野古・大浦湾も国立公園に加え、世界遺産にも登録すべきだっただろう。

その自然を破壊して、埋め立て工事が進行している。着工後は、周辺海域は封鎖され、専門家の調査もままならない。しかも、環境アセスメントに重大な問題があったばかりか、着工後も公有水面埋め立て法、漁業法、水産資源保護法にもとづいて沖縄県知事が法的権限をもって行った指示・命令等に、事業者である政府がことごとく従わないのである。自然保護のよりどころとなる法令や、憲法の地方自治の原則を、政府が自ら壊してしまった責任は重い。

だが、まだ間に合う。辺野古・大浦湾の自然の多くはまだ埋め殺されていない。

一方、米軍北部訓練場では、その一部返還に伴い、存続部分にヘリパッド（離着陸帯）を造成する工事が強行された。ヘリパッドと言っても、山を削って直径五〇メートル以上もの平地を造成するのであり、取付道路も開設される。オスプレイの離着陸時には高温の排気ガスが地面に向けて噴射される。また、海岸からの上陸訓練に使える進入路も新設された。

新設されたヘリパッドでは激しい訓練が行われており、隣接する東村高江（ひがしそんたかえ）地区などへの影響は著しい。二〇一七年には高江地区の民間地に海兵隊のＣＨ53ヘリが墜落し、炎上した。このとき日米両政府は隠していたが、機体の部品から高い放射能値が測定され、土壌からは有機フッ素化合物が基準値を超えて検出された。このことは、二〇二二年になって地元新聞社が米国情報公開法により明らかにしたのである。

東村では、米軍訓練場とやんばる国立公園が延々と境界を接している。しかも国立公園側は特別保護地区を含む特別地域に指定されている場所である。東村高江にも第二種特別地域が広がる。このような核心的な保護区域でさえも、緩衝地帯（普通地区）もなしに訓練場に接し、軍事演習にさらされているのが、やんばるの姿である。

3 沖縄の自然を壊す力、守る力

＊海を渡る道路

辺野古から沖縄島東海岸を南下すると、やがて金武(きん)湾が現れる。金武湾はかつて魚湧く海であったが、南側の与勝(よかつ)半島と平安座(へんざ)島の間で干潟に盛り土して産業道路(海中道路)が建設される(一九七二年)と、海の流れが断ち切られて湾の環境は激変してしまった。一九九〇年代にはいって、沖縄県が改修を行い海水の流路を確保した結果、環境は好転し、今や人気の観光道路だ。その先には浜比嘉(はまひが)大橋が架かっている。浜比嘉大橋は、名護市の古宇利(こうり)大橋、ワルミ大橋と並ぶ観光地である。

このほかにも、宮古島の伊良部(いらぶ)大橋、来間(くりま)大橋など、海にかかる長大な橋がある。これらの巨額の建設費用や、自然環境や地域社会に及ぼす影響については、検証する必要がある。だが、すでにあるこれらの橋が、ダイビングやボートで沖縄の海を観察することが難しい人でも、海上から海の美しさを満喫することができる貴重なスポットであることは確かだ。

＊沖縄の開発の典型―泡瀬干潟埋め立て

与勝半島の南側は中城(なかぐすく)湾であり、ここに沖縄島最大(二六五ヘクタール)の泡瀬(あわせ)干潟がある。人口の多い沖縄市に面しているが、水質がよく、泥、砂、礫など多様な海底の環境があるため、抜群に豊かな生物相を誇る。

この泡瀬干潟の一角を水産加工施設などのために小規模に埋め立てる構想を沖縄市・沖縄県が立てていたが、国は補助を認めなかった。ところが、一九九八年に国は突如として大面積の埋め立て計画を推進しはじめ、大規模リゾート開発事業が動き出した。国の「沖縄振興策」として、泡瀬干潟北隣の中城湾港の航路を浚渫（しゅんせつ）することになり、その土捨場として泡瀬干潟を埋め立てることになったのだ。造成された土地は、県と沖縄市が開発する。埋め立て面積は国が一七八ヘクタール、沖縄県が九・二ヘクタールで、国が二〇〇二年に、県は〇六年に着工した。

泡瀬干潟の海草藻類は百数十種を数え、新種や貴重種が多い。貝類は五〇〇種（生貝で三〇〇種）が確認され、続々と新種・新記録種が見いだされている。渡り鳥にとっては、東北アジアとオーストラリアを結ぶルート下の重要な中継地・越冬地である。シギ、チドリ類などは、ラムサール条約登録湿地の漫湖（那覇市）よりも飛来数が多い。海草藻場に囲まれてサンゴが群生する類例のない場所もあった。泡瀬は世界的に貴重な生態系を誇る海であった。

環境アセスメントは、貝類は二三種しか記載せず、海草は新種・新記録種をすべて見落とすなど極めてずさんであったが、不運にも自然保護団体や市民・専門家の目がよく届かないうちに手続きが終了してしまった。埋め立て着工を止める法的手段がほとんど残されていない中で、地元に「泡瀬干潟を守る連絡会」が発足した（二〇〇一年）。様々な学術団体・弁護士団体・自然保護団体、ラムサール条約事務局長やオーストラリア環境遺産大臣なども、埋め立て中止を求めた。

地元のためにならない、典型的な基地と引き換えの「振興策」の押し売り事案だとして、「連絡会」は、沖縄市と県に対して埋め立て事業への公金支出差し止め訴訟を提起した。さらに、海草藻類やサンゴなどの調査、工事の監視、事業者の資料の収集などを行って自ら科学的なデータを蓄積し、事業の問題点を指摘して対案を示し、市民や子ども向けの学習会や見学ツアーも重ねた。沖縄市長は〇七年に未着工部分の事業を見直す方針を表明し、裁判では原告側勝訴の判決も出た。その結果、事業中止には至らなかったが、埋め立て面積は半分に縮小された。沖縄県は埋め立て区域外の泡瀬干潟の保全を進める政策に転じた。

埋め立て工事が進むと、周辺海域では海底の環境が大きく変化し、特産のもずくなどの海藻養殖にも大きな影響が出ている。この事業で失われたものは大きい。だが、基地と違って、「経済振興策」に反対するのは容易ではない中で、住民は大きな経験を積み、沖縄県は価値ある一歩を踏み出した。世界遺産になっている勝連城跡（うるま市）に登ると、泡瀬干潟、人工島、中城湾港を一望にできる。また、沖縄県総合運動公園（沖縄市）の東口付近は、泡瀬干潟の浜に接している。


*軍事基地再編のための港湾「整備」――那覇軍港から浦添軍港へ

那覇港（那覇市・浦添市）の南側を占める米軍那覇軍港は、沖縄の復帰直後に返還合意がなされたが、永年進展がなく、使用が続いている。ところが、那覇港北側の浦添地区の拡張計画に新軍港を組み

浦添新軍港予定地に広がる貴重な天然海岸。奥の那覇港湾に接して埋め立て造成を行う。左は米軍キャンプキンザー、海岸道路と左端の建物（スーパー）は基地返還により近年建設された（撮影：奥間政則）

込んで「移設」しようという計画を、日本政府が二〇二〇年から急に推進し始めた。

港湾拡張という巨大公共事業、都心の一等地である那覇軍港の返還、浦添地区に隣接するキャンプ・キンザーの返還促進と跡地利用という、地域経済を左右する三事案をいわば人質にとって、沖縄に新基地を建設することになる。

浦添新軍港を含む港湾拡張は、海の埋め立てによって行われる。ところが、建設予定海域は、海兵隊基地キャンプ・キンザーの基地水域とされてきたため、那覇周辺で唯一、堤防などのない自然海岸が保たれており、カサノリなど貴重な藻類の大群落やサンゴのある、沖縄屈指の良好な海が広がっている。

郷土に昔からある自然の風景は地域の歴史・文化の基盤であり、自然信仰や郷土愛の強い沖縄においては特に大事だ。建設すれば、那覇圏で唯一の自然海浜がなくなり、二度と自然の浜に立ち、海に入ることができなくなる。辺野古と同様に、沖縄に新たな軍事基地をつくることの是非に加えて、貴重な生態系の喪失、そして、住民からふるさとの海を奪う行為の是非を問う必要がある。

空港からうみそらトンネル、泊大橋を渡って那覇西道路を北上すると、道路に沿ってどこまでも、浦添のサンゴと藻場の海が続く。慶良間諸島を背景に美しい夕日の沈む浦添の海を見ていただきたい。沖縄島中南部は地上戦で破壊され、その後都市化が進んだが、泡瀬や浦添の海のような素晴らしい自然が、確かに今もある。

＊「松くい虫」と沖縄――基地と病虫害の関係

沖縄の県木リュウキュウマツは、琉球列島の固有種で、海岸や街路に植えたり、建築用材や薪炭に用いたりするなど沖縄の生活文化に深く関わってきた。今でも、例えば壺屋焼の登り窯の燃料に欠かせない。

リュウキュウマツは沖縄島で「松くい虫」の深刻な被害を受けている。正確には材線虫病という病害で、主に夏から秋に、大木の全身の緑葉があっという間に真っ赤に変色して枯れてしまう。激害林では枯死率が年に二、三割にも達する恐ろしい感染症である。

材線虫病の原因マツノザイセンチュウは、体長一ミリもない動物である。この線虫は、マツノマダラカミキリという昆虫の体に付いて枯れ木から生きた木に運ばれる。枯れたマツの枝幹にカミキ

沖縄らしい白砂青松の景観。西表島では材線虫病がないので、海岸のリュウキュウマツ林は美しく、その前にマングローブ林が広がる（撮影：筆者）

リが産卵し、ふ化して幼虫・蛹となり、羽化脱出するときに体に乗り込み、その成虫が元気なマツの若い枝を摂食するときに傷口から茎に侵入する。すると、わずか数カ月で枝幹の内部で大増殖して、根から葉へ水を上げるしくみを壊すので、マツは全身が一気に枯死する。

マツノザイセンチュウは北米原産で、日本にはいなかった。二〇世紀初めに米国から日本に偶然持ち込まれたマツノザイセンチュウが、たまたまアジアやヨーロッパ産のマツに対しては、強い病原性を示し、しかも、日本在来のマツノマダラカミキリに偶然うまく乗り込むことができたのだ。原産地である米国のマツは被害を受けないから、アジアでこんな流行病が起こるとは予見不能であった。

当時、佐世保（長崎県）などの軍港や国際

貿易港から流行が広がったようだ。アジア太平洋戦争が進むにつれて、徴兵によって農村の人手が足りなくなり、山の枯れ木も放置されて、マツ材線虫病が西日本で拡大して大流行していった。戦後、マツの枯れ木を伐採するようになって被害は低下するが、高度成長期に林業が衰退して被害が激増し、いま本州以南の全県に拡がっている。そして、日本から台湾、韓国、中国にも拡大した。

材線虫病は、沖縄島に一九七三年に侵入した。沖縄の復帰直後、インフラ整備の公共事業が急激に進められた。本土のゼネコンが、沖縄島北部のダムから導水管を引く工事で材線虫病被害材を九州から違法に持ち込み、ここから病害が広がったのである。また、同時期に道路拡張工事の現場でも被害材が使用された。

沖縄県当局は直ちに初期防除にかかり、成果を挙げたが、被害地は米軍基地に接していた。材線虫病は法定病害だが、防除に当たる県の権限は米軍用地内には及ばない。松林の多い嘉手納弾薬庫内やキャンプ・ハンセン内で被害が激化し、それが基地外に広がり、材線虫病は沖縄島に定着してしまった。

材線虫病は世界屈指の森林病害だが、ただの自然現象ではなく、病害の侵入と流行は戦争や社会経済と深く結びついている。沖縄島は、地上戦で焦土となりマツの木の多くが戦災や基地建設で失われたこともあって米軍占領下では病害が侵入しなかったのに、復帰後に、軍事基地の存在と歪んだ公共事業ゆえに、みすみす本土の二の舞を演じた。その結果、文化財や貴重な景観をなすマツを守るために、材線虫病の防除に今後も多額の予算を投じ続けなければならない。

沖縄は、材線虫病のような日本本土からの病虫害だけでなく、アジア・太平洋地域からの病虫害の侵入の最前線でもある。21世紀に入ってからも、県花デイゴに東南アジアから新害虫が、また、沖縄を代表する樹木の一つであるアカギに中国から新害虫が沖縄に持ち込まれ、大きな被害を起こしている。人やモノの大量の移動は病虫害のリスクを大いに高める。また、温室効果ガスによる気候変動が進んでいるが、そのために生育環境が悪化した生物は、病虫害で衰弱枯死する可能性が高いのである。

ところが、軍事基地では検疫がよく行われず、病虫害の侵入口あるいは被害爆発の起点となる危険がある。しかも、新型コロナウイルス感染症では、オミクロン株が米軍基地経由で沖縄に侵入・流行したことが分子生物学的解析から判明し、自然の生物だけでなく、人命さえも左右している事実が明らかになった。

石垣島・西表島には材線虫病が侵入していないので、例えば川平湾に行く県道沿いなどで、もともとの松並木がどれほど美しい風景か、知ることができる。また、奄美大島ではまだ校庭や街路樹のアカギは青々と美しい。その美しい景観から、私たちが失ったものを感じ取ってほしい。

＊ダム建設、林道開設の時代は終わり、基地の時代に

一九七二年の日本復帰によって、沖縄の米軍基地の多くは存続してしまったが、米軍の施政下で大きく立ち後れたインフラの整備は急速に進むことになった。その過程で、新石垣空港の当初案、

やんばるの森を分断した奥与那林道の工事。こうした森は、現在、生物多様性の高い森林に回復する、長期間の過程の途上にある（撮影：平良克之）

沖縄島北部のダムや林道などの公共事業が沖縄の地域特性をふまえず自然環境を破壊するとして、反対運動が鋭く展開された。

だが、二〇一四年の金武ダムの竣工をもって沖縄島における大型ダム建設は終わった。また、林道の開設や天然林の無配慮な伐採の時代も終わり、県は自然環境の保全と環境に配慮した「やんばる型森林業」（二〇一三年策定、一九年改定）を推進するに至っている。農地などからの赤土流出による河川と海の汚染も、条例によって防止対策が進んだ。

時とともにダム周辺の森にノグチゲラが戻ってきたなどという報告もあるが、開発で一度傷ついた森林が元に戻るには、非常に長い時間がかかる。また、林道やダムがゴミやペットの捨て場とされたり、道を走る車に野生動物がはねられるロードキルが問題となったりと、新たな問題も起こっている。

21世紀に入って、沖縄は観光ブームに沸いた。日本中にたくさんの沖縄ファンが生まれ、くりかえし沖縄を訪れてくれるようになった。驚異的に経済発展した中国をはじめ、外国からの観光客も激増した。アジア大陸の沿岸部では河川などから栄養物質や粘土などが流れ込むので、海水は濁りがちであり、澄んだサンゴの海は少ない。沖縄の美しい海は国際級の観光資源なのである。

入域客が激増すると、自然の容量を超えた過剰利用の問題が起こる。エコツアーの歩道は踏み固められ、ダイビングの名所のサンゴが折られ、海水浴客が体に塗る日焼け止めが海の生物に影響を及ぼすほどの濃度になった。一方で、コロナ禍は大量の観光客の消費に依存する経済のもろさを浮き彫りにした。

沖縄の自然と社会を真に持続可能にしていくためにどうしたらよいのか、そこに目を向けなくてはならない。ところが、私たちは理不尽な基地問題や基地と引き換えの「振興策」への対応に忙殺されている。

4 グローバルな気候変動、環境汚染を前にして

*軍事基地は、日本の国土・社会を持続可能にするのだろうか

沖縄島、特にやんばるの森や海が米軍基地と演習の脅威にさらされている一方、宮古、石垣、与(よ)

那国(なぐに)などの島じまでは、新たな自衛隊基地の建設が行われ、環境への影響が懸念されている。

中国の軍事力が強まる中で、米軍は、有事に琉球列島の島じまに小部隊を機動的に展開させて臨時の要塞を作り、既存の基地や軍艦、軍用機とともに一斉に攻撃することで、優勢な中国に対抗するという作戦ＥＡＢＯをとっている。台湾有事ではＥＡＢＯに自衛隊も加わる日米共同作戦を行うとの報道もされている。ＥＡＢＯは、琉球列島の全域を戦場とし、住民も自然も戦火にさらすことを想定して立案されている。住民を死なせ、海山を破壊する作戦は、防衛と呼ぶに値するだろうか。

日米両政府も参加する国際機関ＩＰＣＣは、地球温暖化の未来を詳細に予測している。今世紀中に、琉球列島でも、気温や海水温の上昇に加えて、海水面が大きく上昇し、海水が酸性化し、台風が巨大化する。マングローブやサンゴ礁は、わずかな海水位や水温の変化で存続が左右されるから、沖縄の自然が受ける気候変動の影響は深刻である。変化はすでに起きているし、今の子どもたちが存命中に、沖縄のサンゴ礁がみな失われるかもしれないほど、進行が速いのである。

また、プラスチックなど難分解性化学物質による地球規模の汚染が、急速に進行している。沖縄の海岸やマングローブでも、大量のプラスチック片が漂着する場所が多く現れている。ウミガメなど海の生物がプラスチックを誤食するのは当たり前になってしまっている。微細なプラスチック片は、浜辺や海底の砂に混ざって、そこに生きる生物に影響を与えている。そして、数十年後には、世界の海の魚の体重よりも、海中のプラスチックの総重量の方が大きくなると予測されている。

温室効果ガスもプラスチックも、自然環境に放出されるとすぐには分解されないので、今すぐに抜本的な対策をとっても効果が現れるまでに長い時間がかかる。しかも、毒ガスや流行病などとちがって、化石燃料やプラスチックは日常生活に有用だから、国際社会が強い意思を持って抜本的な規制に踏み切らないと実効は挙がらない。

そもそも、軍事活動は、地球規模でも地域規模でも環境破壊を進め、私たちの生存基盤を損ねるものである。しかも、仮に戦争を武力で抑え込めるものだとしても、このままでは気候変動や化学物質汚染のために、私たちの島の暮らしは存続できない。環境危機下の沖縄・日本で、旧態依然とした軍拡競争しかできない政府の姿は、滑稽ですらある。

＊おわりに

「安全保障」とは、私たちのいのち、文化、社会の安全を将来にわたって保障していく国の基本政策であるはずだ。人為の環境破壊が人間の生存に直結するほどの問題となった今、安全保障は武力で実現できるものではないと気付くべきだ。

本書執筆の半世紀前のこと、沖縄復帰直前の一九七一年一一月に、当時の琉球政府は「まず何よりも県民の福祉を最優先に考える基本原則に立って、①地方自治権の確立、②反戦平和の理念をつらぬく、③基本的人権の確立、④県民本位の経済開発」を進めることを求める建議書を作成した。しかし、屋良朝苗（やらちょうびょう）琉球政府主席が建議書を国会に届ける直前に、政府与党は米国との沖縄返還協定を強行採決により国会承認してしまった。届かなかった沖縄の叫びであるこの四原則は、いま沖縄と日本が持続可能な地域社会を造っていこうとするときに、立ち戻るべき原点ではなかろうか。これらは、普遍的でグローバルな価値であるとともに、沖縄のローカルな問題の核心でもある。

八重山出身のグループＢＥＧＩＮは二〇〇二年に「島人(しまんちゅ)ぬ宝」を発表し、破壊されていく島の自然を「どうすればいいのかわからない」「だけど誰より」島を知り愛していると歌った。それは人びとの心をとらえ大ヒットになった。いま、私たちの科学的知見は、島の、そして地球の自然がどうなっていくのか、どうすればよいのかを、かなり正確に知ることができるところまで来ている。

沖縄を訪れた人が、今ある自然・文化をただ消費することに満足せず、沖縄にふれたことを契機に、私たちの社会のあり方を考え、持続可能な地域・社会をつくろうと歩みたくなる。そういう沖縄体験をしてくだされば、素晴らしいことである。

注記：本章で、「沖縄」とは琉球列島南部の沖縄県の島じまをさす語として用い、「沖縄島」とは区別して用いている。また、「琉球列島」とは、奄美、トカラ、大隅(おおすみ)諸島なども含む琉球弧(こ)の島じまのことである。

Ⅵ 宮古の歴史と風土

――――仲宗根 將二

平坦な地形が続き「低島（ていとう）」の典型といわれる宮古島

1　宮古を知るために

＊宮古と八重山――類似と相違

宮古諸島は、ほぼ北緯二五度、東経一二五度線上に、主島・宮古島を中心に大神（おおがみ）、池間（いけま）、来間（くりま）、伊良部（いらぶ）、下地（しもじ）、多良間（たらま）、水納（みんな）の八つの島じまからなる。すべて有人島である。西接する八重山諸島とともに、古くから先島（さきしま）（諸島）とも呼ばれている。

県都・那覇市から南西へおよそ三〇〇キロ、一五〇人乗りジェット機で宮古空港へ四五分、海路ならば五〇〇〇トン級貨客船で一二時間、宮古島市の平良（ひらら）港へ渡ることができる。八つの島じますべてが隆起サンゴ礁を基底に形成されており、もっとも高い所で一一五メートルほど、全体一〇〇メートル以下の低平な島じまである。総面積二二五・六一平方キロで全県のおよそ十分の一、八重山に比べても三分の一、人口はおよそ五万七〇〇〇人で、全県の四％程度、八重山よりはいくぶん多い。年平均二二〇〇ミリという多雨地帯だが、多くは地質がサンゴ石灰岩であるため、地下に浸透して天然の地下ダムを形成、地表を流れる川はない。水田が発達しなかった理由であるが、長年生活用水に不自由していたせいか、水にまつわる神話・伝承はきわめて多彩である。

八つのどの島にも毒蛇ハブは棲息せず、また九月の白露の季節に南下する渡り鳥アカハラダカ、一〇月寒露の季節には国際保護鳥サシバ（鷹の一種）の大群を人里近くで観察できる、日本列島唯

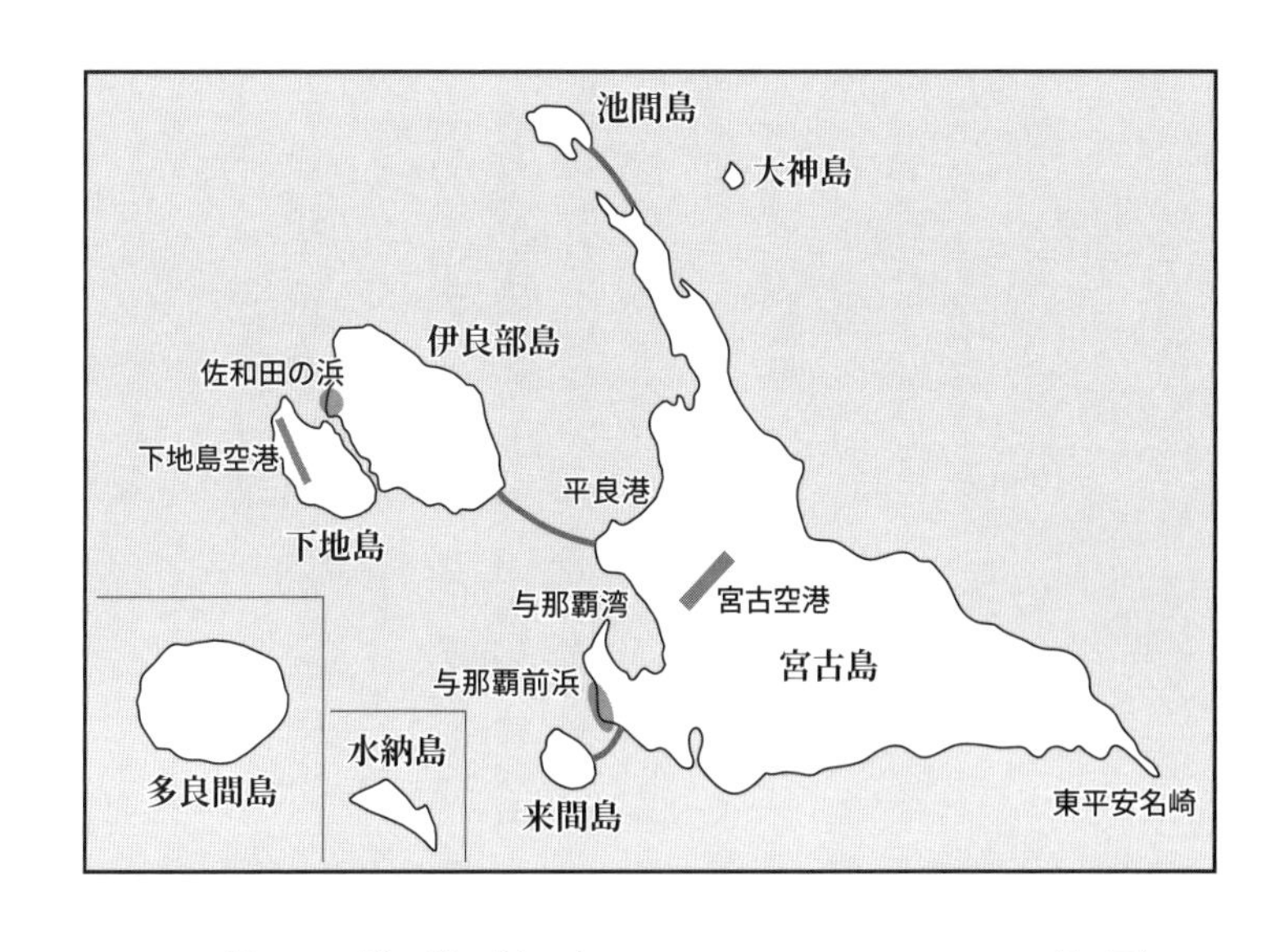

一のめぐまれた地域でもある。これは、石垣島、西表島など数百メートルの山々があり、県下一の高い山、長い川を有して水田にめぐまれる反面、ハブの棲む八重山との基本的な違いともいえよう。

＊首里王府の支配と人頭税

宮古では二万六〇〇〇年前（ピンザアブ）、ついで一万八〇〇〇～一万二〇〇〇年前（ツヅピスキアブ）の遺跡が確認されている。その後は長く空白がつづき、八重山と同様の縄文・弥生文化とは無関係の、仮りに「先島先史時代」と称される時期に入る。前期は四二〇〇～三六〇〇年前（島尻長墓ほか）、少々だが有土器、後期は二九〇〇～一一〇〇年前（浦底ほか）で無土器という奇妙な現象がみられる。

圧倒的多数の遺跡は一二、三世紀から一六世紀で、初期は北方から、一三世紀後半からは南（西）

からの往来も密度濃く確認されている。大陸の激動とも関連して東支那海の有視界航海が活発になってきたことを示すものであろう。奄美諸島以南の琉球文化圏の形成期で、現代人への発展はこの時期からとみなされている。一三九〇年、八重山とともに沖縄本島の王権と交渉をもつようになる。のちに琉球の史書は、「これにより中山（王朝）始めて強し」「国勢始めて強し」と記している。

一五〇〇年、八重山で、首里王府に抗してオヤケ赤蜂らの事件が起きたとき、宮古の仲宗根豊見親は宮古勢を率いて王府軍の先導をつとめて支配者としての地位を確立し、資源豊富な八重山への影響力も強めるとともに、妻の宇津免嘉は神職の最高位である大安母に任命されている。人頭税の原初的な形態は、このころ仲宗根豊見親が創設したと伝えられている。漲水の浜（現平良港）近くに宮古最高の聖地・漲水御嶽に対面するように行政庁蔵元を設置、集落ごとに各所に転在する御嶽を整備するなど祭政両面から島内統治を整備、強化していく。

一六〇九（慶長一四）年、琉球は薩摩の島津氏に征服された。本土との往来、通商が禁止・制限されるなど、あらゆる面で島津氏の指揮監督を受けるようになる。対中国との進貢貿易のため、かたちは独立国でも、内実は幕藩体制に組み込まれていく。検地を通じて石高・貢租が定められ、鎖国政策、キリシタン宗門改めも始まる。

首里王府は王朝体制を維持、存続していくために、さまざまな施策を講じていった。主要な一つに、宮古・八重山統治の強化がある。一六二九（八重山は一六三二）年、在番仮屋がおかれ、在地役人を介しての間接統治から直接統治へと変わった。人頭税が整備、強化され、数え一五歳か

15世紀から16世紀初頭、宮古の支配者仲宗根豊見親がその父のために建造したと伝えられる墓（国指定建造物）

ら五〇歳未満の男女が納税義務者として、主に男は粟（八重山は米）、女は上布（麻織物）を納めさせられる。身分制――税を取り立てる側と納める側――系図の有無によって士農の分離も確立する。人頭税は、一八七九（明治一二）年の廃藩置県（琉球処分）後も存続、一八九三（明治二六）年、明治政府ならびに貴族院・衆議院両院への直接請願など、民衆のねばり強い運動に、よき指導者の登場、加えて在京報道機関の支援で、ようやく一九〇二（明治三五）年一二月に廃止となった。翌年、他県同様の国税徴収法ならびに地租条例が適用されるが、同時に徴兵令も全面適用され、直後に迎えた日露戦争では多くの若者が大陸の山野で屍をさらした。

＊宮古の「沖縄戦」

一九四三（昭和一八）年、「沖縄戦」必至の情勢のもと軍隊が宮古にも移駐してきた。翌年一二月までには約三万余の陸海軍将兵が展開、宅地・耕地に至るまで約三四三万平方メートルを強制接収して海軍飛行場（現宮古空港）と二つの陸軍飛行場、滑走路は合計六本を設営、これを中心にすべての島じまに陣地を築いて全島を要塞化、米・英軍の迎撃体制に入った。学校など主要施設は兵舎や野戦病院に転用、あるいは解体されて陣地構築用材に使われた。一方、戦闘に支障をきたす老幼婦女子およそ一万人は、制海権・制空権ともに連合軍の手中にある危険な海を渡って、九州や台湾へ強制疎開となる。残る一般成人は男女とも現地召集あるいは徴用されて日夜陣地構築、戦闘訓練に従事、中学生は通信隊へ、女学生は特志看護隊へ編成されて軍と行動を共にさせられた。

一九四四年一〇月一〇日、米軍の初空襲に始まって、翌年八月まで、連日米・英軍の無差別爆撃、五月四日は英国太平洋艦隊の艦砲射撃など、平良（ひらら）の市街地はじめ、ほとんどの集落は焦土と化し、全島形あるもののおおかたを失ってしまった。輸送路を絶たれて、武器・弾薬はおろか、食糧や医薬品の補給もなく、飢えとマラリアなどのため多くの命が失われた。戦後、復員した兵士のひとりは、「犬、猫、鳥みな喰いつくし熱帯魚に極限の命つなぎたる島」「夏くれば思い沸（たぎ）りて藍深き餓死の宮古の渚（なぎさ）まぼろし」（高澤義人）とうたっている。将兵の戦死・戦病死二五六五人、民間の犠牲者は二〇二二年六月現在「平和の礎（いしじ）」には三四六二人刻銘されている。

また、国民学校（現小学校）はおよそ一年近く、休校状態で、児童生徒まで飛行場建設工事や道路整備、陣地偽装用縄ない、軍馬のための草刈り奉仕などに従事させられた。各学校の「御真影（ごしんえい）」や勅語・詔書類は、一九四四年一一月以来、沖縄守備軍先島集団司令部近くの特設壕に「奉遷（ほうせん）」され、日夜二人の男性教師が一二時間交替で翌年八月の敗戦まで「奉護」させられた。八月三一日、「内務次官通諜」で、一括「奉焼」している。明治以来の「皇民教育」の終焉である。

2 「あらがま精神」の系譜

＊首里王府の収奪と「百姓一揆」

一六〇九（慶長一四）年、琉球王国が島津氏に支配されて以来の宮古は、いわば薩摩藩↓首里王府↓在地役人という三重支配を受けることになる。しかも人頭税は、個人責任であるばかりでなく、村（現在の大字）の連帯責任でもある。民衆には事実上、移住はおろか村外への往来も、村外婚の自由もなく、土地にしばりつけられてしまった。村単位の共同体＝閉鎖社会の誕生である。役人予備軍たる士族たち（系図所持を許された階層）は、役人登用への狭き門にひしめき、ひとたび就任すれば今度は昇進のために規定以上の税を割増しして収奪、饗応と賄賂に狂奔する者もでる。加えて台風、かんばつによる凶作は飢饉をもたらし、疫病をまんえんさせる。役人の腐敗は民衆のいっそうの疲弊を生む。もはや民衆は税を納めるためにのみ働き、新しい労働力を生みだすための存在にしかすぎなくなる。

首里王府は、たびたび検使を派遣、また惣横目なる行政監察官を設置して綱紀粛正をはかるが、効果はあがらない。近世末期になると、割重穀事件、多良間騒動、落書事件と、なかには役人を

宮古広域圏事務組合によって、代表4人の歓迎祝賀会を催したという鏡原馬場跡に建立された「人頭税廃止100周年記念碑」。人物写真の左は城間正安、右は中村十作

まきこんだ、さまざまな事件が起きるようになる。筵旗こそかかげないけれども、それらは王府支配を根底からゆるがす「百姓一揆」とも呼べるものであった。

＊人頭税廃止運動

一八七九（明治一二）年、「琉球処分」「廃藩置県」を断行した明治政府は、沖縄県政を他県並に改革していくのではなく、旧支配層への配慮からか「旧慣温存」策でのぞんだ。県政の名のもとに人頭税も存続する。民衆の苦悩、悲しみ、怒りはいっそう屈折したものになっていった。

一八八四年、県派遣の製糖教師として宮古入りした那覇の城間正安、また一八九二年、真珠養殖のために宮古を訪れた新潟県の中村十作というよき指導者を得て、人頭税廃止運動は一層燎原の火のごとく宮古全域に燃えひろがっていった。県宮古島役所、県庁との交渉を積みあげて部分的な改革はかちえたものの、人頭税廃止にはいたらない。一八九三年一一月、城間、中村のほかに西里蒲(にしざとかま)、平良真牛(ひららもうし)の二人の農民代表を加えた代表四人は、さまざまな妨害をおして上京、明治政府要路はじめ帝国議会への直接請願となる。

請願要旨は、①役人の数を減じ、負担を軽減する、②人頭税を廃し、地租とする、③物納を廃し、金納とする——の三項。東京府下の各新聞は、「沖縄県宮古島の惨状」あるいは「琉球の佐倉宗五郎上京す」と、一行の行動を大きく報じ、積極的に支援した。こうして一八九五(明治二八)年一月、貴族院、衆議院ともに「沖縄県宮古島々費軽減及島政改革請願書」を可決、また貴族院は議員発議で「沖縄県々政改革建議案」を可決する。宮古民衆の人頭税廃止運動は、宮古・八重山はもとより、沖縄県全体の「旧慣改革」——近代化をうながす大きな原動力となったのである。

宮古の民衆運動は、その後も地租条例施行にともなう重税反対運動、さらに八重山とともに国政参加運動、特別町村制撤廃運動、村政民主化運動とたゆみなくつづけられた。

＊米軍占領下の密貿易

一九四五(昭和二〇)年六月二三日は、「沖縄戦」における日本軍の最高指揮官らが自決した日とされている。一般にこの日を沖縄戦終結の日として、県条例で「慰霊の日」と定め、全県民喪に服す日とされている。しかしこれは、最高指揮官の死で日本軍の「組織的」抵抗が終わったというにすぎず、戦闘はなお各地でつづいていたし、また沖縄本島における多くの県民はそのことを知らず、時には「友軍」の銃に脅えながら山野を逃げまどっていた。

その点、その後とも米・英軍の爆撃下にあった宮古の終戦は、他府県同様八月一五日ということになろう。日本軍の公電によって敗戦を知らされ、日ならずして各学校では「大東亜戦争終結ニ関スル詔書奉読式」を挙行している。沖縄県庁はなくなっても、出先機関の宮古支庁、町村役場は一定の機能をはたしていた。同年一一月、平良町当局は東京のマッカーサー総司令部宛「食糧救援・疎開者の引き揚げ促進・将兵の復員促進」の「請願書」を送付している。国・県の援助どころか県内他地域への往来さえ規制され、戦火で荒廃した宮古だけで「自立」を余儀なくされていたのである。

まず郡民の食糧、衣服、住居をどうするか。一七世紀以来造成された森林のおおかたは三つの軍用飛行場を中心に全域要塞(軍事基地)構築のため乱伐され、加えて戦火で何もかも失っている。公務員の給与、疎開者の引き揚げ促進、すべてがゼロからの出発である。漁村に残ったわずかばかりの小型木造漁船がフル回転で活用された。沖縄本島へいくらかでも残っていた豚、山羊、犬、兎、黒砂糖、カツオ節等、のちにはスクラップまで運びだされる。替りに買い込むのは各種食糧、燃料、衣服、セメント、木材など。密貿易ルートは、本土、台湾、香港、マカオへまで伸び、生活必需品のほか薬品、書籍、映画のフィルムまで持ち込まれた。

＊戦後民主化運動の台頭

国や県の庇護(かご)を失った人びとは、自力で衣食住の確保、台湾疎開者の引き揚げを促進し、革新会

敗戦直後、大工・左官による宮古初の労働組合「宮協・土建労働組合」旗。宮協とは、戦前の弾圧下に活動した全協（日本労働組合全国協議会）にちなんだ命名

や青年連盟等を組織して、「自立」への模索をはじめた。戦争激化で原材料が払底して停刊していた新聞も再刊され、情報に飢えた人びとに歓迎された。敗戦の年の一二月五日進駐し、八日に軍政をしいた米軍は、同月一一日、空席の平良町長に助役を昇任させたが、前記諸団体は「民意を問え」と米軍に申し入れるなど、民主化へ向けて大きく動きだした。

翌一九四六年三月、早くも三〇〇〇人の郡民を結集して時局批判演説大会が開かれ、各弁士は官公吏員の公選、民主主義の確立、労働者の団結、農民組合の結成、不正払い下げの是正、郡政の実権は郡民にあり、などを訴えた。大会は、「沖縄本島と同一統治下へ」「支庁長・町村長・郡会議長の公選」「食糧・住宅・失業等諸問題の早急解決」「米軍票の流通」「戦時利得税、財産税の賦課」などを決議、米軍政府ならびに支庁当局に要請している。さらに教員組合、労農協議会、各種政党、団体も結成され、次第に政治的・社会的発言を強めていく。また一九四七年三月、支庁を改めた宮古民政府は、「新宮古建設の歌」の公募、文化連盟、文化史編さん委員会等を発足させ、三人の歴史家―伊波普猷、富盛寛卓、慶世村恒任（きよむらこうにん）―の「合同追悼会」を催して、歴史の掘り起こし、文化運動の推進によって戦争で荒廃した人心を一新、郷土再建の方途をさぐる動きも始めた。

＊「宮古教育基本法」と自主作成の教科書

敗戦で日本本土から分離され、米軍の全面占領下―奄美・沖縄・宮古・八重山―の分割統治で、各群島間の自由な往来もままならない宮古で、ただ一カ所、本土政府の行政権の及ぶ機関があった。宮古島測候所（現宮古島地方気象台）である。そこには、中央気象台から二、三カ月ごとに補給船が回航し、職員給与、食糧、日用品、気象観測用機材、消耗品等が輸送されていた。

宮古支庁改め宮古民政府文教部は、この補給船を通じて、新しい憲法、教育法規、教科書、参考書等を入手した。こうして、教育基本法ならびに学校教育法の「国家」や「国」を削除し、「国民」を「人間」などと一部改めて、「宮古教育基本法」「宮古学校教育法」等を制定し、一九四八年四月一日から宮古独自に六・三・三制をスタートさせた。本土に遅れること一年である。教科書は、教科ごとに編さん委員会を編成して審議し、各学年分をガリ版刷りで作成、配布している。さきの密貿易の物品の中には、ノート、鉛筆等の学用品とともに教科書等も入っている。これらは、各学校に常備して児童生徒に自由に読ませた。学校図書館の始まりとでも言えよう。

方言の「あらがま」や「わいどー」に代表される「宮古人気質」なるものがある。先史時代から近世にいたるまで、歴史的にも文化的にも同一圏とみなされる宮古と八重山であるが、何かにつけて両者は対照的にみなされがちである。八重山は、じっくりと腰をすえ、持久力が強いと評されるのに対し、宮古は直情径行、熱しやすく燃えやすいかわりに持続性なし、と酷評される。自然風土の違いに加えて、人頭税の圧政下でかたちづくられたものであろう。「あらがま」も「わいどー」も、苦境にあって、「何くそ!」と自らを奮い立たせ、「さあ頑張ろう!」と互いに決起をうながす掛け声として生まれたものである。

3 米軍機飛来と自衛隊基地

*離農する農家と土地の買い占め

一九六九(昭和四四)年一一月、佐藤・ニクソン会談で沖縄の施政権返還は「両三年内」と確定した。県外大企業は「経済一体化」を売りものに、土地の投機買いを始めた。

一九七〇から七一年期の宮古の基幹作物サトウキビは、一八〇余日におよぶ未曽有の大かんばつで前年期のおよそ八分の一、もはや農業だけで生活できる状況ではない。農業に見切りをつける農家が日ごとにふえ、県外へ郡外へと季節労務あるいは新しい生活の場を求めて移住していった。急激な過疎化の始まりである。土地を離れようとする農民の土地を買いあさるのはたやすい。三・三平方メートルあたり三三セントから一ドル二〇セント（約一二〇円から四三〇円）程度で買いたたかれる状況は、大手週刊誌に「ピース一個の値段で土地が買える」と書かれたほどだった。

県外大手企業をはじめ、表面は地元名義だが、実際は県外不動産業者によって買い占められた土地は、本土復帰翌年の一九七三年六月時点で、宮古だけでも農地二九四万五一六七平方メートル、山林原野八〇五万四一九九平方メートル、採草放牧地一一七万六五三三平方メートル、計一二一七万五八九九平方メートルにのぼった。

＊「開発」という名の自然破壊

零細な第一次産業が主で、雇用につながる目立った産業のない宮古では、わけても公共工事が歓迎される。社会資本の整備、景気浮揚、雇用促進等の美名のもと、県も市町村も競って公共工事導入に目の色を変える。道路が次つぎと新設、拡張、舗装されていく。学校規模や校区を無視した公営団地の造成、小さな平坦な島の小丘、森林を削りとっての畑地改良、大規模な港湾工事は、海岸線を一変させてしまった。

畑地の基盤整備は、八〇〇億円ともいう国の一〇年計画による世界最大の地下ダム建設とも連動していながら、畑地周辺の森林原野は消えて吹きさらしとなる。台風の常襲地帯で農作物はもろに被害を受け、雨水は地下への浸透よりも表土とともに海に流れ込み、サンゴ礁を破壊して、モズクやクビレズタ（海ぶどう）の養殖場、漁場を荒らしている。

与那覇前浜一帯では、一九八四年四月に県外大手企業によるリゾートホテル、一九八八年四月にはゴルフ場もオープンした。この小さな宮古にゴルフ場はフルコース三、ハーフコースが三コース開設され、その後も大型リゾートならびにゴルフ場などの建設が進められている。国や自治体による大型公共工事と並行して大企業による「開発」という名の自然破壊は、とどまるところを知らないといっても過言ではなさそうである。

＊宮古・下地島両「民間」空港と米軍機の飛来

第二次大戦中に設営された旧海軍飛行場は、戦後米軍に接収されたが、復帰後は第三種県営宮古空港として平良市（現宮古島市）が委託管理する純民間空港となった。二〇〇〇メートルの滑走路を有し、一五〇人乗りジェット旅客機が那覇—宮古間を日に一四往復、さらに多良間、石垣へ中・小型機も往復、県民の足として定着している。

一九七五年二月以来、ここにも米軍機が飛来するようになった。同年中に五回、五機、翌七六年にも五回、五機、以降、七七年五回、九機、七八年二回、二機、七九年一回、二機、八一年九回、一八機、八二年二回、五機、八三年一回、一機、八五年三回、六機、八六年一一回、二三機、八七年二回、四機とつづく。おおかたの名目は「給油のための緊急着陸」であるが、事実はフィリピン—嘉手納を結んでの恒常的な軍事利用であった。

そのつど民主団体等の抗議行動の広がりを反映してか、宮古空港への飛来が少なくなった分、四キロ海をへだてた対岸の伊良部・下地島空港への「緊急着陸」が急激に増加した。一九八二年「エンジントラブル」で二機飛来、地元の反応をみるといったかたちであったが、八六年三回、一三機、八七年九回、五七機、八八年一〇回、五一機、八九年一〇回、七四機、九〇年一〇回、四九機と急速にふえていった。二〇〇六年現在、三三二機飛来、恒常的な軍事利用といえよう。

この下地島空港は、本土復帰前、賛否両論はげしく対立、流血騒ぎもあるなかで、四〇〇〇メートル滑走路一本、三〇〇〇メートル二本、計三本の計画を三〇〇〇メートル一本に縮小、「民間航空以外に使用させない」（屋良覚書）との政府確約のもとに着工、完成した第三種空港である。国内唯一のジェットパイロット訓練飛行場として、一九七九年七月開港、日本航空、全日空、日本トランスオーシャン航空（旧南西航空）等のパイロットを訓練している。

こうした経過をもつ下地島空港に、年に五〇機以上の米軍機が飛来したのである。ときの保守県政が日米両政府の意のままに、「民間空港であっても日米安保条約六条、地位協定五条で、米軍機の使用を否定できない」と明言していたことも無関係とはいえないであろう。宮古・下地島両空港での米軍機の傍若無人の振る舞いを、このような県当局の安保容認・軍事基地容認の姿勢が許していたのである。一九九〇年代に入って沖縄県は革新県政の登場、またフィリピン在米軍基地の撤去等もあって、米軍機の飛来はその後散発的になったが、米軍ばかりか日本政府まで自衛隊の使用を容認する発言を繰り返している。二〇〇四（平成一六）年一一月、平良市長（当時）を実行委員長とする「下地島空港の軍事利用に反対する宮古郡民総決起大会」が開かれ、日米両政府はじめ各関

陸上自衛隊宮古駐屯地ミサイル基地（宮古島上野・千代田　撮影：上里清美）

係機関に郡民の総意として決議文を送付、その後もことあるごとに多様なかたちで抗議行動がつづけられている。日米安保条約ある限り米軍機飛来は常時可能であり、反対・阻止は引きつづき重要な課題といえよう。

＊対空・対艦ミサイル部隊の配備

宮古への陸上自衛隊の配備計画は二〇一〇年の「防衛計画大綱」や「中期防衛力整備計画」で島嶼部（南西諸島）防衛が明記されたことに始まっている。二〇一五年四月、日米ガイドライン改定合意で新たに「島嶼防衛」の項が盛り込まれ、前年七月閣議決定された「安保法制」（戦争法）が成立して二〇一六年三月に施行され具体化していく。この間、防衛省は二〇一三年九月〜一四年三月、奄美・宮古・八重山の陸上自衛隊配備候補地の調査を秘密裡に進めていたことが、野党の資料開示請求で明らかにされている。

二〇一七年一〇月、地元には十分な説明も同意もなく、上野・千代田のゴルフ場を廃して陸上自衛隊ミサイル基地の設営工事が始まった。土・日・祝祭日も返上して、早朝から夜遅くまでの突貫工事である。工事進行中の二〇一九年三月には警備隊三六〇人、二〇二〇年四月には第二地対艦ミサイル中隊六〇人、中距離対空ミサイル中隊を含む第七高射砲特科群一八〇人、警備部隊など約一〇〇人の計三四〇人、合わせて七〇〇人、戦時さながらの様相で強行配備されている。

同年四月五日、陸上自衛隊宮古島駐屯地編成完結式典で、基地司令は「宮古島は南西防衛の第一線」であり、「駐屯地の使命を果たすべく任務に務めねばならない」と訓示し、担当者は「琉球諸島は中国から見て太平洋への出入り口であり、九州から台湾間の防衛線に位置づけている」と説明した、と報道されている。

千代田と同様に、地元への十分な説明も同意もなく、城辺（ぐすくべ）・保良（ぼら）には「弾薬庫」が設営され、二〇二一年四月から警備を始めている。両基地ともに集落に隣接しており、「有事」のさいには住民の安全な避難は不可能だと指摘されている。

宮古が陸上自衛隊基地の候補地にされているとの報道当初から、地元では「ミサイル基地いらない住民会議」や「宮古島平和ネットワーク」などを結成して、「沖縄戦」の最大の教訓である「軍事基地があるから攻撃される」「軍隊は住民を守らない」を堅持し、「宮古島戦場化」反対行動を強めている。全国各地から個人や団体が支援に訪れ、また支援の声も寄せられている。

歴代保守政権はことあるごとに「憲法九条」の無力化を画策してきたが、今や米国の言いなりに憲法違反の「安保法制」を強行し、「集団的自衛権」を容認して、公然と「敵基地攻撃」能力の検討や、「台湾有事」は「日本の有事」などと称して、「戦争する国」へと突き進んでいるようだ。二〇二三年二月三日～七日には宮古近海で、対中国を念頭に日米合同訓練を実施している。

＊「平和学習」の場

一九六〇年代の壮大な「祖国復帰（沖縄返還）」運動のころに始まった反戦平和の学習は、その後も継続して六月～八月に各学校ごとに催されている。宮古全域に点在する戦争遺跡と、その後の民衆運動の過程で内外のカンパで建立された、「高澤義人歌碑」（「補充兵われも飢えつつ餓死兵の骸焼きし宮古よ八月は地獄」、二〇〇五・八・一五建立）、「日本国憲法九条の碑」（二〇〇七・六・二三建立）、関係する一二か国語で刻銘された日本軍慰安婦を悼む「アリランの碑」（二〇〇八・九・七建立）めぐりは、児童生徒はもとより県内外から訪れる人びとに、アジア太平洋戦争最後の住民を巻き込んだ激戦「沖縄戦」―宮古

高澤義人歌碑

平良市街地を一望するカママ嶺公園に「みやこ九条の会」を中心とする実行委員会によって建立された「憲法九条の碑」

の惨状を伝え、反戦平和への思いを新たにさせている。

＊港湾拡張と「シーレーン防衛」の影

とくに本土復帰後、各種大型公共工事で、宮古の自然は大きく変貌しつつある。とりわけ平良港の変わりようは異常ともいえる。戦前は遠浅のために汽船は沖合に碇泊、貨客はハシケを利用していた。大型汽船の接岸は郡民多年の夢であった。戦後、平良市当局は三大事業の一つに港湾整備をあげ、一応の実現をみた。復帰後は国の重要港湾に指定され、一九七四―七六年には五〇〇〇トン級の接岸可能な第三埠頭、七九―八二年には同規模の第一埠頭、八二―八五年には一万トン級の第二埠頭を完成させた。

八六年に始まった第七次計画では、「荒天時、航行、避泊の安全確保」の名目で、総延長三五一〇メートルの防波堤の築造工事が開始された。平良港から放射状に周辺離島をつなぐ小型船舶のための埠頭は、第四埠頭の名でこの七次計画で着工、一九九六年五月に完成をみている。

人口五万ほどの宮古に、まったく別の島の感を抱かせるほどの自然破壊をともないつつ進行する

12カ国語で刻銘された日本軍慰安婦を悼む「アリランの碑」

大規模な港湾施設を必要とする理由、背景は、いったい何であろうか。米軍や自衛隊のためのシーレーン防衛計画の一環では、との声も聞かれる。

*クルーズ船歓迎と中国脅威論

離島にとって港湾の整備は空港とともに重要な課題のひとつである。通常の海は世界に開かれた大道だが、ひとたび時化(しけ)ると「島」は孤立無援、人の往来はもとより流通も止まってしまう。平良港の整備、拡張はその後も進められ、二〇二〇年三月には一四万トン級船舶の接岸も可能となり、さらに二二万トン級接岸も整備されていると報道されている。大型クルーズ船などの受け入れを理由にしているが、中国艦船の尖閣(せんかく)諸島への侵入に対して自衛艦の寄港を容易にするためではないかと懸念する声も聞かれる。

クルーズ船の乗員、乗客のほとんどは中国、香港、台湾の人びとであり、これを歓迎する一方では中国脅威論を振りまいて、対中国へのミサイル基地などの配備をする、矛盾しているのではないかとの指摘もある。

4　地下ダムと三大橋

＊シマおこしの新しい波

一九八四年二月、平良市在の三〇近いサークル、団体を結集して、文化協会が結成された。これまで満一〇年、行政主導で行われてきた市民総合文化祭が、名実ともに「創造する市民の文化祭」としてひきつがれた。その活動分野も、美術、工芸、書道、写真、文芸、生花、お茶、手芸、料理、園芸、音楽、郷土芸能、方言大会、人形劇、歴史、民話、将棋、手話など、多彩である。一九八八年からは春・秋の二回、サークルごとの日常的な創造活動の延長線上に開催され、二〇〇五年市町村合併後の宮古島市文化協会に引きつがれている。

一九八五年四月二八日、第一回全日本トライアスロン宮古島大会が開かれた。限界への挑戦といわれ、水泳三キロメートル、自転車一三六キロメートル、マラソンは日本最南端（当時）の公認コース四二・一九五キロメートルを、午前八時から一五時間かけて競うのである。海外をふくめて参加者は全国から二四八人、三〇〇〇人のボランティアに支えられて成功をおさめた。一九八八年四月の第四回からは、制限時間を一四時間に短縮、希望者二千余人を六〇〇人に制限して行われたが、

「全日本トライアスロン宮古島大会」の自転車競技

その後もふえつづける出場希望者に応えて、出場枠も年々拡大され、自転車は一五五キロに延長されている。一九九九年四月の第一五回では希望者三千余人を一五〇〇人に制限して行われ、以後一五〇〇人規模で継続している。これを支えるボランティアは県内外から参加する五〇〇人の医療班を含めておよそ五〇〇〇人。毎回数十社から一〇〇社近い報道機関が取材に訪れる。離島での炎天下の成功は、宮古内すべての企業・団体・機関が一体となって島中がボランティアと化し、日本一安全なトライアスロン大会だからだといわれる。トライアスロンを契機に「スポーツアイランド構想」が策定され、一九九三年からはプロ野球のキャンプ地としても知られるようになった。

＊世界最大の地下ダムと三つの大橋

戦前・戦後を通して悩みのタネであったウリや果実類の害虫、ウリミバエ、ミカンコミバエもおよそ一五億円かけて一九八七年、根絶された。一六%にまで減少した森林を回復させて、花とみどり豊かな宮古を取り戻すために、県・市町村・民間が一体となって森林組合を設立、自然と歴史的景観を回復させる作業も取り組まれている。

世界最大の貯水量三〇〇〇万トン余の「地下ダム」の豊富な地下水を利用して、基幹作物であるサトウキビ、葉たばこ、蔬菜類、マンゴー、メロンなどの果実の反収増をはかるとともに、畜産はじめ、より付加価値の高い作物の創出も始めている。とりわけ第一次産業就労者の高齢化が進み、後継者の減少が避けられないだけに、地元にも外来者にも支持される、自然と歴史的景観を生かした観光のあり方を求める声は一層高まっている。

真っ白なサンゴ礁の豊かな砂浜、はるか沖合まで透明な遠浅の海が澄みきった青空に調和した景観。古来、宮古が誇る景勝地——与那覇前浜、東平安名崎、佐和田の浜などは地元を中心に大切に保護され、四季を問わず賑わいをみせている。

宮古・下地島両空港は東京、大阪、名古屋、神戸……など大都市と直結し、世界最大の地下ダム、三つの大橋で五つの島が寄り添うように連結して、さながら「大陸」の様相をしのばせて話題性に事欠かない。池間大橋(一四二五メートル)、全国一長い農道橋・来間大橋(一六九〇メートル)、全国一無料の長橋・伊良部大橋(三五四五メートル)の三大橋からの朝、夕の眺望は感動的で、宮古を訪れる県内外の人びとからも高い評価を得ている。

四〇万程度で推移していた観光客もクルーズ船などの往来もあってか、二〇一九年には一一三万人にのぼっている。

＊「文学碑」めぐり

いまだ観光コースには入っていないようだが、宮古にも多くの歌碑や句碑が建立されている。明治期には岩野泡鳴（ほうめい）が長編叙事詩「宮古島もの語　嘉播の親」を発表し、大正期には柳田国男が来訪して、晩年の大著『海上の道』で、原始、大陸南部から渡来してきた人々が日本列島で最初に足をおろした所は宮古島であったろうと、ロマンに満ちた壮大な日本人起源説を展開している。

昭和初期、創立間もない県立宮古中学校に英語と公民の担当教師として赴任した俳人の篠原鳳作（ほうさく）は、句作も指導している。俳壇で「無季句の旗手」とうたわれる鳳作は、四季の変化の乏しい宮古で無季句に一層の自信を深めたと伝えられている。教え子の中には長じて著名な俳人、歌人になった人もいる。一九七二年一一月、平良市街地郊外のカママ嶺公園に、出身地の鹿児島・長崎鼻の「句碑」に向きあうように鳳作の「句碑」（「しんしんと肺碧（あお）きまで海の旅」）が建立されている。

現在、句碑九、歌碑一〇、民謡碑などがあって、「文学碑」めぐりも話題になりつつある。

＊心かよう夢と希望に満ちた島　宮古（みゃーく）

一九九〇年代の後半から二〇〇〇年代にかけて民主市政が確立されたとき、「スポーツアイランド」「エコアイランド」とともに、「人と自然を育む文化都市」を理念に、農業で食える、あまり人工的でないやすらぎのある観光地、自然と調和のとれた「やさしい開発」などが提唱されたが、二〇〇五年一〇月一日、宮古六市町村のうち多良間村を除く五市町村——平良・城辺・下地・上野・伊良部が合併して宮古島市が誕生、「核兵器廃絶平和都市」「森林都市」「総暴力追放都市」宣言なども引きついでいる。

近年は「心かよう夢と希望に満ちた島　宮古（みゃーく）～みんなで創る　結いの島」「地下水や豊かな自然環境と共生したエコアイランド宮古」などが提唱されている。

終日、宮古を挙げて応援団となり、宮古を「スポーツアイランド」たらしめた「全日本トライアスロン宮古島大会」はじめ、民俗芸能の宮古を標榜し、全宮古を網羅して盛況をきわめている民俗芸能「クイチャーフェスティバル」「なりやまあやぐ大会」「伊良部トーガニ大会」「宮古トーガニアヤグ大会」などもすべて他の催しもの同様、「新型コロナウイルス」の影響で、全般にわたって一時休息状態にあるが、コロナ終息後の再開が期待される。

Ⅶ 八重山の歴史と風土

――大田 静男

過酷な労働が行われた西表島の宇多良（うたら）炭坑跡（西表島浦内）

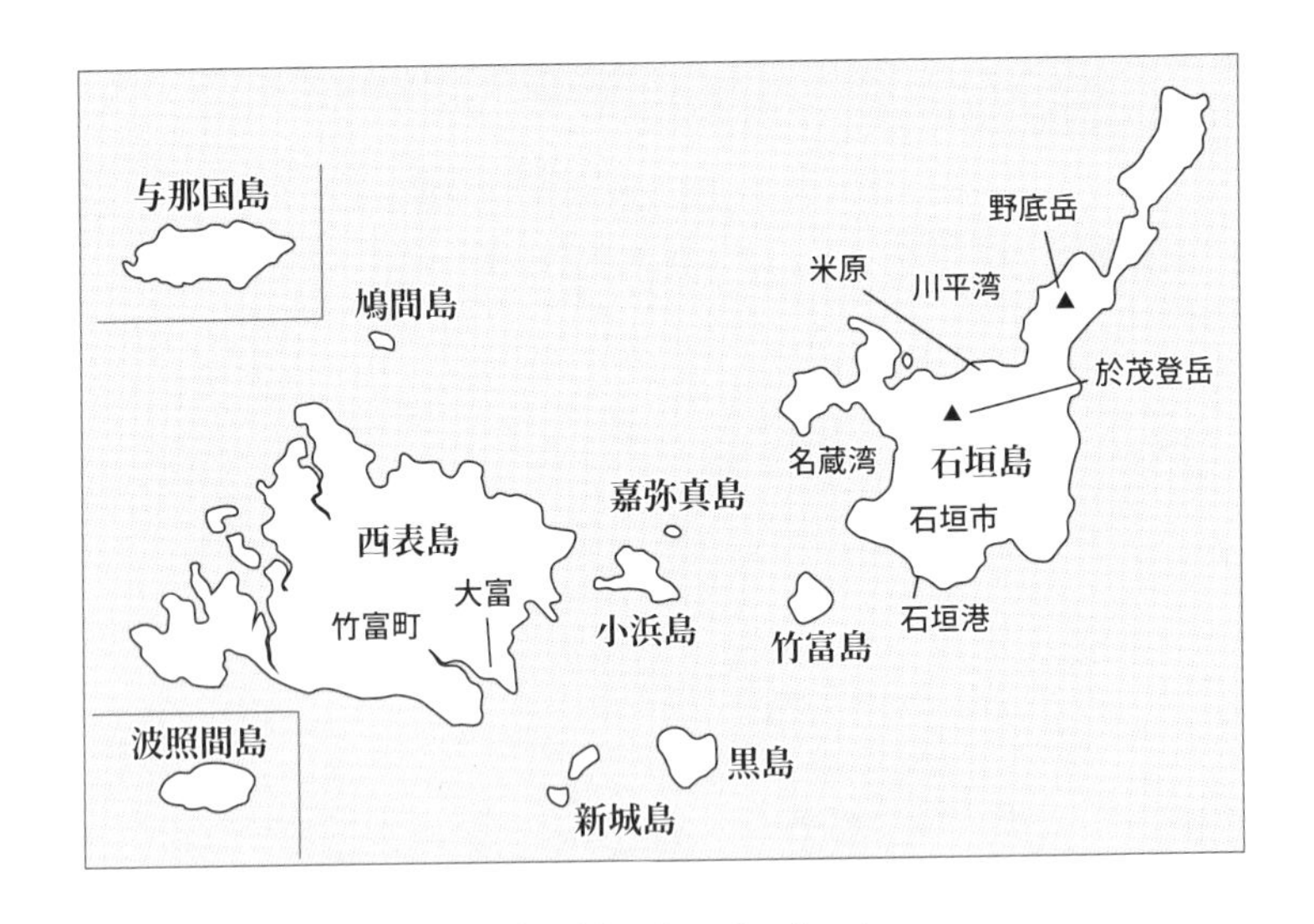

1　多様な自然、歴史の流れのなかで

＊美しい街並みの島じま

八重山諸島はその名のように、八重に重なる山脈が美しい。沖縄県最高峰の於茂登岳の石垣島やジャングルに覆われた西表島など古成層の島じまと、竹富島をはじめとするサンゴ礁からできた島など、有人島一二、無人島二〇からなる。黒潮が島じまの岸を洗い、サンゴ礁のリーフには波の花が咲く。その内側のラグーン（礁池）には色鮮やかな魚や藻や貝類が叢生する、島人の生活の場である。

二〇二一年七月世界自然遺産に登録された西表島には、国の特別天然記念物でもある有名なイリオモテヤマネコ、石垣島、西表島にはカンムリワシ、氷河期の生き残りといわれる沖縄県指定天然記念物アサヒナキマダラセセリなど、生きた化石と呼ばれる生物が生息している。両島や小浜島の河口にはオヒルギ、メヒルギなどのマングローブが繁茂し、ヤエヤマシタン、リュウキュウチシャノキなど、八重山を北限とする植物も多い。

干潟にはさまざまなカニや貝や海藻が繁茂している。石垣島名蔵（なぐら）アンパル干潟は、多くのカニが生息し渡り鳥の飛来地でもある。また多くの留鳥が見られ、昆虫も多く生息している。名蔵アンパルは二〇〇五年、ラムサール条約に登録された。

宮良川河口のマングローブ林（宮良）

＊星座

八重山諸島は北回帰線付近の北緯二四度と日本でも低く、大洋の中なので空気が安定し、ジェット気流の影響も少なく天体観測には好条件の位置にある。南十字星（サザンクロス）をはじめ多くの星が観測される。八八星座のうち見えないのは南極に近い四星座だけであるといわれる。

石垣島天文台が前勢岳近くの山頂に設置され、星々や地球に接近する小惑星など太陽系内のさまざまな天体の観測を行っている。近世の八重山では稲、粟、麦などの播種の時季を定めるため、各村に「星見石」が設置され、スバル座が観測された。満天の星座は宇宙の神秘を感じさせる。

毎年「南の島の星まつり」が民間団体の主催で行われている。

軍事への転用が危惧される国立天文台VERA石垣島観測所（名蔵）

農民が播種（たねまき）のため星座を観測した星見石（石垣）

石垣島天文台とは別に、二〇〇二年にＶＥＲＡ石垣島観測局が完成し、天の川など銀河の立体図を制作していた。

しかし、国立天文台は国内四観測局のうち石垣、入来（鹿児島）小笠原（東京）の三局の運用を停止したが、住民からの要望もあり再開した。その間防衛省の軍事研究技術に応用可能な基礎研究を助成する制度は政府の介入が大きいとして応募を見送ってきたが、二〇一九年方針を転換し応募を決めた。このことや近くに自衛隊駐屯地、防衛省の宇宙防衛隊発足などから軍事への転用が危惧される。

＊八重山の先史時代

二〇一〇年二月、突然「日本最古二万年前の人骨、石垣島で発見」とのニュースに島中が湧いた。新石垣空港建設敷地内にある白保竿根田原洞穴（ばるどうけつ）を調査中に小動物の化石などと一緒に発見された。

これまでは人骨周辺で発見された炭化物や供伴遺物などを放射性炭素年代測定によって推測していた。しかし、竿根田原発見の人骨は骨の中のコラーゲンを抽出して年代測定した結果からの日本最古の人骨である。

竿根田原洞穴から出土の人骨（撮影：島袋綾野）

八重山諸島の先史時代は九州や沖縄本島周辺とも異なり、縄文時代や弥生時代の文化の痕跡はないといわれる。ところが、二〇二一年、宮古島市南嶺の長墓遺跡から出土した先史時代の人骨をＤＮＡ鑑定したところ「一〇〇％」縄文人であったことがドイツや県内の学際的チームの研究で分かった。両人骨が謎の先史時代を解明する手がかりを与えると期待される。八重山の先史時代（旧石器時代）は前期と後期に区分される。前期は「下田原期（しもたばるき）」と呼ばれ、今から約四二〇〇年前から約三二〇〇年前である。遺物の放射性炭素測定値では三六六〇年から三七四〇年前の結果が得られている。

下田原期に続いて登場する文化は無土器文化で、約二〇〇〇年前から一二世紀前半とされる。しかし、下田原期がいつ終わり、なぜ無土器がそれにとって替わったか、不明である。土器から無土器へとなり、再び土器の時代が訪れるのである。

＊スク時代の八重山

天皇を中心とする大和朝廷の国家形成が進められ、七世紀後半に九州統治のために大宰府に地方行政機関が置かれた。そして、九州以南のことを「南島」と呼んでいた。

遣唐使等は、朝鮮半島を経由し中国に入った。しかし、朝鮮の戦乱によって、使節は琉球列島等を経由し、中国福建省に入る航路をとるようになった。唐時代の銭貨「開元通寶」が石垣島崎枝の赤崎貝塚から発見された。「日本書紀」に記載される「信覚」の石垣島説は否定的だが、環東シナ海交流のなかで、大宰府とのつながりも考えられるべきと思われる。

八重山の無土器文化に影響を与え、土器文化を生み出す契機は、北九州の商人たちがヤコウガイを求めて南下したことにあるとの説が有力だ。八重山では稲の痕跡もみつかり、鉄器文化の痕跡もわずかながら発見されている。

琉球史では、一二世紀前後から一七世紀初頭の薩摩藩による琉球侵攻までを「古琉球」と呼んでいる。この時期、沖縄本島では按司と呼ばれる豪族たちが割拠し、中国王朝と冊封関係を結び、東アジア、東南アジアに進出して交易し、三山時代を経て統一国家中山王国が成立した。

そのころ、沖縄本島では小高い丘や森のなかにグスクが築かれた。グスクは周囲を石囲された、

スク時代を代表するフルストバル遺跡（大浜）

村落共同体の祭祀空間のような小さなグスクから、のちには首里城や中城城など大規模なグスクまで出現した。その時代をグスク時代と呼ぶ。

　沖縄のグスクは八重山ではスクと呼ばれている。丘陵に小規模な住居が築かれたり、石垣島大浜のフルストバル遺跡のように、住居を高い石垣で囲み数家族が生活していたと思われる大型スクもある。フルストバル遺跡はスク時代を代表する遺跡で、一五世紀から一七世紀にかけてのものである。

　古琉球時代八重山各地には小規模の村落共同体が点在していた。一五世紀前後の八重山には村落共同体のオサ（長）が登場した。なかでも大浜村を拠点とするオヤケアカハチは、宮古の勢力が八重山支配を恐れ、宮古勢と対立した。沖縄本島が近い宮古は、鉄器が八重山よりも早く入り社会も進んでいた。仲宗根豊見親玄雅（なかそねとぅゆみやげんが）が宮古を統一し

薩摩藩の支配を象徴する権現堂（石垣）

た。八重山のオヤケアカハチの勢力が増すと仲宗根豊見親は中山王府に、オヤケアカハチ軍が宮古、中山に攻め入らんとすると報告した。中山、宮古の軍勢三〇〇〇人がアカハチを攻め討ち取った。これにより、中山王府による琉球統一がなされた。

＊薩摩の侵攻

一六〇九年、薩摩藩が琉球に侵攻し王府は支配下に置かれた。以後、幕藩体制と中国の冊封体制のなかで王府は存続することになった。

薩摩藩は八重山でも検地を実施し租税額を決定した。租税は米、粟、布であった。徴収は「頭懸（ずかけ）」と呼ばれる人頭税（にんとうぜい）であった。上村、中村、下村、下々村に区分し、年齢によってランク付けして割り当てられた。サンゴ礁で水田のない島人たちにも米が割り当てられた。そのため、稲作のできない島の百姓は西表島や石垣島に渡り稲作をした。布は上納布のほかに、王府から特別注文の御用布も織らされた。八重山上布（じょうふ）は上納されると薩摩藩が薩摩上布として大阪市場で売り捌いた。そのため、明治期になって、やっと八重山上布として全国に知られるようになった。

御用布は王族や薩摩藩、江戸幕府などへの献上品で、デザインは「御絵図（みえず）」として布、色、柄を王府が指示したものであった。機織は精巧な技術のため日数を要した。女性たちは村役人の厳しい監視の下、血の滲む思いで織りあげた。課税のほかに四八の貢納（こうのう）品などがあったという。

台風、干ばつ、マラリア、疫病、大津波など厳しい自然災害や役人の悪行の中で、完納するのは大変なことであった。

キリシタン事件で処刑された石垣永将翁（新川）

＊キリシタン事件

徳川幕府の鎖国政策やキリスト教禁止などが辺境の島じまにも及んだことを示したのが、琉球唯一の八重山キリシタン事件である。

一六二四年、石垣島の市街地に近い富崎（ふさき）沖に南蛮船が錨を下ろした。彼らは水や薪、食料を所望した。元宮良間切の頭職であった石垣永将（えいしょう）は彼らを招いて親交を深め、牛を贈っ

明和大津波遭難者慰霊之碑
（宮良タフナー原）

白保海岸に打ち上げられた明和の大津波石群（白保崎）

た。彼らの中にスペインの宣教師ルエダ神父がいた。永将はルエダ神父からキリスト教の洗礼を受けたといわれる。

そのような永将の行動は石垣頭の讒訴（ざんそ）により、王府や薩摩藩の知るところとなり、永将は渡名喜（となき）島に流罪となり惨殺されたという。家族は島流し、屋敷は没収された。後年、弟も嫌疑がかけられ、火あぶりの刑に処せられた。

＊甚大な被害をもたらした大津波

一七七一年三月一〇日（旧暦）の午前八時ころ、石垣島南南東四〇キロの海底で起きたマグニチュード七・四の地震は大津波を引き起こした。黒雲のような波が八重山・宮古の島じまを数回にわたり襲った。大津波の溯上高（波が陸に上がった高さ）は石垣島東南部三〇メートル、黒島、波照間（はてるま）島は五メートルであった。八重山、宮古両島あわせて一万二〇〇〇余人が死亡し、家屋、田畑、家畜も引き流され、大災害となった。

大津波を記録した古文書には、地獄絵図さながらの状況が描かれている。大津波の被害は与那国島を除くほとんどの島に及んだ。石垣島の東部や北部の村々は壊滅状態であった。八重山の大津波犠牲者は九三一三人。食料もなく、家屋も失い、人々は津波の再来を恐れて山中に逃げ、山野には遺体が野ざらし状態であった。追い打ちをかけるように、赤蝿(はえ)が発生し、牛馬一〇〇頭が斃死(へいし)した。疫病が蔓延(まんえん)し、凶作、飢饉(ききん)が相次いだ。一七七六年から一七七八年のわずか二年間に餓死者二六八一人、病死一〇五二人、合わせて三七三三人が死亡した。大津波で生き残ったわずかな人口で村の維持、再建は不可能であった。

そのため、王府は石垣島に被害の少ない竹富(たけとみ)島や黒島、波照間島、小浜(こはま)島などから移住させ再建に乗り出した。しかし災害や疫病で衰退した。貧しい者たちは身売りし、下男となるもの、盗賊となるもの、希望を失った女性たちの間では、堕胎や間引きが頻発した。役人は横暴を極め恣意的な不正収奪を行った。王府は婚姻の奨励や、婦女子の一部免税等で人口の増加をはかったが、減少傾向に歯止めはかからなかった。

八重山の人口が、大津波前の人口に回復するのは明治期になってからで、大津波から約一世紀を要した。

2 国境の島の近代化とせめぎ合い、産業の興り

＊琉球処分と八重山

一八七九年三月、明治政府は警察官や熊本鎮台分遣隊(ちんだいぶんけん)約五六〇人を派遣し、武力を背景に「琉球

処分」を断行した。八重山にも処分官が派遣され、役人に天皇への忠誠を強制した。役人たちは日本統治に反対し、国王への恩があると忠誠を拒否。首里の親清国派からの密書が届き、一部の士族たちは国王への忠誠を誓う血判書をつくり抵抗した。不穏な状態が続いたが、彼らは警察官によって弾圧され、運動は終息した。

首里・那覇の士族を中心に、日本の支配に反対し清国の援軍を求めて脱出する人たちも後をたたなかった。彼らのことを脱清人という。官憲の取り締まりは厳しく、また、東京から帰国した尚泰王の日本政府受け入れ表明などもあり、運動は挫折した。やがて帰国した彼らも就職のため明治政府を受け容れざるをえなくなり、転向していった。日清戦争敗北で抵抗運動は完全に終息した。

＊琉球分割条約（八重山・宮古割譲）交渉

廃藩置県で沖縄社会は混乱し、親清国派と親大和派の対立は高まり不穏な状態であった。冊封関係にある清国は日本統治を認めず、日清間の対立は深まり内外とも緊迫した情勢であった。そんななか、清国はアメリカ前大統領グラント将軍に調停を依頼。グラント将軍の仲介により日清間の交渉が始まった。

グラント将軍は両国に琉球諸島分割を提案した。これを受け、日本政府は「日清修好条規」を改正し、清国が日本を欧米並みの最恵国待遇を追加とするなら、沖縄以北を日本領、宮古・八重山を清国に割譲（かつじょう）する琉球二分割案を提案。清国は奄美諸島以北を日本領、沖縄島は琉球王国復活、宮古・八重山は清国領とする提案をした。

交渉の結果、日本の主張する二分割案で合意した。調印日程、譲渡式の場所も石垣島と決定した。しかし、北京では脱清人たちが清国へ嘆願や日本統治反対運動をし、その中心メンバーのひとり林世功が抗議の自決をした。その影響や領土問題など内憂外患状態にあった清国は、調印を引き延ばし、やがて分島案は廃案となった。しかし、日清両国の国益や思惑のなかで琉球の主張は忘れ去られた。

大国のエゴを、ひとりの八重山の役人が見抜いていた。死後、彼の手文庫の紙片には「日毒」と記されていた。それは、他国を犠牲にしても生き残る日本への抗議と、その思想に染まっていく島民への警鐘であったと思われる。彼はまた、「琉毒」ということばも書き綴っていたという。宮古・八重山が収奪や差別された王府への怒りと内省であったと思われる。

＊国境の島と国防備論

南方植物の研究者の田代安定はロシアからの帰国の途次、新聞でフランスが先島諸島を占拠する計画があることを知り、急ぎ帰国した。一八八六年八月「沖縄県管下八重山群島急務意見書」を国会に提出した。田代はそのなかで「軍備拡張」を強調した。

八重山群島は我が国の南門にあたり、直ちに敵に臨む地である。今日の急務は兵営を設置し、鎖（防衛）を固め外寇の予防に備える。西表島の船浮港には四時交代制で軍艦を二艘停泊させ、水雷艇などもつけて、南海を巡邏し、常に台湾や清国の福州近海を巡回させ、その傍ら測量をさせると述べている。

田代の意見に反応したのが福沢諭吉である。福沢は田代の意見書提出の翌月、『時事新報』で「宮古八重山を如何せん」を発表した。軍備拡張は我が輩の常に言うところである。八重山の港に軍艦を繋ぐか、または陸上に兵隊を屯せしめ、八重山より宮古沖縄を経て鹿児島に電信を通じ、軍艦をして常にその近海を巡廻せしめることが、至急の急要と論じた。

西欧列強のアジア進出によって、清国をはじめとする東アジアも激動期を迎えていた。国内では軍備拡張の声が高まっていた。一八八六年二月、山縣有朋（やまがたありとも）内務大臣が沖縄、宮古、八重山、長崎県の五島、対馬など国境の島じまを巡視した。これは、田代の意見書や福沢の主張より前のことである。山縣は巡視を終え同年五月に「復命書」を提出した。

山縣は国防の見地から軍備拡張を唱えた。南海諸島は常備軍隊の制（注：徴兵制度）を確定し、電線を敷設し通信を使い、島民を撫安し、外寇防禦に充てるべきだ。宮古、八重山諸島は軍艦で巡視させ、航海の針路や防護の準備に注意させるべきだと述べている。

＊石炭の島

山縣に同行した三井物産社長・益田孝の三井物産によって西表島の石炭採掘が始まった。西表島の石炭は「燃える石」として一部の島民には知られていた。王府は相次ぐ異国船の来航、その燃料・

西表島宇多良炭坑跡（西表島浦内、撮影：新盛基史）

石炭の存在を知られることを恐れた。八重山蔵元に石炭がある場所は樹木を植えて隠し、異国人に教えてはならないと厳しく命じた。

一八七一年、事情を知らない地元の人が石炭層を見つけ、鹿児島の商人・林太助に教えた。林は鹿児島の役人・伊地知小十郎に報告。政府の知るところとなった。三井物産が事業にのりだした。石炭採掘は囚人を使役することを益田が提案した。太政大臣が布達し、囚人労働によって採掘が行われることになった。

政府の後押しで始まった三井の石炭事業は当初、清国の福建、アモイ、香港などに輸出し順調であったが、一八八九年突然、事業は中止となった。炭坑夫がマラリアに罹（かか）り死亡者が続出し引き上げたためだといわれる。しかし同年、三池炭鉱社が発足した影響もあると思われる。

三井の撤退後、西表島の炭坑事業は、本土資

宇多良炭坑跡に建つ慰霊碑「萬骨碑」
（撮影：新盛基史）

本や台湾人らが経営し浮沈を繰り返した。坑夫たちは沖縄本島、鹿児島、福岡、台湾などからやってきた。地底での過酷な労働から逃亡者も出た。

炭坑内では厭世自殺や殺人を犯かせば炭坑から出られると殺人事件を起こすものまで出た。そのような悲劇を新聞は「本当の鬼ヶ島」「救いを求むる坑夫の叫び」「ダイナマイトを胸に抱いて爆死する炭坑夫の厭世自殺」等と報じている。炭坑は戦争で閉鎖となり、戦後は細々と採炭が行われたが一九六〇年を最後にヤマ（炭坑）は眠りについた。

西表島西部にはジャングルのなかに、ポッカリと口を開けた坑道やレンガ造りの建物の一部が蔦（つた）や樹根に覆われて遺（のこ）っている。二〇一〇年浦内川河口にある宇多良（うたら）炭坑跡に無縁仏などを祀る「萬霊塔」が建立された。

＊近代化と旧慣温存

琉球処分後、明治政府は旧慣温存を図りながら、警察、裁判所、教育などの近代化を進めた。王府から八重山に派遣される在番制度を廃止。一八八〇年には八重山島役所が設置された。しかし、古い制度を維持せよという旧慣温存によって、行政機関の蔵元は存続し、役人たちもこれまで通りであった。また、八重山の人たちを苦しめた人頭税制度は存続し、役人の世話をする女性たちの賄制度も士族の反対によって従来通りとなった。

しかし、小学校や警察、裁判所はいち早く設置された。小学校設置によって村学校は廃止された。当初は入学に抵抗し、躊躇していた士族の子弟たちもやがて入学した。村学校では認められていなかった百姓の子どもや女子も入学するようになった。教育に力を入れたのは皇民化のためであり、言語による同化、一体化をめざしたからである。

旧慣調査で沖縄に派遣された一木喜徳郎書記官は、「沖縄の頑迷な思想を破って内地の文明に同化させるには、教育以外にない」と述べている。一八八〇年沖縄師範学校が開設され、八重山からも士族の子弟が選抜されて学んだ。その後、教育勅語、御真影が下賜され、各村にも学校が設置され、島の内から教育熱が高まって行った。

御真影、教育勅語を保管した登野城尋常小学校の奉安殿（登野城）

＊八重山開墾と暗躍する政商たち

人頭税制度にかわる新制度の創設のため、一八九九年から土地整理事業が始まった。その事業がまだ始まらない一八九一年に「八重山開墾規則」が制定され、首里や那覇の士族や起業を許されなかった「内地人」にも開墾が許可された。

徳島県の糖業家中川虎之助もその一人であった。中川の経営は欧米式の農機具を導入し、馬耕による開墾であった。甘蔗（サトウキビ）も在来種とハワイ種を植え、成功すると輸入糖を防ぐと国からも期待された。中川の製糖工場はマラリアの猖獗（しょうけつ）地で、廃村寸前の石垣島名蔵村であった。そのため、マラリアや疫病などの

中川開墾で徳島の入植者たちが拝した地神宮（名蔵）

風土病、台風に悩まされ、資金繰りにも困る始末であった。中川は経営拡張のため、石垣島の原野およそ二五〇〇町歩（二四・八平方キロメートル）という広大な開墾借地願いを沖縄県知事奈良原繁に申請した。この開墾許可には政治家や政府の要人政商が関与しており、一八九四年、衆議院で疑獄事件として追及された。しかし、事件は解明されぬまま闇に葬られた。

中川は土地を手に入れたが、製糖工場は圧搾機の不具合や機械に対する職工の未熟などで、十分な成果をあげることはできず、またもや経営は行きづまった。

一八九五年、渋沢栄一など政財界人が中心となり「八重山糖業株式会社」を設立し再建にのりだした。しかし、日本経済は日清戦争後のインフレにより、八重山でも物価が高騰し賃金も値上がりしていた。すると中川は島の人を見下し、言葉や技術などあらゆる分野において未熟な「土人」に

高賃金を支払うより、沖縄本島、奄美大島、本土から移住者を呼び寄せた方が得策であると三〇〇余人を本土から呼び寄せた。中川らが借地した土地は地元の人にとっては生活に関わる重要な場所も含まれ、住民には不満の声も上がっていた。

八重山糖業株式会社は相次ぐ台風などによって閉鎖に追い込まれた。中川は石垣島での製糖業をあきらめ、植民地となった台湾に新天地を求めて去った。

＊日清戦争と旧慣改革

一八九四年から翌年にかけて、朝鮮の支配権をめぐり日本と清国が戦い、日本が勝利した。清国勝利を密かに願っていた親清国派を奈落（ならく）の底に突き落とすものであった。

教師たちは旧慣改革の手始めとして、修学旅行先で、疲れて寝ていた生徒たちの髷（まげ）を親に無断で切り落とした。やがて断髪は一般の人にも及んだ。徒党を組んだ青年たちが、各家を回り、髷を結っている人を見つけると強制的に断髪した。

日清戦争を境に社会が大きく変わっていった。一八九八年には徴兵制度も敷かれた（日

戦死者のために建てられた石垣村忠魂碑。揮毫は山縣有朋（石垣小学校敷地）

人頭税廃止百年記念碑（八重山博物館）

本は一八七三年）。徴兵された若者たちにとって、軍隊生活は過酷であったが給料がもらえて、食事の心配がない、技術が覚えられることは何よりも魅力であったようだ。

一九〇四年には日露戦争が始まり、八重山からも兵士が出征した。沖縄本島とは違い、徴兵忌避者は出ていない。彼らは兵役を終えて郷里に帰ると知名士となり、在郷軍人会を組織し、軍事思想の普及、国の皇民化政策を島の内部から積極的に推進していった。

＊人頭税廃止と新税法施行

政府は日清戦争勝利を契機にこれまでの旧慣温存政策を転換した。一八九九年から「土地整理事業」に着手した。事業は個人の田畑など所有権を確定し、価格の査定、地租を賦課するためであった。その背景には、宮古島の農民たちの人頭税廃止運動があった。

一九〇二年、土地整理事業は終了し、翌年からは地租条例が施行され、これによって悪名高い人頭税は廃止された。地価の二・五％が地租となった。これまで税法によって物品（穀物）納から金納となった。貨幣が人々の間にも使用されるようになって行った。

竹富島のンブフルの丘には「日の本を　照らす光はてんか下　曇らぬ御代そ　とふ登かり」の和歌を添えた「新税法実施記念碑」も建てられた。人頭税に苦しめられ、役人の横暴や不正に呻吟していた平民たちは、学問によって士族と肩を並べることのできる「大和世」という新時代の到来を歓迎した。

しかし、民衆の新税法施行への期待は近代資本主義という妖怪、松方デフレーション政策（西南戦争による戦費調達で生じたインフレーションを解消しようと、大蔵卿・松方正義が一八八一年より行ったデフレーション誘導の財政政策）の影響もあり、人々の期待は打ち砕かれていく。

＊自治と選挙

一八九六年、地方制度によって首里、那覇の二区と八重山郡など四郡が編成された。一九〇七年、特別町村制によって間切（まきり）は村に、これまでの村は字（あざ）に改称された。しかし、特別町村制における町村長は島司が申請し、県知事が任免するものであった。一九二〇年には普通町村制へ移行した。一九〇九年の県政移行により初の県議会議員選挙が八重山でも実施された。一方、帝国議会も開設されたが、一八九〇年に施行された衆議院選挙法は沖縄に適用されず、謝花昇らの参政権運動によって一九〇〇年施行されることが決まったが、それは勅令によって定めるとあり、八重山、宮古郡を除くものであった。

そのため八重山の大山永本らが参政権運動を行い、一九一九年施行が認められ、翌年八重山では初の選挙が行われ、花城永渡（はなしろえいと）が代議士に当選した（四区）。沖縄初の衆議院選挙から遅れること八年であった。

＊台湾、南洋へ

沖縄経済は脆弱（ぜいじゃく）で慢性的な不況状態であった。一九三〇年代のソテツ地獄や世界恐慌の影響を受け、食料にも事欠き、男子は丁稚奉公や糸満への身売り（年期奉公）、女子は料亭など遊郭へ身売りされた。八重山からは台湾、本土、南洋諸島などに出稼ぎや移住者が続出した。台湾での仕事は男性は台湾鉄道部の線路工夫、女性は住み込み女中、病院の付き添いなどであった。南洋群島には、南洋興発株式会社の経営するサトウキビ栽培農民として移住した。興発会社は開拓した農地を将来払い下げるなどの条件は魅力であった。

稼いだ賃金は島に残る年老いた祖父母に送金され、不況下の島の経済を支えた。

＊八重山教員事件

不況や恐慌で東北の農村では冷害も重なり、女性や子どもたちの人身売買が公然と行われていた。全国的に賃金未払いによる労働争議も頻発していた。八重山でも夜逃げや身売り、自殺なども起きていた。

教員への給料も二、三か月分未払いで、教員たちは支払いを求めて町村役場に押しかけ談判しても延期という状態であった。東京の新興教育研究所にいた石垣島出身者の指導もあり、進歩的教員たちによって日本教育労働者組合八重山支部が結成された。組織は沖縄教育労働者組合とのつながりはなかった。新興教育研究所からの資料や、そのシンパから送られた社会主義や共産主義関係の書籍を密かに回し読みしていた。組合は長老が牛耳る八重山郡教育部会の民主化なども主張した。

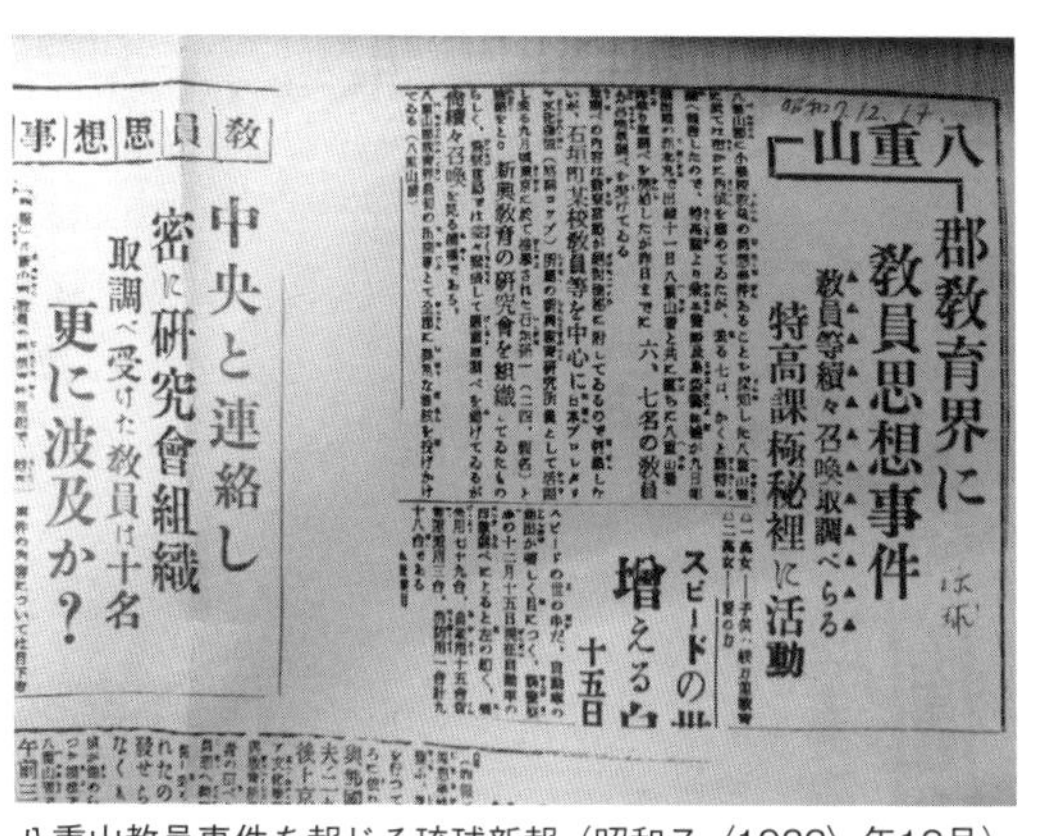

八重山教員事件を報じる琉球新報（昭和７〈1932〉年12月）

ところが、秘密活動が発覚し治安維持法違反で、一斉に逮捕された。全国でも教員たちの活動が「赤化」していると弾圧されていた。逮捕された教員たちは教壇から追放された。指導者二人は沖縄本島に送られ、拷問による厳しい取り調べが行われ、投獄された。家族は在郷軍人たちから「非国民」と糾弾された。

その後、弾圧された組合関係者のほとんどが教壇に復帰し、戦時中は指導者として国策を推進していった。

＊台湾人入植とパイン産業

島から出稼ぎに台湾へ行く人もおれば、逆に台湾から八重山に移住する台湾人もいた。

八重山糖業が失敗した名蔵に、一九三四年ころから台

臺彎農業者入植顕彰碑（名蔵ダム）

湾人が入植し、大同拓殖株式会社を設立し、開墾を始めた。地元の人たちがマラリアの猖獗地と恐れる土地を、彼らは次々切り拓き、甘蔗、製茶、パイナップル栽培を始めた。

ところが、地元の人たちは彼らの開墾を見て、やがて台湾人に土地を奪われると危機感をつのらせた。台湾人が農耕用に台湾から水牛を導入し、さらに開墾が進むと猛烈な反対運動や阻止活動が起こった。また地元民と台湾人の暴力事件も起きた。

そんななかパイナップル工場が建設され、操業を行った。戦時中パイン栽培は食料増産政策によって禁じられ、工場は軍隊に接収、閉鎖された。戦後、台湾人たちは戦時中ひそかに保存していたわずかな苗を増殖し、やがて、沖縄を代表する一大産業に成長させ八重山経済を潤した。八重山では最盛期には七社の缶詰工場が操業した。台湾・韓国からも出稼ぎ女工が来るほど活況であった。

しかし一九七〇年代以降、パイン産業は外国産との競合や需要が低迷し、追い打ちをかけるように自由化が始まり、冷凍パインの外国産に押された。次第に斜陽産業化し、一九七七年に最後まで残っていた工場が閉鎖して、パイナップル産業に幕を下ろした。

だが近年、生果としてパイナップルが見直され、県外への出荷、栽培熱が高まっている。

日本パイン産業発祥の地碑（名蔵大同）

台湾人の八重山への移住は、栽培方法、農業技術や新品種を導入し、旧態依然の八重山農業を改革した。八重山農業に大革命をもたらした水稲の台中六五号（蓬萊米（ほうらいまい））も、地元の農業技師によって台湾からもたらされた。

台中六五号は収量が多いため、たちまち全島で栽培され八重山社会を改革した。

3　八重山の沖縄戦

＊離島の総動員体制

一九四一年一二月、日本海軍は真珠湾の米国艦隊を攻撃し、陸軍はマレー半島に上陸してアジア太平洋戦争が始まった。それに先立ち同年六月には西表島内離島に船浮要塞が設置された。本格的な軍隊であった。船浮要塞は東南アジアから日本本土へ石油、ゴム、などの資源を輸送する船団の基地であった。

破竹の勢いで東南アジアや太平洋の島じまを占領した日本軍であったが、四二年、米軍の猛反撃によってガダルカナル島の陥落やミッドウエー海戦で空母等を失い、主導権を米軍が握り始めた。四四年、大本営（だいほんえい）は南西諸島防衛強化のために第32軍を創設し本土決戦に備えた。八重山には第45混成旅団、石垣島海軍警備隊など陸海軍あわせて一万五〇〇〇の兵士が配備された。海軍が南北、陸軍が白保に飛行場を建設した。

児童たちは兵舎のカヤ刈り、学生は飛行場建設作業、老人女性も徴用され、軍作業にかり出された。自給を建前とした軍ではあったが、食料事情は厳しかった。そのため波照間島や黒島、石垣島の牛のほとんどが軍によって屠殺（とさつ）され、食料にされた。

四四年七月サイパン島が陥落すると、政府は緊急閣議を開き南西諸島の幼老婦女子を九州、台湾に疎開させることを決定した。八重山では九月ころから本格的な疎開が始まった。八重山―台湾間は潜水艦が跳梁（ちょうりょう）する危険な水域であった。西表島や与那国島を経由して、約三〇〇〇人の疎開者たちが小型漁船などで海を渡った。

しかし、台湾も連合国に爆撃され、戦禍のなかを疎開者たちは都市から田舎へ二次、三次避難を余儀なくされた。疎開者たちは空襲やマラリアなどに罹り異郷の地で命を落とした人もいた。四四年一〇月一〇日には米軍による石垣島への飛行場攻撃があった。この日は被害が少なかった。翌年からは本格的な攻撃が行われた。

四四年「陸軍防衛召集規則」が改正され、召集年齢が一七歳から四五歳までに拡大された。八重山旅団は防衛召集を発令したが、ほとんどが訓練されていない人たちであった。軍服や銃など軍隊の支給品はなく、蓑笠スタイルであった。部隊名は第五〇六特設警備工兵隊だが、彼らは自嘲を込めて「みのかさ部隊」「あしなか部隊」と呼んだ。任務は攻撃された飛行場の弾痕埋め作業、食料増産、漁労、牛馬の屠殺などであった。

四五年三月には県立八重山農学校（男女共学）、県立八重山中学などで、鉄血勤皇隊が編成された。男子生徒たちは対空監視班、有線班、無線班、暗号班、迫撃班に分けられ、それぞれの部隊に配属された。

八重山農学校、八重山高等女学校の女子生徒たちは、短期間の看護術を受け陸軍、海軍、野戦病院に准看護婦として配備され、傷病兵の看護にあたった。

四五年に入ると攻撃は激しさを増していった。

四五年四月一日、米軍は沖縄本島に上陸したが、その前後から八重山は英国太平洋艦隊による飛行場への激しい攻撃が、連日行われた。

これは台湾から沖縄本島へ向かう日本軍の特攻機を阻止し、飛行場を使用させないためであった。英国艦隊が補給のため撤退すると米軍が交代し、攻撃した。やがて、飛行場のない島じまも攻撃の対象にされた。潜水艦からも攻撃が行われた。

＊戦争マラリアの惨害

一九四五年六月一日、八重山旅団は敵の上陸の恐れがあると、石垣島の住民に対し、避難場所へ

戦時中の白水避難所跡に残る竈、鍋、皿、お椀など（名蔵白水）

行くことを命じた。人々はわずかな食料を持って徒歩や馬車、小舟で向かった。避難所は山中でマラリアの巣窟の地であった。竹富村の住民たちは西表島に疎開し、与那国島は集落や宇良部岳周辺の洞窟等に避難した。

住民の避難小屋は茅葺の粗末な小屋で、梅雨の時期とも重なり、湿気が多く、トイレもないに等しく、蝿や蚊に悩まされた。非衛生的な環境、食料難、栄養不良状態のなかでマラリアが猛威を振るった。マラリアの薬はなく人々は、ヨモギなどの野草の汁を飲み、芭蕉の幹を砕いた水枕で高熱を抑えるという療法でしか対応できなかった。

八重山旅団は六月一〇日、作戦で最も高い甲戦備（戦闘態勢）を出し、全軍が戦闘態勢についた。しかし、上陸はなかった。街に住民がいなくなると、兵隊たちによる民家荒らしが公然と行われた。

八重山には、スパイを養成する陸軍中野学校出身の残地諜者（ちょうじゃ）が、黒島、波照間島、与那国島などに身分を隠して青年学校や国民学校教師として赴任していた。

南風見田の浜に建つ忘勿石の碑

波照間島には山下虎雄（本名・酒井喜代輔）が派遣されていた。彼は、住民が西表島への疎開を渋ると、突然、抜刀して住民に西表島への強制疎開を命じた。西表島南風見田（はえみだ）に疎開した人たちは、マラリアに罹りやがて食料も底をつき、野草や地ノリ（ネンジュモ）を食べた。このような惨状や山下軍曹の横暴にたまりかねた波照間国民学校校長の識名信升（しきなしんしょう）は密かに石垣島に渡り、宮崎旅団長にマラリアの惨状を訴え、住民は帰島を許された。識名校長が南風見田を引き揚げるとき、浜辺近くの砂岩に彫った「忘勿石（わすれないし）　ハテルマ　シキナ」の文字が戦後発見された。刻まれた三文字は悲惨な戦争を再び起こしてはならないと訴えている。

八月一五日、戦争は敗北で終わった。しかし、マラリアは猛威をふるい続け、死亡者は三六四七人といわれる。なかでも波照間島は人口一五九〇人中罹患者一五八七人で、罹患率九九・七％だった。

戦時中、強制連行された朝鮮人軍夫や労働者たちが、陣地構築や飛行場建設など苛酷な労働を強いられ、また兵隊の性奴隷にされた「慰安婦」たちもいる。

また、西表島沖を機関故障のため漂流していた船が日本軍によって曳航された。乗船していた中国人、満蒙人、朝鮮人は、西表島外離島、内離島で陣地構築など苛酷な労働をさせられた。敗戦前後、日本軍は戦犯に問われることを恐れ、マラリアの猛威で廃村となった鹿川村に彼らを放置し、ほぼ全員がマラリアや餓死したといわれるアントン丸事件。そして石垣島海軍警備隊四十余名が米兵捕虜三人を斬殺した事件が戦後に発覚し、首謀者七名が絞首刑に処せられた石垣島事件等が知られている。

「慰安婦」が埋葬され、戦後破壊されて遺骨は砂に混じった（川平底地）

戦後、荒廃した社会を立て直すため住民は自治会（八重山共和国）を結成した。その直後、米軍が進駐し占領下におかれた。南西諸島の各群島は独立した行政が行われた。やがて、琉球政府が誕生し群島政府は編入され支庁となった。一九七二年の沖縄返還まで米国統治下にあったが、沖縄本島や伊江島のような土地強奪や基地は建設されず被害はなかった。しかし、反米としてメーデーを弾圧した事件も起きている。生活は旧態依然であった。

4 押し寄せる開発と保守化の波

＊本土復帰と大規模開発の波

一九七一年の大干ばつと翌年の台風被害によって、サトウキビは九〇％、パインは三一から三七％。水稲や蔬菜(そさい)も九〇％を越える減収となった。農家は壊滅的ともいえる打撃を受けた。自殺者や発狂者も出た。多額の負債、未来に夢を描くことのできない農業生活に若者は見切りをつけ本土への移住や出稼ぎに出た。農家はうちのめされ、絶望の淵に追い込まれた。

一九七二年の本土復帰を記念して、七五年に海洋博覧会が開催された。大型公共投資がされた。八重山では手つかずの風光明媚(ふうこうめいび)の土地が本土資本によって次々と買占められていった。負債を抱えた農家は企業の札束攻勢や農協の土地斡旋で土地を手離していった。危機感を抱いた地域の農業青年、本土からUターンした者たちによって、本土資本から土地を守る運動が起きた。

やがて大規模な土地改良事業が始まり、赤土で海が真っ赤に染まるなど環境破壊や汚染が進むなか、石垣島では三か所のゴルフ場計画が持ち上がり、土地を守る運動と自然環境を守る市民運動が活発となり、性急に開発を進める行政当局と激しく対立した。

さらに新石垣空港建設計画が持ち上がると投機的な土地買占めも進んだ。住民への十分な説明もないまま、白保のサンゴの海を埋め立てて空港を造る計画が進められた。住民の反対運動には沖縄本島から機動隊を派遣して弾圧した。その後、空港建設用地は二転三転し、「住民の悲願」のスローガンの下、轟川（とどろきがわ）北方、旧盛山村跡を中心とする地に決定し、二〇〇七年着工にこぎつけた。

空港建設地が決定すると、バブル崩壊で一時鳴りをひそめていた本土リゾート企業や不動産業者による土地買占めが再び動き出した。農地、非農地を問わず、めぼしい箇所はほとんど買い占められた。大規模な宅地造成やリゾート計画が次々と明るみになり、住民との対立が続いている。

リゾートやゴルフ場計画近辺に、二〇〇五年にラムサール条約登録湿地となった名蔵湾の湿地地帯アンパルがある。自然景観や環境破壊が急速に進み危惧されるが、石垣市は企業の開発を後押ししている。カンムリワシやイリオモテヤマネコなど国指定天然記念物の事故死も増加傾向にある。自然環境の悪化が懸念されている。

＊教科書問題と自衛隊基地建設

二〇一〇年二月の石垣市長選挙で保守の中山義隆氏の当選を機に、石垣市の行政は右傾化した。自衛隊誘致を積極的に推進し、二〇一九年に石垣市平得大俣（ひらえおおまた）に陸上自衛隊駐屯基地建設に着手した。

教科書問題も起きた。保守系の教育長が就任した。教科書選定方法を変更し、批判の多い育鵬社の教科書を採択するのではないかと懸念されていた。二〇一一年、八重山の三市町（石垣市・竹富町・与那国町）でつくる八重山地区教科書採択協議会が開かれ、中学校歴史教科書には帝国書院版、公民については育鵬社版が採択された。

育鵬社版採択に反対する世論が高まり、竹富町は育鵬社版を不採択、東京書籍版を採択した。育鵬社版の内容は尖閣領土の明確化、自衛隊による軍事抑止力、日米同盟の強化などが強調され、沖縄の基地問題や憲法の平和主義などについてはほとんど触れられていない。戦争被害や基地被害に悩まされている沖縄県の実情からしてもふさわしくないとの世論が日増しに高まった。

三市町別々の教科書採択を解消するため、三市町全教育委員による「八重山教育委員協議会総会」が開かれ、育鵬社版を不採択、東京書籍版を採択することを決議した。しかし、文科省は採択協議会の採択通りにすべきだとの見解を示し、従わない竹富町への教科書無償給付を行わなかった。

そのため竹富町は自費で教科書を購入して配布した。文科省による県教委や竹富町教育委員会への是正を求める介入がたびたび行われたが、竹富町教育委員会はこれを拒否。二〇一四年竹富町教育委員会は八重山地区教科書採択協議会から離脱し、単独の採択地区となることを決めた。

これにより、教科書無償問題は是正された。この問題について前川喜平文科省元事務次官は、竹富町への是正要求は理不尽で、採択協議会の決議は答申に過ぎず、権限は市町村教育委員会にある。竹富町への教科書無償給与をしないのは理不尽である。また、協議会には教科書採択規約改正の権限はなく規約変更は無効だと、二〇一八年、マスコミの取材に答えている。

＊尖閣領土問題

尖閣（せんかく）諸島は八重山諸島から遠く離れ、王府時代、八重山のどの間切（現在の市町村）にも属して

海上保安庁巡視船の基地となった石垣港

いなかった。そのため、ほとんど知られていなかった。潮流が速く、断崖は多く人を寄せつけない島であった。明治に入ると、沖縄県が調査をしたり本土の人たちが漁労をしていた。沖縄県は国に領土を示す国標を建てるべきだと要請したが、清国とのトラブルを恐れ建てることを見送っていた。

日清戦争で形成が有利になると、尖閣諸島を日本の領土に編入した。魚釣島は古賀辰四郎氏が開発し古賀村ができた。鰹節工場もでき、一時は各地からの出稼ぎ者で島は賑わった。しかし、台風などの被害も大きく、やがて村は廃村となり、島は元の海島の島となった。尖閣が再び脚光を浴びるのは一九六九年、東シナ海に石油資源が埋蔵されているという米国報告書によってである。

尖閣領有権問題を悪化させたのは二〇一二

年、石原慎太郎東京都知事の魚釣島等を東京都に編入するという発言からである。紆余曲折後、国が買い上げ、領有化した。これに中国が猛反発した。尖閣領土問題は田中角栄総理大臣と周恩来首相によって棚上げにされていただけに、中国が猛反発するのは当然であろう。尖閣諸島は台湾、中国も領有権を主張し、中国脅威論を背景に、一触即発の状態となっている。

＊自衛隊基地建設・住民投票

南西諸島を軍事基地化する研究や計画は自衛隊内部では早くからあった。しかし、具体化したのは、ケビン・メア沖縄総領事が着任してからである。メアは米国防総省と綿密な計画のもと、国境の島与那国や石垣島での反対運動を押し切って、掃海艇を入港させた。中国脅威論を背景に日本の軍事力強化で日本政府を揺さぶるためであった。これにより、防衛省では、防衛空白地帯をなくすために南西諸島への自衛隊配備計画が急速に持ち上がった。

配備をめぐり与那国島では反対派と賛成派が島を二分して激しく対立し、住民投票が実施され、僅差で賛成派が勝利した。そして陸上自衛隊沿岸監視隊が置かれることになった。監視隊は警備小隊、通信情報、後方支援、レーダー班、監視班で編成された。当時の防衛大臣は日本を取り巻く安全保障の厳しさが増すなか、南西地域の防衛態勢の強化を目に見える形で示すものであり、重要な意義を持つと述べた。外間町長は町民の四〇％が反対という状況で、自衛隊が駐屯したことに、自衛隊の説明が不十分だと感じている。隊員とその家族が行事に参加し、雪解けになって行くのだろ

平得大俣に建設中の陸上自衛隊基地（撮影：「基地いらないチーム石垣」代表・上原正光）

うと述べた。

与那国島に設置されたレーダーや電波傍受装置は中国軍の通信情報収集のためだ。尖閣有事や台湾有事の際、与那国島は自衛隊の活動拠点になるという。自衛隊が駐屯して以降、自衛隊祭りや陸上競技大会などを通して自衛隊の活動は島に浸透している。自衛隊への依存度が高まれば高まるほど、島社会では住民の自由な意見や発言ができなくなると危惧されている。また有事の際、「国民保護計画」がどこまで実現できるか疑問視する声も多い。

与那国島の次に石垣島の中央部の平得大俣地区に陸上自衛隊を配備することになった。保守の石垣市長や保守議員が多数を占める石垣市議会は、「国防は国の専権事項」と反対派の声を否定し、自衛隊受け入れ決議や表明をした。

建設地や周辺の公民館は建設反対を決議したが、防衛省や沖縄防衛局はこれを無視。防衛省の市民への説明会は国防を盾に不十分で、住民が納得しないまま、市有地など四六ヘクタールを買収して二〇一九年三月、建設が強行された。配備されるのは地対艦・地対空ミサイル等で、隊員約六〇〇人が配置される。開南集落近くには弾薬庫四棟が計画されている。弾薬庫には地対空ミサイル（誘導弾）や銃弾などが保管されるという。

自衛隊配備計画について島の若者たちが立ち上がり、二〇一八年に「石垣市住民投票を求める会」を結成し、賛否を問う住民投票を実施するよう署名活動を行った。わずか一か月間で、有権者の約四割一万四二六三筆（有効署名総数）を集めた。市議会に住民投票条例案を提出したが、市議会は可否同数となり議長採決で否決した。その後、再提出されたが再び否決された。「求める会」は市に実施を求めたが、市は直接請求実施の効力は消滅したと平行線をたどった。そのため訴訟を起こしたが、裁判でも敗訴した。

保守が多数を占める議会では、「石垣市自治基本条例」から住民投票に関する条項を削除する案が与党の一部から提出され、賛成多数で可決された。住民投票を求める署名は保守派の妨害によって葬り去られた。

ミサイル戦争に備えるといわれる準天頂衛星追跡観測局（新川）

南西諸島は中国の防衛線上重要な第一列島線上にある。尖閣諸島を含む八重山は台湾、中国とも一衣帯水（いちいたいすい）の近距離だ。いったんことが起きれば、島は壊滅するであろう。「国民保護計画」や離島防衛作戦などで住民を守ることは不可能である。

＊軍事化・要塞化がすすむ八重山

南西諸島は再び日米軍事同盟の前進基地として戦禍に巻き込まれる危険性が一層高まりつつある。尖閣諸島や台湾に近い与那国島など八重山諸島は特にその可能性が高い。与那国島では日米共同軍事訓練が行われている。石垣島には二〇二三年三月、陸上自衛隊石垣駐屯地が開設し、公道訓練などが日常茶飯となった。

防衛省は先島諸島を「特定重要拠点空港・港湾（仮称）」として整備・機能強化を図るものだ。中山義隆石垣市長、糸数健一与那国町長は飛行場拡張や港湾整備受け入れを国に伝え、前泊正人竹富町長も受け入れの意向だ。国防の観点から空港の運用や訓練が必要となり、自衛隊、海上保安庁の利用強化が図られ、要塞化が進んでいる。

抑止力はいつしか先制攻撃、反撃能力となった。攻撃を受ければ島嶼の住民など逃げ場を失い、ひとたまりもない。ガマ（洞窟）と墓場しか逃げ場がなかった沖縄戦の悪夢の再来だ。

八重山は、台湾有事の名の下に国、地方自治体による軍事化が進み、シェルター建設、住民の九州避難計画も進んでいる。日本国憲法や民主主義はもはや死語に等しくなっている。

本書『観光コースでない沖縄』の〝履歴〟について

高文研（前代表）　梅田　正己

本書の初版を発行したのは一九八三年、今からざっと四〇年も前になる。その間、本書は四回の改訂を行った。このうち三回目では殆どの筆者を交代しての全面改訂、さらに今回も筆者は同じだが全面改訂となった。

この四〇年の間に四回も改訂したということは、沖縄をめぐる状況がそれほど激しく変わりつづけたということだ。その変化を確かめる一つの手がかりとして、本書がどのような経過をたどったかについて述べることを、初版に付した「編集者あとがき」の転載を含めてお恕しいただきたい（これもまた沖縄現代史の一側面を知るよすがにもなろうかと思うので）。

本書誕生のそもそものきっかけは、本書第I章の筆者である沖縄現代史の研究者、新崎盛暉・沖縄大学元学長と私との出会いにあった。一九六四年、当時ある出版社で高校生向けの月刊紙を編集していた私が、新崎さんに原稿執筆を依頼したのである。新崎さんは東京都庁に勤務しながら、故中野好夫氏の主宰する「沖縄資料センター」で沖縄の関連資料を収集し、沖縄の動向を追っていた。いわゆる沖縄問題が広く関心を呼ぶ前のことであり、私たちはまだ共に二〇代だった。

やがて、日米両政府によって沖縄の施政権返還が決まる。「平和憲法下への復帰」を期待したのに米軍基地や核疑惑をそのままにしてのこの「返還」に対しては、とくに沖縄現地において抗議・反対運動が猛然と燃え上がったが、一九七二年五月、沖縄は日本に復帰した。

その二年後、新崎さんは父祖の地である沖縄に帰り、沖縄大学に勤務することになる。沖縄大学は沖縄に創立された最初の私立大学であるが、復帰に際しては文部省の大学設置基準を満たしていないとして〝存続〟の危機に立たされた。教授たちが上京、文部省前に座り込むなどしてやっと存続をかちとったものの、経営的にはどん底の状態にあった。新崎さんは教壇に立つと同時に、大学経営にも奮闘することになる。

一方、私は、前記の月刊紙が会社の都合で廃刊とされたため、同志と二人で新たに高校生文化研究会（のちに高文研と改称）を設立、月刊誌『考える高校生』（のちに『ジュ・パンス』と改題）を発行することになる。偶然だが、沖縄復帰と同じ一九七二年のことである。

五年後の七七年、雑誌が軌道に乗ったので、私は沖縄の高校と高校生を取材するためはじめて沖縄を訪れた。そのとき、新崎さんと再会、旧交をあたためた。

以下、初版に付した「編集者あとがき」を引用する。

《さらに三年たった八〇年の秋、こんどは東京で新崎氏に会った。新崎氏は沖縄大学の副学長に選出され、大学の経営に苦慮されているとのことであった。そこで、学生募集の広告を私たちの小雑誌に出稿したいという申し出があり、それで会ったのである。用件をすませて、夜、懇談しているうちに、どちらからともなく、沖縄でセミナーを開こう、という話になった。

三年前、沖縄の高校を取材し、沖縄の教育の現状にふれてから、私は沖縄の先生たちに向けて、沖縄の先生たちが米軍の占領支配下で復帰運動にエネルギーを割かざるを得なかった間に、本土で積み重ねられた教育実践の成果を伝える講演会のようなものを開いてみたいという希望を、ひそかに抱いていた。一方、沖縄大学の方も、「地域に根ざし、地域と共に生きる、開かれた大学」をモットーに土曜教養講座や移動市民大学などを開催してきていた。

小さな大学と、これまたゴマメのような小さな出版社だから、話が決まるのは早い。

こうして翌八一年七月下旬、那覇で第一回の「沖縄セミナー」(子どもと青年の人格形成を考える教育実践セミナー)を開くことができた。四日間の日程で、幸い参加者にも好評であった。

翌八二年、せっかく始めたのだから、少なくとも三年は続けようということになり、同じく七月下旬、第二回目のセミナーを開催した。今回は「沖縄で学び、沖縄を学ぶ・82教育実践セミナー」と名づけた。せっかくやるのだから、本土からも参加者を募ろうということになり、そのため最終日の三日目に、バスを使っての基地・戦跡のフィールドワークを設定したのである。

本土からの参加は、おもに私たちの月刊誌を通じて呼びかけたが、はたしてどのくらいの参加者があるのか、私たちは不安であった。最悪の場合は、沖縄大学のマイクロバスで回ろう、と覚悟を決めていたのである。

ところが、ふたをあけてみると、本土からの参加者は、北海道からも含め四四名に達した。しかも意外なことに、基地・戦跡フィールドワークに対して沖縄現地からの参加者の中にも、参加希望が多かったのである。こうして、当初一台の予定だったバスは、急きょ二台になった。講師も、それぞれのバスに基地・戦跡一名ずつ、計四名となった。

参加者一二〇名、バス二台をつらね、一日で沖縄本土の中部から南部を駆けぬけるというきついスケジュールであったが、この基地・戦跡フィールドワークは、参加者に強い衝撃を与えた。

私自身は、五年前、沖縄へ取材に来たとき、高校の先生お二人に案内されて、同じ中部から南部を歩いていた。ガラビ壕の入り口も見ていた。しかし今回、講師にみちびかれてその洞窟の奥深く入り込み、全員が明かりを消して数分間、地下水のしたたる漆黒の闇の中にたたずんでいると、ある名伏しがたい思いが全身をしめつけてくるのだった。

夕暮れ、那覇へ戻り、そのあと新崎氏のほかに南部戦跡を案内していただいた大城将保、真栄里泰山氏らと、沖縄産オリオン・ビールで疲れをいやしながら総括を行った。

そこで、この本の企画の話が出たのである。

沖縄にはいま、年間二〇〇万人近い観光客が訪れる。しかし、その人々が観光バスで案内されていくのは、魔文仁の丘であり、詣でるのは、そこに建てられている各県ごとの出身兵士の霊をまつる慰霊の塔であり、また牛島司令官をまつった黎明の塔である。この〝観光コース〟からは、沖縄戦の最大の犠牲者だった沖縄住民が、ものの見事に切り落とされている。

摩文仁の丘の下には、沖縄県立平和祈念資料館が建っている。私たちの戦跡調査でも、参加者が最も重い衝撃を受けたのが、そこで読んだ沖縄戦生存者の証言だった。しかし、観光バスは、この資料館を黙殺する。

大城、真栄里の両氏は、いずれも沖縄戦の真実を明らかにするために、生存者の証言を聞きとり、戦跡を発掘・調査し、その保全に力を尽くしている人たちである。両氏は、観光化の大波に葬られつつある戦跡の現状を、憤りを押しころした声で語った。

ではせめて、私たちは、観光用でない沖縄の素顔を一人でも多くの人に知ってもらうために、一冊の本をつくろう。『観光コースでない沖縄』の企画は、こうして生まれた。（後略）（一九八三・四・五記）》

以上のような経緯で本書は生まれた。以来、冒頭に述べたように四〇年がたつ。この間に沖縄は大きく変わった。この「あとがき」文中で沖縄への観光客は二〇〇万人と書いているが、コロナ禍直前の二〇一九年の観光客数はその五倍、一〇〇〇万人台に達した。また、文中「摩文仁の丘の下に建つ平和祈念資料館」と書いているが、新しい資料館はやや離れて、丘から見れば「平和の礎」の向こうに建っている。

さて、書物も改訂を重ねると、それなりの〝履歴〟ができる。

本書の場合は次のようになる。

■一九八三年5月――初版発行（一九八八年2月まで11刷）
■一九八九年5月――新版（第2版）発行（一九九六年10月まで13刷）
■一九九七年8月――第3版発行（二〇〇六年5月まで9刷）
■二〇〇八年6月――第4版発行（二〇一六年6月まで6刷）
■二〇二三年4月――第5版発行

四回の改訂を重ねることになったのは、それぞれに大きな状況の変化があったからである。まず最初の第2版〈新版〉を出したのは、第二次大戦後半世紀近く世界を覆ってきた米ソ対決の「冷戦」が終わりに近づいたことが明らかになったからだし、第3版を出したのは、九五年九月に引き起こされた米兵三人による少女暴行事件が引き金となって〝第二の島ぐるみ闘争〟が巻き起こったからであった。

その後も沖縄では激動がつづき、沖縄本島北部の辺野古・大浦湾での海兵隊航空基地と軍港の建設をはじめ、自衛隊をも組み込んでの「米軍再編」が着々と進行した。一方、日本政府（文部科学省）は教科書検定で沖縄戦の極限の悲劇「集団自決」の真実を抹消しようとし、それに怒って開かれた県民大会では復帰後最大の一一万六千人が参加した。こうしたことがあって、三回目の改訂を行い、第4版となった。

この第4版では、初版―第3版の基本骨格は受け継ぎながら、筆者は大きく交代した。七名の筆者のうちこれまでの筆者で残ったのは、Ⅰ章の新崎盛暉氏とⅥ章「宮古島」の仲宗根將二氏の二名だけで、あとの五名の方々は「執筆者は沖縄在住」という原則を守って新たにご登場いただいた。世代交代、若返りである。あわせて担当編集者も新たに山本邦彦へと交代した。

そして今回の第5版となった。筆者と編集担当者は変わらないが、中身は殆ど〝全面改訂〟となった。この一四年間を通じて沖縄では激動が続いたからである。オスプレイの強行配備などもあったが、主因は安倍政権の登場とその専横にあった。二〇一三年四月二八日、安倍政権はサンフランシスコ平和条約の発効日を「主権回復の日」として式典を開催した。周知のとおりこの4・28は、同条約3条によって沖縄が切り捨てられた日であり、沖縄では「屈辱の日」として記憶されてきた。その「屈辱の日」を安倍政権は「主権回復の日」として祝い、「天皇陛下バンザイ」を三唱したのだった。

翌年の知事選で「イデオロギーよりアイデンティティー」を標榜した翁長雄志知事が「オール沖縄」に支えられて登場するが、安倍首相は舌先三寸「沖縄に寄り添う」とうそぶきながら、重ねて確認された沖縄の民意を蹴散らし、辺野古新基地建設を強行しつづけた。そうした日本政府の対応、やり口を新崎盛暉さんは「構造的沖縄差別」と規定したが、それによって沖縄県民は何度も煮え湯を飲まされてきた。

そうした状況を受けて、今回の第5版は全面改訂となったのである。

その中でただ一つ、残念なことが生じた。I章を執筆して、本書のいわば大黒柱だった新崎さんが二〇一八年三月、他界されたのである。そこでI章の前半、沖縄の歴史についての基本的認識の部分はそのまま生かし、後半、近年の激動の部分については諸見里道浩氏に書き継いでいただいた。

こうして第5版は出来上がった。書名は変わらないが、沖縄の置かれた状況そのものから否応なく〝全面改訂〟とならざるを得なかった。したがってこの第5版は実質的に〝新しい本〟として生まれ変わったともいえる。

本書でくり返し述べられているように、奄美大島から与那国島まで琉球弧の島じまにはすでに自衛隊のミサイル基地や弾薬庫、監視部隊の基地などが構築されている。「台湾有事」に備えてのことだという。石垣島では地下〝シェルター〟建設の計画がすすんでいるとか。沖縄戦では、地形が変わるほど砲弾を浴びせられ、県民の四人に一人が命を失った。その記憶を胸に焼き付けている人たちがまだ多く生存しているのに、日本政府はまたも沖縄を戦場にしようというのである。

新たな沖縄戦前夜。グロテスクな戯画とも見まがうこの沖縄の現実に、どう向き合えばいいのか、本書の筆者たちがそれぞれの立場からそれぞれに応えてくれるでしょう。

（二〇二三・一〇・二〇、記）

◉執筆者略歴（執筆順）

新崎盛暉（あらさき・もりてる）
1936年－2018年。元沖縄大学学長・理事長。沖縄現代史研究と市民運動を長年牽引してきた。著書『私の沖縄現代史』『沖縄現代史　新版』（共に岩波書店）『新版　沖縄反戦地主』（高文研）など

諸見里道浩（もろみざと・みちひろ）
1951年生まれ。ジャーナリスト、沖縄対外問題研究会会員。沖縄タイムス社元論説委員長、編集局長、専務。基地問題、沖縄戦、文化・芸能などを取材。著書『新聞が見つめた沖縄』（沖縄タイムス社）など

謝花直美（じゃはな・なおみ）
1962年生まれ。ジャーナリスト。沖縄タイムス記者として沖縄戦報道などに関わり、現在は沖縄戦・戦後史を研究。著書『戦後沖縄と復興の「異音」』（有志舎）『沈黙の記憶1948』（インパクト出版会）など

松元 剛（まつもと・つよし）
1965年生まれ。琉球新報記者として9年間の基地担当など主に基地報道に携わり、編集局長をへて常務取締役広告事業局長。共著書『検証地位協定　日米不平等の源流』『新沖縄修学旅行』（共に高文研）など

島袋良太（しまぶくろ・りょうた）
1984年生まれ。琉球新報社政経部、中部支社、ワシントン特派員などをへて政経グループ経済班キャップ。著書『この海　山　空はだれのもの!?』（高文研）『普天間移設日米の深層』（青灯社、共著）など

前泊博盛（まえどまり・ひろもり）
1960年生まれ。沖縄国際大学教授（沖縄経済論）。琉球新報社論説委員長などをへて現職。著書『もっと知りたい！　本当の沖縄』（岩波書店）『検証・沖縄問題』（東洋経済新報社）『沖縄と米軍基地』（角川新書）など

亀山統一（かめやま・のりかず）
1968年生まれ。琉球大学農学部助教（森林保護学）。沖縄の森林、マングローブの病害等を研究。日本科学者会議平和問題研究委員長。共著書『Q&A辺野古から問う日本の地方自治』（自治体研究社）など

仲宗根將二（なかそね・まさじ）
1935年生まれ。平良市総合博物館長、総務部参事兼企画室長を歴任。宮古郷土史研究会顧問。沖縄県地域史協議会会員。著書『宮古風土記』（ひるぎ社）『近代宮古の人と石碑』（私家版）共編著『平良市史』など

大田静男（おおた・しずお）
1948年生まれ。元地方公務員。石垣市文化財審議委員、石垣市史編集委員、石垣市立八重山博物館協議会会長。著書『八重山戦後史』（ひるぎ社）『八重山の戦争』（南山社）『夕凪の島』（みすず書房）など

観光コースでない　沖縄　第五版

●一九八三年　五　月二五日─初　版第1刷発行
●一九八九年　五　月　一　日─新　版第1刷発行
●一九九七年　八　月　一　日─第三版第1刷発行
●二〇〇八年　六　月二三日─第四版第1刷発行
●二〇二三年　四　月一〇日─第五版第1刷発行
●二〇二四年　五　月一五日─第五版第3刷発行

著　者／新崎盛暉・諸見里道浩・謝花直美・松元　剛・島袋良太・前泊博盛・亀山統一・仲宗根將二・大田静男

発行所／株式会社　高文研
東京都千代田区神田猿楽町二─一─八
三恵ビル（〒一〇一─〇〇六四）
電話　03＝3295＝3415
https://www.koubunken.co.jp

印刷・製本／三省堂印刷株式会社

★万一、乱丁・落丁があったときは、送料当方負担でお取りかえいたします。

ISBN978-4-87498-845-9　C0036